竺乾威 著

公共行政的理论、实践与发展

The Theory, Practice and Development of
Public Administration

复旦大学出版社

序 言

本书可以说是《公共行政的改革、创新与现代化》一书的姐妹篇。两者体例相同,收集的文章也涉及多年前的和当前的两大部分。尽管多年前的部分不多,但它反映了我的学术经历,也从一定程度上反映了改革开放后我国公共行政学作为一门学科的成长,因为早期的文章留下了这一学科成长的一些印记。

1982年年初发表的《美国官制考》是我在大学四年级时写的作品,因为系里当时有意让我毕业后留校(当时整个国家百废待兴,高校急缺教师,因此本科毕业就当了老师,这在今天是不可能的了),从事行政学的教学。其时正值我国改革开放后的第一届政治学讲习班在我系举行(号称政治学黄埔一期,这里的学员后来都成了我国政治学与行政学学科的教学和研究骨干),我作为即将毕业的学生有幸参与了整个过程。这个讲习班标志着政治学和行政学在国内时隔多年后的重新起步。也就是在这个讲习班上,我聆听了夏书章教授讲授的"行政学"。这是新中国成立以后大学课堂里第一次讲授行政学的课程,也是我第一次接触行政学,没想到后来竟与它结缘,至今差不多已有四十年之久,它已成了我生命中的一部分。1983年发表的《美国的行政学研究及其特点》一文是我当老师后写的第一篇有关行政学方面的文章。这两篇文章在这个领域里差不多是最早的了。

在行政学的开创时期,我除了翻译一些行政学和政治学的专著[比如林德布洛姆的《决策过程》、格林斯坦主编的《政治学手册精选》(上册)等],以及教科书的写作(比如作为主编之一出版的教材《行政学导论》),文章方面写得比较多的是介绍和评论西方尤其是美国行政学的一些理论和发展,读者在本书

第四部分看到的一些文章比如《组织理论及其发展》《西方公共政策研究述评》等都是当时的产物,主要是为刚刚起步的行政学教学和研究提供一些可资借鉴的东西。今天回过头去看,这些文章不免稚嫩。大家可以看到,这些文章的规模、引文格式都与现在不同。本书对文章的注释按现在的规范作了修改,但有些因年代久远无法核查的文献仍保留原样。后面的发展正如大家知道的,从最初的引介自然而然地转向对本国公共行政问题的研究。这差不多与一个新起的学科研究的发展路径是一致的。

本书还有一些篇幅是讨论行政学研究的。在我国的行政学发展到一定阶段后,有关行政学研究方法,尤其是行政学研究的中国化问题自然会被提出来。这些问题当然是很有意义的。比如方法问题,方法的运用会影响研究的质量。西蒙的《行政行为》一书,它的更重要的价值在于运用了一种新的方法,从而使实证的方法成为后来行政学研究的主流方法,极大地推进了行政学的研究。行政学研究的中国化也一样,中国的公共管理展示了它独特的一面,如何对它进行解释、提炼?能否把它归纳到一般的高度,产生具有解释力的概念和理论,从而为行政学的知识生产提供中国贡献?20世纪90年代后,我国公共行政研究的重点越来越多地转向对本国问题的探讨,这表明了我国公共行政学者所作的努力。

中国的行政学研究如果从1982年再次起步(事实上,以张镜鉴为首的一批前辈学者在20世纪30年代已经在中国的大学里开启了行政学的教学和研究)算起,至今已经经历了差不多四十年的时间。作为这段历史的亲历者,我目睹了我国行政学(当然也是公共管理学)所取得的巨大进步,看到了一大群才智卓越的年轻学者的成长。同四十年前相比,这一领域已然换了人间。然而,公共行政(即公共管理)及其研究在今天面临的挑战还是严峻的。公共行政无论在行政理念、行政模式还是在行政方法技术等方面都在发生着深刻的变化。因此,公共行政研究面临的任务也是艰巨的。好在有了四十年的基础,有开放的外部环境,有全球化的国际交流,中国的行政学研究未来应该会有更好的前景。

本书付梓之际,笔者还是要对家人长期来一如既往的支持表示感谢,这种感激之情难以言表。笔者也要对学界的一大批朋友、学院的同事以及众多的学生表示感谢,与他们的交往相处是一种愉快的经历,是一种脑力激荡、智力提升的过程。笔者也要对本书的责任编辑孙程姣表示感谢,上一本书的编辑也是她。她的专业与细心再次促成了本书的面世。

  最后,本书存在的瑕疵与不足希望读者不吝指出。

竺乾威

复旦大学国际关系与公共事务学院

2021 年 1 月 2 日

目 录

第一编 公共行政模式的变化

从行政到管理：西方公共行政范式的变化 …………………………… 003
从新公共管理到整体性治理 …………………………………………… 016
新公共治理：新的治理模式？ ………………………………………… 034
理解公共行政的新维度：政府与社会的互动 ………………………… 052

第二编 中国公共行政的实践

变革中的公共管理——改革开放以来中国公共管理的十大变化 …… 071
机构改革的演进：回顾与前景 ………………………………………… 081
服务型政府：从职能回归本质 ………………………………………… 094
社会主要矛盾变化与新发展观：政府角度的分析 …………………… 108
政府结构与党政关系 …………………………………………………… 124
国家治理的三种机制及挑战 …………………………………………… 135
行政生态与国家治理能力：政治-行政角度的分析 ………………… 151

第三编 西方国家的公共行政改革

论撒切尔的政府改革 …………………………………………………… 167
英美文官制度改革比较 ………………………………………………… 178
美国官制考 ……………………………………………………………… 186
文官公共服务能力建设：英国的经验及启示 ………………………… 192

新公共管理与文官制度改革 …………………………………………… 206

| 第四编　公共行政研究 |

美国的行政学研究及其特点 …………………………………………… 221
组织理论及其发展 ……………………………………………………… 229
分层系统理论——一种新的组织理论 ………………………………… 236
后现代政府理论述评 …………………………………………………… 243
西方公共政策研究述评 ………………………………………………… 252
明诺布鲁克三次会议与公共行政研究的演进 ………………………… 262

| 第五编　公共行政研究的本土化 |

行政学研究的中国化 …………………………………………………… 279
行政学要研究重大的管理体制问题 …………………………………… 290
公共管理研究中几个值得关注的领域 ………………………………… 294
公共管理话语体系的本土化建构：比较的观点 ……………………… 298

第一编
公共行政模式的变化

从行政到管理：西方公共行政范式的变化[*]

摘要：自20世纪80年代以来，西方国家的公共行政模式发生了一个从传统的公共行政到公共管理的转变，"公共管理"一词正在日益取代"公共行政"这一用语。这一转变的发生在于传统的公共行政模式受到了政府部门、私人企业以及技术革命等诸多变化带来的挑战。新的公共管理模式展示了不同于传统模式的政府运作市场化和企业化的取向。这一从宪政主义到管理主义模式的转变受到了批评，但新的模式在提高政府生产力和降低政府成本方面所取得的进展表现了它的生命力。

一、行政与管理的词义解释

行政与管理就其词义本身来说是否不同是当代西方学界争论的一个问题。这两个词作为对一种活动或功能的描述来说有相似之处，以至长期以来两者在相当程度上被互相运用。但是，当新公共管理以"管理"一词明确而毫不含糊地取代"行政"的时候，它要表明，哪怕就词义来说，管理与行政也有很大的区别。

行政的拉丁词来源是 minor 和 ministrate，意指"服务及治理"，而管理则来自 manus，意指"用手来控制"。两者的关键不同在于前者主要指服务，而后者主要指控制和取得结果。这一基本的区别在《牛津词典》和《韦伯斯特词典》的解释中也获得了相同的印证。《牛津词典》对两者的区分是：把行政定义为一种行为，即"管理某事，或指导、主管、执行或实施，行使或处理某事"；把管理定义为"通过个人的行为来处理、控制事件的过程，对某事负责"。《韦伯斯特词典》对行政的定义与《牛津词典》的定义没什么区别，但对管理的定义阐释得

---

* 本文原发表于《公共行政与人力资源》2001年第1期，第8—13页，编入本书时有修订。

更详细，认为管理是一种"行为或艺术，是对某事尤其是计划、组织、合作、指导、控制等实施功能的处理和监督，以对结果负责的方式监督任何工商项目和活动"。我国的《现代汉语词典》对这两个词的解释与上述词典的解释差不多，认为行政即行使国家权力，而管理则是负责某项工作使顺利进行。正因为两个词词义上的不同，以至欧文·休斯认为，行政本质上包括执行指示和提供服务，而管理则包括取得结果和为取得结果所负的个人责任，两个词并非同义词，使用的公共领域也不一样。① 公共行政是一种为公众服务的活动，公务员执行他人的政策，它与程序有关，与将政策转化行为有关。管理包括了行政，也包括了组织以最大的效率来取得结果，并对结果负责。而强调这一点，主要是表明管理的词义特征并不表现在传统的公共行政模式中。公共行政强调过程、程序是否妥当，而公共管理则表现在不仅要执行指示，而且更重要的是关注取得结果并为所做的事情负责。

因而从新公共管理的角度来看，用公共管理一词取代公共行政并不只是表明一种用语上的变化，它表现了一种具有实质性的变化，即公共管理者的作用是以对结果负责的态度来完成目标，而非简单地执行命令。此外，管理一词以往较多地同企业联系在一起，把这一词引入公共领域，显然有将企业式管理引入政府的含义。戴维·奥斯本和特德·盖布勒的著名的《改革政府》一书的副标题就是"企业精神如何改革着公营部门"。很清楚，用公共管理来取代公共行政显然是有备而发的，因为一旦采用了管理这一概念，那么其他一系列变化会接踵而来，如责任、外部关系、内部系统，以及政府本身概念的变化。

二、传统行政模式的特征及其理论基础

传统的行政模式在西方文官制度建立以来，可以归结为一种在政治领导或控制之下的行政。其主要特征表现在它是一种建立在严格的官僚组织模式基础上的行政，公共官员是一些政治中立和无个性特征的事务性和技术性官员，他们献身于崇高的公共利益，中立地为各个执政党服务，执行政策而不参与政策制定。这一模式发轫于19世纪，正式形成于20世纪20年代并一直延

---

① Owen Hughes, *Public Management and Public Administration*, New York: St. Martin, 1998, p.6.

续到 20 世纪 80 年代。

从起源上讲,这一传统的行政模式可以追溯到 1854 年英国的诺斯科特-屈维廉报告,它奠定了英国的现代文官制度。该报告建议用公开考试制度取代官职恩宠,并以此来挑选年轻人进入文官体系从事公共服务。英国确立的这一传统行政模式为后来西方各国所效仿,而马克斯·韦伯的官僚组织理论和伍德罗·威尔逊的政治-行政两分为这一传统模式提供了理论基础。这一理论基础的要点在于行政必须是工具性的和技术性的,是远离政治领域的。

文森特·奥斯特洛姆认为:"韦伯的理论在形式和方法上是与传统公共行政的理论完全一致的。"[1]韦伯认为现代官僚系统是同合理合法的权威联系在一起的。他指出了这一官僚体系著名的六大特征和原则:(1)权威来自根据法律制定的规章制度,除此之外,其他权威不必接受;(2)等级制,严格的等级意味着合理合法的权威和权力在组织上得以维持,对命令的执行根据的是一个人在等级制中所占据的位置,而非他个人;(3)非人格化,组织将其成员与其私人生活区分开,任何事有案可查,档案的存在使得组织在运用规则时前后一致;(4)行政是专家的行业,需要受过训练,它不是每个人都可以干的;(5)官员是专职的,是一种职业;(6)公务管理是一种可以学习的活动,有关公务的规律的知识表现为官员所掌握的一种专门性学问。[2] 韦伯勾勒的这一传统行政模式的最大特征在于,它是一个建立在规则之上的非人格化系统。组织及其规则在任何情况下都是最重要的。组织的目标是追求效率,而功能专业的原则则是提高效率的手段。权力等级和规则系统保证了决策的确定性,而系统的非人格化则意味着同样的决定更可以在同样的情况下被制定出来,不会因人而异。正如韦伯所言,强调官僚组织的一个最重要的理由,在于比较其他任何形式的组织,它具有技术上的优越性……准确、速度、明确、档案知识、连续性、权限范围、一致性、严格地服从、减少摩擦和人力物力浪费——这些都是严格的官僚组织的优点。[3]

---

[1] Vincent Ostrom, *The Intellectual Crisis in American Public Administration*, Tuscaloosa, AL: The University of Alabama Press, 1974, p.9.
[2] [德]马克斯·韦伯:《论官僚制度》,载 R.J.斯蒂尔曼编:《公共行政学》,李方、杜小敬等译,中国社会科学出版社 1988 年版,第 84—87 页。
[3] 同上书,第 107 页。

传统行政模式的第二个理论基础是威尔逊的政治-行政两分理论,即政策的制定与政策的执行要分开。他在行政学研究的开山之作《行政学研究》一文中指出:"行政应当在政治的适当范围之外,行政问题不是政治问题,虽然政治为行政确定任务,但政治不能去操纵行政。"[1]古德诺后来以一个鲜明的公式表达了这一两分法:政治是政策的制定,行政是政策的执行。

在西方国家,传统行政模式的一个主要特征是政治与行政的分离。这一分离在组织结构上表现为政务官与文官的分离,前者制定政策,后者执行政策。正如杰拉尔德·凯登指出的:"政客应当统治,公共官员应当遵命而行。政治官员在政治舞台上通过竞争当选,官僚则在官僚舞台上通过竞争被录用。政治官员的选择看其政治能力,官僚的选择看其官僚能力,应当通过法律和宪法,禁止两者同时占据一个位置和互相交换,使两者的分离制度化。政客应由选举人或其同僚来判断,官僚应由其政治上司和官僚同行来判断。政治官员的任期应有限,面临定期的选举,官僚的任期则应无限。"[2]简言之,行政是一种分离的非政治性的工具,这构成了传统行政模式的一个重要特征。

三、传统行政模式面临的挑战

进入 20 世纪 80 年代以来,传统行政模式面临了越来越多的压力和批评,导致批评的原因主要有以下几个方面。

首先是政府本身的原因,这又体现为两点。一是,公共部门规模太大,开支过高,消耗太多的资源。二是,政府干涉范围太广,涉及活动太多,而在这些活动中,有的是可以由其他方式替代的。

其次是来自私人部门的变化的压力,这一变化使得公共部门认识到,其管理和效率影响到私人部门的经济和国家的竞争力。经济结构的调整意味着公共部门不可能对竞争性视而不见。奥斯本和盖布勒指出,政府很难说站在队伍的前列。同样的改革正在整个美国社会发生。美国的企业花了大量的时

---

[1] Woodrow Wilson, "The Study of Administration",载竺乾威、马国泉编:《公共行政学经典文选》(英文版),复旦大学出版社 2000 年版,第 19 页。

[2] Gerald Caiden, *Public Administration*, second edition, Pacific Palisades, Calif.: Palisades Publishers, 1982, p.81.

间,进行了一系列革命性的变革:下放权力、扁平结构、强调质量、接近顾客——所有的努力旨在在新的全球市场中保持竞争力。一些自愿的非营利组织充满新的主动性,商业和教育、营利和非营利、公共和私人部门之间的新的"合伙"关系一下子蓬蓬勃勃起来,似乎美国生活中的所有机构一下子在为适应某些巨大的变化而挣扎,以便变得更灵活,更有创新性,更具企业性。① 政府相形之下已变得落伍。

再次是全球化进程对政府产生的压力,这一进程影响了公共部门的管理。"在公共行政中,正如在其他社会领域,思想的传播、技术的影响正在迅速发生,以至国家的障碍日益变得人为。在一个竞争的世界,政府作用在提升国家比较优势中是一个重要因素。政府的政策正在积极或消极地影响着国家的优势。"②经济合作与发展组织的报告指出:"公共部门的服务质量与国家的经济表现之间有一种联系。经济的竞争性受到劳动力的健康、教育和培训的影响,受到其积极管理或鼓励中小企业发展的影响。而所有这些,在大多数国家都是由公共部门提供的。"③传统行政模式看来很难提供变革时代所需的政府能力。

最后,技术的变革也使政府主体面临了巨大的压力。计算机技术的出现改变了信息的传递方式,进而导致管理分权。计算机的使用甚至改变了传统的官僚组织等级制的结构形式,组织结构由垂直向扁平发展。它同时也使长期以来有形的"官场"本身发生变化,因为沟通技术改变了政府部门与社会和大众的交往方式,电子政府的概念应运而生。这使传统的行政模式有明显的过时之感。

传统的行政模式在社会转型(即从工业社会转向知识经济社会)和技术变革中表现的原有特征遭到了批评,这一批评集中在以下几个问题上。

首先,政治-行政两分法没有反映现代文官行使的广泛的决策作用。事实上,历史和现实都表明两者是不能分的。文官有时发挥着一种比简单的行政和遵命来得更重要的作用。盖伊·彼得斯认为:"行政与政策实际上是互相关联的,行政系统的实质是以一种客观和主观的方式影响着政治系统的政策的

---

① [美]戴维·奥斯本、[美]特德·盖布勒:《改革政府:企业精神如何改革着公营部门》,周敦仁等译,上海译文出版社 1996 年版,第 13 页。
② Owen Hughes, *Public Management and Public Administration*, New York: St. Martin, 1998, p.20.
③ OECD, *The Development of Public Management*, Paris, 1991, p.4.

产出。行政也制定政策。此外,行政者确定的运作规则比正式制定的规则对于实际的输出来说更有力。"①传统行政模式赖以支撑的理论基础之一受到了挑战。

其次,关于官僚组织的问题。对官僚组织的批评集中在两个问题上。一是官僚与民主的关系。欧文·休斯认为,官僚组织形式上的理性、机密、严格和等级性必然导致官僚与民主之间产生冲突。民主如果是少数人的暗箱操作,这种民主尤其在今天是不能被人接受的,而传统的行政模式则带有少数精英操作的特征。二是官僚组织在技术上的优越性已不存在,其原因在于,等级制在具备其优点(尤其是在信息的纵向沟通上,而今天计算机已使平行沟通得以成功)的同时,也产生了它的负面。例如:它造就趋炎附势而非创造者;不鼓励冒险而鼓励回避风险;过多的等级阻碍了信息的沟通;终身雇佣意味着不能解雇员工,哪怕此人无能。此外,传统行政模式被批评为一种以输入而非输出为主的模式,它只关注过程,而忽略结果。这样,传统行政模式依赖的第二个理论基础也受到了挑战。

最后,传统的行政模式在经济上并非最佳选择。经济合作与发展组织认为:"传统的行政组织现在走向了它最终的限制:政治行政系统不是满足需求的有效的资源分配者,行政不是一个有效的生产者,未经测试和不经济的负担落到了工商和个人身上。任务的规范和复杂性压倒了传统行政的能力。经济理论以及经济术语衡量的运作事实表明,公共部门的供应品中存在固有的成本,这一成本只有在严格界定的情况下才被证明是合理的。在宪法的框架中,政治权威有责任平衡经济效率与其他价值,但是相关的经济损失的程度将取决于公共部门的成本有效性。然而,有关作这样的决定而无风险的现有资料是不充分的。"②

四、新公共管理模式的特征及其理论基础

新公共管理模式对传统行政模式的批评旨在取代这一模式,它代表政府

---

① Guy Peters, *The Politics of Bureaucracy*, London & New York: Routledge, 1989, p.4.
② OECD, *The Development of Public Management*, Paris, 1991, p.13.

与社会关系的一种变革。事实上,西方国家的政府也开始认识到传统行政模式存在的问题,并对这一模式的一些基本概念提出挑战,如开始雇用经济学家,从私人部门学习管理技术、合同承包等。

在相当程度上,提高政府生产力是新公共管理模式追求的主要目标之一。经济合作与发展组织认为其成员国正在使其公共部门变得更具管理性,其共同的特征是,"在等级之间,在控制机构和运作部门之间,在生产部门之间(不管是公共部门还是私人部门)引入更多的合同、参与的权责关系方式"。经济合作与发展组织认为,大多数国家沿着"两条道路"来提高生产力和提供公共产品和服务。第一是"提高公共组织的运作表现,以改善人力资源(包括人才的安置、培训和招募)管理;使更多的人加入决策和管理;在实行严格的运作目标时放松行政控制;采用信息技术,增加来自雇员的反馈;强调服务质量,这一条道路旨在于组织内部提高对个人的刺激,衡量表现以及改善雇员的关系"。它涉及"怎么管"的问题。第二是"较多地使用私人部门来促进一个可依赖的、有效的、具有竞争性的和公开的公共采购系统,以将公共服务和产品的生产承包出去,并在内部就一些中游产品和服务签订合同,终止供应者的垄断和其他保护"。这里涉及的是"管什么"的问题。[①] 可以把以上内容归结为:(1)引进人力资源管理,包括按表现付酬;(2)参与决策;(3)放松控制,但强化管理目标;(4)使用信息技术;(5)为客户服务;(6)向使用者收费;(7)向外承包;(8)放松垄断管制。

在克里斯多弗·胡德看来,新公共管理包含以下几个方面的内容。

(1)公共部门中的专业管理,即让管理者管理。高层人员具有对组织的积极的、看得见的自由处置控制。支撑这一点的原理是"权责相称"。

(2)对工作表现制定明确的标准和衡量,这要求界定目标,确定运作任务。

(3)强调输出控制,根据衡量的表现决定资源的流向。因为需要的是"强调结果而不是过程"。

(4)公共部门转向分散化,包括把大的部门打破,使其成为围绕产品运作的法人单位,这些单位由各自财政支付,其理由是需要建立一些管理单位,以

---

① OECD, *The Development of Public Management*, Paris, 1991, p.11.

取得公共部门内外特许安排的效率优势。

（5）在公共部门展开较大的竞争，包括确定合同和公共招标程序。其原理是把对手看作一个"减少自身开支和取得更好绩效"的标准。

（6）强调管理实践的私人部门风格，包括远离"军事型的公共服务伦理"；在雇用和奖励方面采取灵活的方针。其理由是需要在公共部门使用经证实的私人部门的管理工具。

（7）在资源的使用中强调规律和节俭，即减少直接开支，提高劳动纪律。支撑这一点的原理是需要控制公共部门的资源需求，用较少的代价做更多的事情。①

戴维·奥斯本和特德·盖布勒在《改革政府：企业精神如何改革着公营部门》这本被称作20世纪90年代美国联邦政府改革蓝图的著作中，勾勒了一种新的政府形象：起催化作用的政府，掌舵而不是划桨；社区拥有的政府，授权而不是服务，服务由社区提供；竞争性的政府，把竞争机制注入服务；有使命感的政府，改变照章办事的组织；讲求效果的政府，按效果而不是按投入拨款；受顾客驱使的政府，满足顾客需要，而非官僚政府的需要；有事业心的政府，有收益而不浪费；有预见的政府，预防而不是治疗；分权的政府，从等级制到参与和协作；以市场为取向的政府，通过市场力量进行变革。

综上所述，新公共管理模式的特征可归纳如下。（1）偏离传统行政模式，将注意力集中于取得结果和管理者的责任，不再以过程而以输出作为取向。（2）以市场取代官僚组织，市场的个人雇佣期限和条件比官僚的职业制具有更多的灵活性。（3）引入私人部门的管理方法，明确组织和个人目标，以便通过表现指标来衡量其成就。（4）政府的某些功能通过市场的测试承包出去，同样，政府干预某一领域也不一定意味着要通过官僚来进行。政府功能的减少成为一种趋势。（5）把公众视为公共管理机构的客户，向客户作出承诺，明确服务目标。（6）在资源使用中强调节省，以削减直接成本；提高劳动纪律，包括任期合同，公开的投标程序，并使用竞争者作为降低成本和提高标准的关键。新公共管理模式表现了它鲜明的市场和企业式的管理取

---

① Christopher Hood, "A Public Management for All Seasons", *Public Administration*, 1991, Vol.69, pp.13–19.

向,以提高公共部门资源配置的效率,缩小政府规模,减少政府开支,提升服务质量。

如果说,传统行政模式的两个理论基础是官僚理论和政治-行政两分的话,那么新公共管理模式的理论基础则是经济学理论和私人部门管理。

自20世纪70年代中期开始,经济学中的公共选择理论对传统行政模式提出了批评。这一理论的主张主要有两点。(1)政府官僚极大地限制了个人的自由,它的权力应当在"选择"的名义下缩小。这一观点导致要求缩小政府规模,因为自由比奴役好,消费者选择比官僚命令好。(2)传统的官僚模式没有提供市场提供的那种相应的激励和奖励结构,因此,它的效率比市场过程低。公共选择理论主张个人基于个人自由和效率而作最大限度的选择。具体而言,公共选择理论对传统行政模式的批评如下。

首先,公共选择理论的核心是理性行动者,它假设人们在作决定时都追求利益的最大化和代价的最小化。人们的行为通常是自身的,考虑自己的,工具性的。此一观点的延伸是官僚也追求自身利益,而韦伯的官僚模式依赖官僚受崇高理想(如为国服务)的驱使,公共选择理论则认为官僚的这一动机是不合逻辑的。官僚受自身利益驱使会使机关受害。

其次,与市场相比,官僚组织被认为是无效的,这一无效就大的官僚组织来说,表现为六个方面:"(1)对各种不同的要求的反应变得日益千篇一律;(2)对被认为是受益者的人日益增加社会开支;(3)不能对需求提供恰当比例的供给;(4)无法对伤及他人使用公共物品的使用采取行动,从而使公共物品受到侵害;(5)对偏离公共目的和目标的行为不能控制;(6)对一些问题的修正加剧而不是减轻了问题。"[①]在公共选择理论看来,有足够的理由表明私人的市场要比政府或政府市场好——比起官僚制,市场具有更好的责任机制,公共选择理论提供的途径最明显的是允许竞争和选择,并使许多活动尽可能地回到市场。

经济学中的委托人-代理人理论和交易成本理论同样对新公共管理模式产生了重要的影响。

委托人-代理人理论可描述为委托人旨在为代理人(代理人做出一些影响委托人的决定,采取一些最大限度满足委托人目标的行动)确立一种激励机

---

① Owen Hughes, *Public Management and Public Administration*, New York: St. Martin, 1998, p.64.

制。确立这一激励机制的困难来自两个因素:(1)委托人和代理人的目标不同;(2)两者之间的信息不对称。两者的利益不同(委托人,如股东需要最大限度的利润,而代理人则需要长期的增长和自身的高工资)以及两者的分离削弱了委托人的控制。企业不一定能最大限度地满足委托人的利益,这样就提出了责任制的问题,这种责任制通常由一种表明两者尤其是代理人义务的合同方式来表明。该理论为主张将尽可能多的"公共部门"通过合同把职能转移出去提供了基础。

此外,交易成本理论对交易无成本提出了挑战,指出一种公司可能偏向于市场测试或内部提供承办的状况。这一理论也适用于公共部门,即如果一些签约出去的活动减少了行政开支,并提供竞争,那么一些交易的成本就会下降。不过,根据该理论的逻辑,存在这样一种状况:公共部门的交易(市场测试对它来说是强制的)由内部提供可能更好。

新公共管理模式的第二个理论基础是私人部门的管理,或人们普遍所称的管理主义。戴维·奥斯本和特德·盖布勒的《改革政府》一书的副标题——企业精神如何改革着公营部门,集中反映了新公共管理模式的企业化管理和市场化取向。私人部门管理的许多特征为新公共管理模式所接纳,如:市场取向、竞争、注重目标、强调结果而非结构和过程、成本效益考虑、责任制、合同雇工、雇佣期限而非终身制、客户至上、业绩考评等。

五、范式变迁的前景

管理取代行政、新公共管理模式取代传统行政模式表现了在宪政主义(强调公正、平等和责任性)和管理主义(强调效率、目标和结果)这一西方历史上一直存在的两个取向中,钟摆再次摆向管理主义,其原因已在本文的前面部分涉及。简言之,这是由社会进入一个新的经济形态以及政府在运作过程中表现出来的不适应造成的。但是,新公共管理模式的观点和主张也遭到了批评,这一批评集中表现在以下几个方面。

第一,新公共管理模式主张的私人企业式管理忽略了私人管理和公共管理的不同。例如,在欧文·休斯看来,新的模式主张组织的重点从输入转向输出,但这涉及几个相连的步骤:决定战略、确定目标、设计项目以满足目标、确定结构、筹款、衡量运作表现、评价成果。这些步骤之间有种逻辑关系。反过来,它也意味着如果目标在实际中很难确定,那么其他几个步骤也就不相干了,因为它们建立在明确的目标的存在之上,而公共领域很难确定目标,或衡量结果,这是相较私人管理的一个重大区别。①

第二,把经济原理论运用到政府有其局限性,因为政府的基础不是作个人决定。例如,以委托人和代理人关系在公共领域的运用来说,很难决定谁是委托人,或发现其真正的愿望。公共服务的委托人是选举人,但他们的利益各不相同,因而对代理人的有效控制是不会有效的,代理人也很难发现每一个委托人想要他们干什么,这里不存在来自谋利动机的影响,市场占有份额或破产的影响,如果委托人没有足够的手段保证代理人执行其愿望,代埋人就很难行动。克里斯托弗·波力特认为:首先,公共服务与一般的消费者模式不同,这使得供应者/消费者在公共服务中的交易比起消费者在正常的市场中的交易更复杂;其次,公共服务的消费者不仅仅是"消费者",他们也是公民,这对交易有特别的含义。②

第三,新公共管理模式是泰罗科学管理思想的复活,因而忽略了自泰罗以来组织行为的发展。波力特把这一模式称为新泰罗主义,其管理哲学的要点是"确定明确的目标,建立运作指标来衡量这一目标,并通过功绩奖励手段,以及提升或其他奖励,挑选那些取得结果的人。加强和激励直线管理是一个永恒的主题"③。一些自泰罗后管理学发展出来的智慧,尤其是人际关系的智慧被忽略了。

第四,新模式的管理取向使传统行政模式中的一些优秀部分受到伤害,如高度的道德标准、专业至上、无偏私、较少的腐败等。

尽管新公共管理模式受到了批评,但它还是展示了自身强大的生命力。其原因在于如下三点。

首先,后工业社会的出现和信息技术的突破在相当程度上改变了人们对政府运作的思考。这场改革肇始于 20 世纪 80 年代绝非偶然,除了当时西方

---

① Owen Hughes, *Public Management and Public Administration*, New York: St. Martin, 1998, p.46.
② Christopher Pollitt, *Managerialism and the Public Service: The Anglo-American Experience*, Oxford: Basil Blackwell, 1990, p.126.
③ Ibid., p.56.

社会面临的由大政府带来的问题之外,一个重要的基础是信息技术,尤其是因特网技术的突破,为新的模式提供了坚实的基础。这一技术改变了和正在改变政府的结构以及与之相关的文化状况;同时,这一技术为社会公众在更大程度上参与政府活动,并将政府活动更多地暴露于社会提供了可能,反过来也使政府的责任性得到提升。官僚主义作为责任性的一个对立方面,其种种表现尤其是运作成本高、低效率之类的问题为更多人所知,而企业的表现恰恰可以成为一个鲜明的对照,这样在相当程度上也促成了政府的改革。

其次,改革以来取得的成就为进一步的改革提供了推动力。以美国而言,自 1993 年以"全国政绩评审"为旗帜的行政改革以来,可列举的改革成就包括:节省 1 360 亿美元的行政经费,建立新的采购系统,此举为纳税人节省 120 多亿美元;政府规模缩小,联邦文职人员的裁减占其总数的 17%;服务质量提高,据美国《顾客服务指南》统计,1999 年 12 月联邦政府一些部门已经提供了与工商企业同样好甚至更好的服务;公众对政府的信心提高,76% 的人相信联邦政府在大多数时候做的是正确的事,而这一比率在 1994 年只有 21%。① 再以著名的同一取向的新西兰改革来说,"(20 世纪)80 年代中晚期以来进行的改革在满足大部分目标上是成功的。事实上,所有的国企在劳动生产和赢利上收获颇丰,对顾客的服务和顾客的满意程度有了很大的提高。在部级层次行政费用大量节省,服务质量得到提高,管理的责任性也得到了提高"②。

最后,新公共管理的价值取向是与西方社会尤其是美国的一般的有关政府的价值观念相吻合的,它有着深厚的社会基础。小政府、高效率、低成本、负责任、重结果之类的政府运作价值和观念从历史上来看一直是受到欢迎的。福利国家以及伴之出现的以传统行政模式为主要特征的大政府模式曾盛行一时,但其弊端很快就被认识到。新公共管理模式也可以说是与福利国家政府管理模式的告别。它是在新的历史条件下向管理主义的回归,当然,它带有本文提到的一些新的特征。

---

① www.npr.gov,见"新成就"一栏。
② Jonathan Boston, "The New Zealand Model", in Jay Shafritz, ed., *International Encyclopedia of Public Policy and Administration*, Boulder, CO: Westview Press, 1998.

From Administration to Management: The Change of Western Public Administration Paradigm

Abstract: Since the 1980s, the public administration model in western countries has undergone a transformation from the traditional public administration to public management. The term of public management is increasingly replacing the word public administration. This shift occurred because the traditional public administration mode faced challenges derived from the change of government, private enterprise and technology revolution. The new public management mode, which is different from traditional mode, shows its entrepreneurial orientation and marketization of government operations. This shift from constitutionalism to managerialism draws criticism, but the new mode shows its vitality in improving governmental productivity and lowing governmental cost.

从新公共管理到整体性治理*

摘要：本文是对整体性治理这一新思想的简单介绍和评价，以期引发人们对此理论的关注。整体性治理的思想是在对新公共管理的实践进行反思的基础上提出来的。整体性治理着眼于政府内部机构和部门的整体性运作，主张管理从分散走向集中，从部分走向整体，从破碎走向整合。尽管整体性治理的思想正在产生越来越大的影响力，但整体性治理的实现还有赖于一种恰当的组织载体，尤其有赖于信息技术的发展。

一、整体性治理理论产生的背景

一般认为新公共管理自20世纪90年代末已经进入了后新公共管理时期。在美国，对新公共管理进行批评并对它大有取代之势的是新公共服务。新公共服务的代表性人物罗伯特·登哈特甚至认为新公共服务已经成为公共行政的一种模式，尽管不少人对此存有疑虑。在英国，对新公共管理的批评发展出来的是整体性治理模式(holistic governance)，其代表人物是佩里·希克斯和帕却克·登力维。① 这一理论的影响力在逐步增强，以至有人认为该理论可望成为21世纪有关政府治理的大理论。②

整体性治理的理论建立在两个背景之上：一是盛极一时的新公共管理的衰微；二是信息技术的发展，即数字时代的来临。登力维把新公共管理概

---

* 本文原发表于《中国行政管理》2008年第10期，第52—58页；人大复印报刊资料《公共行政》2009年第2期全文转载；编入本书时有修订。
① Perri 6, *Holistic Government*, London: Demos, 1997; Perri 6, et al., *Governing in the Round: Strategies for Holistic Government*, London: Demos, 1999; Perri 6, et al., *Towards Holistic Governance: The New Reform Agenda*, New York: Palgrave, 2002.
② 彭锦鹏：《全观型治理：理论与制度化策略》，《政治科学论丛》2005年第23期。

括为如下三个方面。(1)强调分散化。将大的等级部门分开,其方式就像早期一些大的私人公司从 U 形结构到 M 形结构的变化一样。在内部实施扁平的结构,重新规定信息和管理系统,以促进不同的控制形式。(2)强调竞争。将购买者和提供者的分离引入公共结构,以便在潜在的提供者中确立和创造更多的竞争。通过增加内部使用的竞争过程来分配资源,以取代等级式的决策。国家行政和公共物品提供的一些"核心"领域开始萎缩,供应开始多样化。(3)强调激励。从建立在分散的公共服务或专业精神之上的绩效奖励发展到强调具体的绩效激励。在公共领域,这一转变意味着一个往底层团体的运动。

通过对一些发达国家(美国、英国、加拿大、澳大利亚、新西兰以及荷兰)的公共管理系统的实证研究,登力维认为这些国家的公共管理系统已经发生了一种意义深远的变化。过去二十年时间里,无论是在学界还是在政府部门占主导的治理理念——新公共管理已经寿终正寝。尽管这一运动的少部分内容还在进行,但由于新公共管理的关键部分导致组织上的灾难已经倒转,相当大的一部分已经停止。其至当初最坚决的提倡者现在都希望这些改革对改变整个政府的效率不要产生什么影响。登力维就新公共管理的三个方面指出了它的变化。首先,在分散化方面,购买者提供者分离、机构化、分开的政治系统、准政府机构的成长、地方微观层面的机构的分离、私营化的产业、公司化和单个组织的管理、消解专业化等被部分或整体保留;通过比较进行竞争被终止;只有改进的绩效衡量结构和绩效合约还在延续。其次,在竞争方面,准市场和凭证计划被部分或整体保留,而外包、强制性市场测试、政府间合同、公私部门两极化、产品市场自由化、放松管制都已被终止;还在延续的有以消费者为标记的资助和使用者控制。最后,在激励方面,部分或整体保留的有重新指定产权、管制和项目涉及的资本市场;资产所有的私人化、反寻租措施、放松专业特权、绩效工资、私人财务创议和私人合伙被终止;还在延续或扩散的有统一的回报率和折扣率、推动技术的发展、重视公共部门的平等和强制性效率奖。①

---

① Patrick Dunleavy, et al., "New Public Management is Dead — Long Live the Digital Era Governance", *Journal of Public Administration Research and Theory*, 2006,16(3).

希克斯则认为,整体性治理作为一种解决方式,它针对的是在20世纪80年代和90年代初政府改革所强化的碎片化状况,整体主义的对立面是破碎化。希克斯认为,从功能上讲,碎片化的治理有以下一些问题。(1)转嫁问题,让其他机构来承担代价。比如学校的排斥带来了严重的青少年犯罪问题,而司法系统则不得不出面解决这一问题。(2)互相冲突的项目。一些机构的政策目标互有冲突,或者,尽管一些机构具有同一政策目标,但它们的运作却互相拆台。例如,惩治和预防犯罪的机构和教养机构的目标都是减少犯罪,但在一些具体领域两者常常发生冲突。(3)重复,它导致浪费并使服务使用者感到沮丧。(4)互相冲突的目标,一些不同的服务目标会导致严重的冲突,比如,警察搜取可能导致惩罚的证据显然会同那些从事青少年服务工作的人发生冲突。(5)由于缺乏沟通,不同机构或专业缺乏恰当的干预或干预结果不理想。(6)在对需要做出反应时,各自为政的一些机构认为可以在不与其他机构通气的情况下凭自己的力量解决问题,但最后却并没有满足真正的需要。(7)公众无法得到服务,或对得到的服务感到困惑,他们常常不知道到哪里去获得恰当的服务。(8)由于没有考虑问题的原因,而是强调可得的或固有的一套专业干预,从而导致服务提供或干预有遗漏或差距。所有这些问题正是治理中的一些协调、合作、整合或整体性运作等需解决的。①

整体性治理理论的第二个背景是数字时代的来临。在登力维看来,信息系统几十年来一直是形成公共行政变革的重要因素,政府信息技术成了当代公共服务系统理性和现代化变革的中心。这不仅是因为信息技术在这些变革中发挥了重要的作用,还因为它占据了许多公共管理的中心位置。这可以从四个方面来加以体现。第一,最初以纸质后来以电子为基础的信息系统在建构作为社会-技术系统的现代官僚组织中的作用日益突出。随着信息技术在中央官僚机构的发展,政府对信息技术人才的需求急增。到1983年,大约有41%的美国联邦政府的数据处理预算交由人处理。10年后,联邦政府雇用了113 300名信息技术人员,耗资55亿美元。1993年,英国中央政府部门每年花

---

① Perri 6, et al., *Towards Holistic Governance: The New Reform Agenda*, New York: Palgrave, 2002, pp.37-39.

在信息技术人员身上的钱达 5 亿英镑,占当时整个信息技术支出的 22%。① 第二,信息技术对政府组织结构的影响。等级官僚制结构看来是政府机构(如税收、社会保障以及移民部门)最大量使用信息技术的占主导的组织形式。② 自 20 世纪 60 年代以来,信息技术在政府的日益运用开始影响政府内部组织结构的其他方面,使结构变得扁平化。尽管比起大公司,政府机构扁平化的程度没有它们高。第三,信息技术与政府的任务。西蒙在 1973 年的一篇文章中号召将"信息理论用于组织设计",认为计算机可以用三种方式重新改变组织设计,即建立一个更加可以接触的组织记忆,产生一种取得更多信息和抓住信息丰富、服务取向的后工业社会的问题的潜力,以及极大提高做决定的能力。③ 第四,信息技术、公共管理改革以及主要的政策变革。当前大多数政策的变化意味着信息技术系统的变化。以美国为例,从 20 世纪 70 年代开始,计算机公司就围绕着联邦政府转。到 1990 年,联邦政府占了以美国为基地的全球设施管理卖主收入的 38%,而美国的商业运作只占 35%,州和地方政府只占 7%。④

二、整体性治理理论的主要思想

(一) 重新整合

整合是整体性治理的一个重要概念,整体性治理与整合有联系但又有区别。在登力维看来,重新整合是一种对新公共管理的对立的回答。⑤ 重新整合涉及的内容主要如下。

1. 逆部门化和碎片化。这一点在英国通过合并、把一些功能相近的机构重新组合成部门化的组织,取消了一些准政府机构,以及重新在以往被鼓励进

---

① Patrick Dunleavy, et al., *Digital Era Governance: IT Corporations, the State, and E-Government*, Oxford: Oxford University Press, 2006, p.14.
② Ibid., p.17.
③ Ibid., p.22.
④ Ibid., p.57.
⑤ Ibid., p.227.

行无限制竞争的地方机构这一微观层面建立合作的、以社区为基础的结构。

2. 大部门式治理。在英国布莱尔政府时期，这是重新整合的一个中心要素。英国的中央政府和美国的联邦政府建立了一些大部门的体制，如美国的国土安全部，以应对"9·11"恐怖袭击时期部门的极度分散化产生的无效和低效。在英国，就业和福利被归入工作和养老金部等。这些改革的一种新的特征主要在于它们当中包括了信息技术的融合。

3. 重新政府化。主要包括把以前改革过程中一些外包给私人部门的公共部门的活动重新交由公共部门进行。至今这方面一个最显著的例子是美国28 000名机场安全人员从私人承包商那里转到联邦文官系统。另一个著名的例子是英国承包铁路轨道建设的公司在2000年夏破产后，这一铁轨建设再次被收归国有。

4. 恢复或重新加强中央权力过程。这是对新公共管理碎片化改革产生的重复的多头的等级结构的回应。由于新公共管理导致的分散的、竞争的无政府主义，一些提议开始重新强调秩序，特别是在信息技术领域。在英国，一些集中的电子变革项目受到了大量的资助。

5. 极大地压缩行政成本。这首先是作为美国布什政府的联邦绩效努力的一部分提出来的，但在英国得到了更多的政治上的关注。比如，2004年，英国工党和一些反对党提出了在5年时间里减少8万名文官（总数是53万）的计划。从长远来看，文官的职位将减少15万个，差不多减少整个文官队伍的四分之一。

6. 重塑一些具有公务支撑功能的服务提供链，以实现由较新的信息技术提供的生产力的提高。这一做法涉及重新设计公务支撑功能，事务处理系统，或者事务由政府机构直接承担或外包。

7. 集中采购和专业化。美国在这方面进展很快，相比之下，英国在部门和机构采购之间还有大量的重复。2004年，英国财政部的一项效率评估指出，在未来4年里，在一系列措施中（包括由少数几个主要的采购中心来进行采购，而不是像现在那样在国家层面有270个部门和机构在实施采购）可以节省200亿英镑。

8. 以"混合经济模式"为基础的共享服务。鼓励较小的部门和机构共同使用一些服务支撑功能或一些与政策相关的服务。以往那种旧式的集中提供模式对下级是强制性的,在运作中反应迟钝和僵化,而共享的服务提供采用的是一些较灵活的方式。

9. 网络简化。现代官僚制的一个突出问题不是官员的预算最大化,而是为相互高度连接的公共机构、准政府和非政府机构网络建立复杂的管制和指导层次。精简管制检查以及简化基础性的网络可以在一些敏感的政策领域制止这种多重管理队伍的建立。

登力维认为,与重新整合中包括的狭隘的众人参与式治理的变革相对照,整体主义的改革旨在简化和变革政府机构与其客户之间的整个关系。它是以公众的需要为基础的。这一以需要为基础的整体性治理远远超越了公众参与治理过程的传统范围。它与新公共管理强调企业过程管理不同,把重点放在确定一个真正以公民为基础的、以服务为基础的、以需要为基础的组织。它的含义遍及所有相关的公共部门网络——确定新的宏观结构,组织重组,过程重新评价以及管理方式和信息系统的根本变革,对新问题灵活反应的新模式。[1]

(二) 整体性治理

整体性治理包含以下内容。

1. 互动的信息搜寻和提供。这对于产生所有其他以需要为基础的整体主义因素来说是最基本的。政府信息系统的一个任务就是让一些具有知识的公民和企业去发现如何在政府机器中进行表达和报告,如果需要,根据可适用的规则和规章来做出最恰当的决定。互动的机制(利用信息技术而不是以纸质为基础的形式)会自动地催促机构人员和系统对人民的需要和偏好采取更整体性的看法。

2. 以顾客为基础和以功能为基础的组织重建。一个例子就是英国的工作与养老金部的养老金服务处,它把所有与老人相关的福利集中起来予以提供。

3. 一站式服务提供。其形式有多种,包括一站式商店(在一个地方提供多种行政服务)、一站式窗户(与特定的顾客进行面对面的交往)以及网络整合

---

[1] Patrick Dunleavy, et al., *Digital Era Governance: IT Corporations, the State, and E-Government*, Oxford: Oxford University Press, 2006, p.233.

的服务。对政府机构来说,一站式服务提供的动力在于把一些分散的服务功能集中起来,以便解决一些重复的问题。"只问一次"的方法表明了政府致力于不断使用已经搜集的信息,而不是重复地搜集同一信息。

4. 数据库。通常的行政状况是不同的信息掌握在各不相干的层次、互不适应的行政系统中,使得信息要么常常很难得到运用,要么只用于具体的研究需要。而数据库使得有关福利、税收和保障领域里每一个案的数据都可以得到,使政府机构能预测公民的需要和政策的主要风险。

5. 重塑从结果到结果的服务。从结果到结果的方法确保项目小组着重整个过程,而不人为地去划分现存机构的边界。比如一些国家现在正在简化政府表格。加拿大要求把有关长达 30 页的补助金申请减少一半。通过把现有信息技术系统里的信息(这些信息以前都是分开储存的)集中起来,它们能完全取代表格。

6. 灵活的政府过程,旨在使政府决策在与企业最好的实践进行竞争中取得速度、灵活性和回应性。灵活性结构的两个要件是监视、预报和预测系统,以及能考虑"意外发生"并在标准程序中注入灵活应变的系统。

7. 可持续性。新公共管理通常无视能源的使用和环境影响,它只关注企业运作取向,忽略企业负面的外部效应;而以服务为基础的整体主义则认真考虑公民和企业的需要,将这些需要适合于追求可持续性的环保组织的要求,并使它成为所有公共部门内在运作的一部分。

(三) 希克斯的观点

希克斯从整体性治理涉及的关键活动以及这些活动涉及的三个层面来开展他的论述。这些关键的活动包括政策、管制、服务提供和监督。这些活动的整体性运作要求在三个层面上取得一种一贯性。第一,它可以将不同层次的治理或同一层次的治理进行整合,比如,地方机构内部的不同部门,中央机构与地方机构之间,或地方贸易政策制定官员与中央贸易管制者之间等。第二,可以在一些功能内部进行协调,如使海陆空三军合作;也可以在少数和许多功能之间进行协调,如健康保障和社会保障。第三,整合可以在公共部门内进行,也可以在政府部门与志愿组织或私人公司之间进行。

希克斯根据目标和手段的关系,在三个层次上区分了几种不同类型的政府,如图1所示。

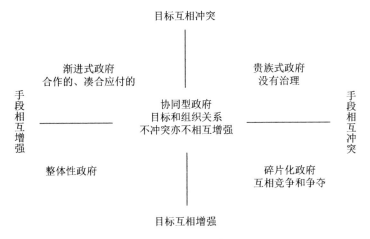

图 1 目标和手段的关系

资料来源 Perri 6, et al., *Towards Holistic Governance: The New Reform Agenda*, New York: Palgrave, 2002, p.31。

首先是目标和手段层次上的机构之间的直接冲突。比如,贸易工业部的通过放松管制、促进电子商务的政策可能同数据资料保护委员会的保护消费者隐私的政策直接冲突。其结果便是出现"贵族式政府"(baronial government)。在这一政府中,部门和机构通过小争论和小冲突来获得自己的"地盘"、独立性以及对相关领域的控制。但在这一政府中,人们想取得政策目标和保持手段的整合的期望被降低了。

与此相对的是整体性政府,这一政府力图从一系列明确且互相增强的目标中找出一整套使各机构有一种良好关系的工具。英国正在进行这种整体性治理的试验,包括启动社区反贫困的目标,它将所有相关的干预活动(住房、就业、经济多样化、交通、社会服务、教育、职业培训等)集中到一起,重塑专业运作和投资项目。在这里,不仅需要各机构间合作,而且还要各自重新安排自己的功能目标,以使这些目标同反贫困的目标相一致。

协同(joined-up)型政府问的问题是"我们能够一起做什么",而整体性政府问的问题则是"需要谁参与,并在什么基础上来取得我们在这里真正想取得的东西"。在协同型政府中,目标和手段是一致的,但两者之间互不增强。碎片化政府的情况则是目标互相增强,而手段则相互冲突。渐进式政府的情况则是目标互相冲突,而手段则互相增强。一般认为如果目标冲突,其结果则是灾难性的。但林德布洛姆的著作表明,对协作活动抱不同结果的期望并不妨碍在日常运作中的互相容忍。

希克斯认为,贵族式政府与渐进式政府充其量是令人失望的和无法接受的。由于协同型政府尤其是整体性政府会涉及协调和整合两个概念,因而有必要对这两个概念做一区分。在希克斯看来,协调指的是确立有关合作和整体运作、合作的信息系统、结果之间的对话、计划过程以及决策的想法,而整合指的是通过确立共同的组织结构和合并在一起的专业实践与干预来执行、贯彻这些想法。这些概念的关系可以用表1来表示。①

表1 几个概念之间的关系

活动 (手段与目标之间的关系)	协调 (信息、认知、决定)	整合 (执行、贯彻、实际行动)
协同型政府	**协同型协调**	**协同型整合**
互相一致的目标,互相一致的手段,以及手段一致支持目标	两个机构能够最一般地根据协议在各自的领域里运作,彼此知道如何限制负外部性	即合作运作,但主要强调防止负外部性,防止对一些项目来说至关重要的使命之间的冲突
整体性政府	**整体性协调**	**整体性整合**
手段互相增强,目标互相增强,手段以互相增强的方式支持目标	知道互相介入的必要性,但对要采取的行动未作界定	整体性政府的最高层次,建立无缝隙的项目

资料来源 Perri 6, et al., *Towards Holistic Governance: The New Reform Agenda*, New York: Palgrave, 2002, p.34。

希克斯认为,整体性运作的一个中心的、正式的目标是更有效地处理公众最关心的一些问题(这与登力维的整体性治理的以需要为基础是一个意思),因此,考虑四个关键层面(政策、顾客、组织和机构)的每一个层面的目标是有益的。政策层面的目标涉及对特定领域进行公共干预的整体目标。顾客层面的目标关注顾客的需要或帮助形成顾客的偏好。组织层面的目标是有效地管理各种组织关系。机构目标是激活相关机构的活力。一般来说,顾客和机构层面的目标是由

---

① Perri 6, et al., *Towards Holistic Governance: The New Reform Agenda*, New York: Palgrave, 2002, p.33.

地方层面产生和拥有的,而政策和组织层面的目标则通常是由全国性和超国家层面形成并对此负责的。人们以不同的动机进行整合性的运作。在许多关系中,参加者并不享有共同的目标,但这一状况并不必然影响每一个参与者取得其自身目标的能力。大多数机构的整合性运作具有多种目标,但聪明和有效的整体性运作通常要求至少其中的一个组织有一个明确和一致的目标。

一旦决定了目标,政务官与文官就必须确立一系列的框架性决定。首先要做的是为每一层次的运作确定整合的重点。在最高的层次上,目标是改进结果。为了做到这一点,就有必要整合许多过程。例如,政策目标是提高就业率,那么一些主要的因素就是教育、家庭、流动性和交通、社会网络、对风险的态度、期望值、住房以及日托的代价。与此相关的是公共部门和私人部门所有的机构,它们在这些领域里提供、管制和推进政策动议。在顾客层次上,关注的重点是老人、孩子以及一些可能有犯罪倾向的年轻人。这里的目标是涉及所有对这些群体的生活机遇产生重大影响的机构。在输出层次上,可以试图将所有涉及提供或管制某项具体服务的机构组合到一起。在转换层次上,目标是整合所有涉及处理支付和来自民众的相关活动。最后,在最低层次上,要做的事就是将所有使用某类输入的活动结合起来,比如合并一个数据系统。

另外一个观察整体性运作的有用方式是衡量整合运作的深度。这一衡量包括四个方面:(1)强度,用来衡量整合的活动之间需要共享的资源;(2)范围,用来衡量参与合作的机构的数目;(3)广度,用来衡量被结合到一起的相关的活动(这一衡量通常是跨学科和跨功能的);(4)揭示度,用来衡量整合可能妨碍每一参与机构的核心事务的程度,或衡量中央的活动、预算、专业重点或政治可信性在整合过程中面临的风险程度。

希克斯认为,一般来说,整合的程度越高,凝聚力就越大,各自为政就越少,连接就越紧密。他引用费佛、爱默生等人的资源交换和资源依附理论来加以证明。该理论认为,资源整合的强度会产生这一状况:政治乐意交出自主性以换取其他好处。希克斯认为,强度、范围、广度和揭示度并非同起同落。在一些低强度的整合中,其揭示度可能出人意料的高。[1]

---

[1] Perri 6, et al., *Towards Holistic Governance: The New Reform Agenda*, New York: Palgrave, 2002, p.48.

希克斯在指出整体性治理概念框架和目标后,又提出整体性治理中几个重要的功能性因素——信任、信息系统、责任感和预算。他认为在组织之间建立信任是整体性治理所需的一种关键性整合。信任是任何社会往前走的不可或缺的因素。信任是一种代理关系,在这一关系中,委托人以将自身的利益建立在风险之上的方式行动。那么,在取得和保持信任方面如何进行整合?需要什么样的整合技能?希克斯认为,需要考虑以下几个方面。(1)确立一种新的信息基础、信息分类和信息系统。整体性管理需要一种新的信息分类和系统。(2)为跨边界运作"留出空间"。(3)建立互相理解和信任。(4)与其他机构对话以及考虑其他机构的运作。(5)产生新的领导人和英雄。建立整合性思考和运作方式面临的一个挑战是如何在确立新的管理观点和能力的同时保持组织现有的知识基础和能力。推动和执行整体性管理的"新的英雄和领导人"不仅要有合法性,而且还要能够接触组织的信息资源和沟通渠道。(6)跨边界的运作在无法确定安全系数的情况下蕴含了风险,管理者需要高度容忍不确定性。(7)没有控制的管理。跨边界的运作意味着在没有明确交往规则的情况下与一些你对他无法进行控制的人一起工作。跨边界的运作不是获得控制,而是意味着对人员行动较少的监督,给人较多的自主行动的机会。(8)建立承诺。在建立个人承诺方面有三个方面尤其重要:与他人一起清楚地理解组织的使命和目标,高级管理层看得见的行为方式,以及组织的人事政策。(9)推动整体性运作的公共管理者面临的一个挑战是寻找一些最少受基层官员抵制的整体性运作的方法。一个方法是建立一些具有分散的团队的分散的结构,另一个方法是采用激励机制。(10)在专业、职位与支付方面,需要采用一些非正式的方法来鼓励一些从事跨边界工作的人。(11)培训。培训对于整体性治理准备组织的各级人员起着一种重要的作用。[1]

在信息系统方面,希克斯认为首先有必要区分政府信息使用的三种类型。第一种类型展示的是政府的民主角色,第二种是政府的治理角色,第三种是政府的服务提供者或至少是服务的资金筹措者角色。虽然大部分的信息系统是在 20 世纪 80 年代和 90 年代"重塑"活动盛行的时候(那时强调的是功能性的

---

[1] Perri 6, et al., *Towards Holistic Governance: The New Reform Agenda*, New York: Palgrave, 2002, pp.129-139.

组织)发展起来的,但现在则有大量的电子治理工具可以用来支撑更多的整合。

信息系统可供选择的战略可以有不少。选择之一是指出一套所有中央政府部门、机构和地方政府必须遵守的数据标准。另一个较极端的选择是对所有的人和企业建立单一的中央数据库,每个部门和机构都可以使用,而不必每个部门都去建立自己的数据库。当前,在整合的信息服务提供往哪里走这一问题上有一种核心的看法,即接近顾客。

在希克斯看来,决定这些技术是否用于政策整合或是否在功能领域内运用的因素是政治而非技术,在以整合的方式运用技术的地方,用技术代替政治来解决整合的障碍,其范围是很有限的。[1] 此外,希克斯认为,整体性治理会提出一些与隐私相关的道德问题。整体性治理与隐私互不相容的观点是错误的,但是,找出使两者互相支持的方法则需要发展道德实践并将其制度化。

希克斯认为,整体性治理最重要的是责任感。责任感一般可以分为以下三个方面:(1)诚实,或正规,主要涉及公款使用中的守规矩;(2)效率,或狭义上的"物有所值",主要涉及公共服务提供或干预过程中的输入和输出之间的关系;(3)有效性(或项目责任),主要涉及使行政官员对公共干预是否达到公开发布的结果或标准负责。希克斯认为,整体性的责任感主要关注把有效性(或项目责任)提升到最高地位,确保诚实和效率责任不与这一目标相冲突,并通过输出界定需要有效完成的是什么,以使诚实和效率责任服务于有效性(或项目责任)。此外,考虑责任产生的组织层次也是很重要的,可以在三个层次上寻求责任感。一是管理层次,通常通过审计、支出控制、预算计划、绩效衡量和政治监督来寻求责任感。二是法律层次,通常通过司法审查所忽略的现成的行政法以及民法,通过法律争端可供选择的解决方式如特别行政法庭、准司法管制者等来寻求责任感。三是宪法层次,通常通过界定民选官员对立法机构的责任以及通过一些非正式的宪法规范来寻求责任感。[2]

希克斯认为,使用政府工具甚至使用很强的惩罚工具来推动某一具体项

---

[1] Perri 6, et al., *Towards Holistic Governance: The New Reform Agenda*, New York: Palgrave, 2002, p.151.
[2] Ibid., p.170.

目与中央至上并不是一回事,尽管中央常常规定一些合作运作的形式,但工具的选择却使得机构和地方政府的领导人有很大的回旋余地来选择合作的对象。因此,有理由怀疑整体主义一定是中央化的说法。从理论上讲,有理由认为以中央化来取得整体主义是一个糟糕的战略,原因是人所共知的中央决策的局限。

就预算而言,希克斯认为在20世纪80年代和90年代的"重塑"时期,英国出现了一种全新的预算形式,财政部对一些界定的目标有了更大的控制权,而微观的开支以满足这些目标的权力则较多地转移到了一些部门。20世纪90年代初,美国、澳大利亚等国的地方政府提出了一些走向整体性治理以及"以绩效为基础"的预算和"战略"预算的动议。这涉及不再按照根据输入的或活动界定的"逐个项目",而是按照输出的质量或以现有资源达到的结果的优劣来分配资源。但"以绩效为基础"的预算要做的一个重要决定是按照输出还是结果来决定预算。事实上,以绩效为基础的预算常常是以输出而不是以结果为基础的。希克斯认为,虽然以结果为基础的预算在某些场合可以发挥一种有用的作用,但它本身还不足以保证整体性的治理。以结果为基础的预算对政务类官员和管理者来说是信息集约和研究集约型的,要耗费大量时间。传统的以输入为基础的"逐个项目"的预算尽管有它的局限,但预算运作非常省时。从"重塑"时代到整体性时代,预算的一大变化是强调输入的管理。整体性预算并不必然也不足以带来整体性的运作。预算执行面临的一个主要挑战是在处在不同治理层次和功能的管理者和专业人员之间培育一种共同的文化、共享的知识和经历。

希克斯认为,作为公共管理的一种范式,整体性治理需要被制度化,以制度化的一些条件来衡量英国的状况。希克斯还认为,英国的社会经济状况适合于整体性运作,但总体而言,英国的整体性治理还没有完全制度化。那么,这一波的整体性治理是否会像以前那样偃旗息鼓?还是能通过制度化而得以持续一个时期,就像官僚模式和新公共管理模式那样?希克斯对此充满信心,整体性治理"至少是可以制度化的"。

中国台湾学者彭锦鹏在论及整体性治理时,将整体性治理与传统官僚制和新公共管理做了如下归纳性比较,见表2。

表 2 公共行政三种典范的比较

	传统官僚制	新公共管理	整体性治理
时期	1980年前	1980—2000年	2000年后
管理理念	公共部门形态管理	私人部门形态管理	公私合伙/中央地方结合
运作原则	功能性分工	政府功能部分整合	政府整合型运作
组织形态	层级节制	直接专业管理	网络式服务
核心关怀	依法行政	运作标准与绩效指标	解决人民生活问题
成果检验	注重输入	产出控制	注重结果
权力运作	集中权力	单位分权	扩大授权
财务运作	公务预算	竞争	整合型预算
文官规范	法律规范	纪律与节约	公务伦理与价值
运作资源	大量运用人力	大量利用信息科技	网络治理
政府服务项目	政府提供各种服务	强化中央政府掌舵能力	政策整合解决人民生活问题
时代特征	政府运作的逐步摸索改进	政府引入竞争机制	政府制度与人民需求、科技、资源的高度整合

资料来源 彭锦鹏：《全观型治理：理论与制度化策略》，《政治科学论丛》(中国台湾)2005年第23期。

三、简短的评价

在相当程度上，整体性治理是对新公共管理的一种修正。不同的治理方式来自对社会背景状况的理解。新公共管理是从经济和社会的角度来加以理解的，其背景是全球经济一体化的推进对效率的要求，西方社会从一个生产者社会到消费者社会的转变对公共服务提出的多元化的要求，以及现有官僚体制的结构和运作方式无法承担新的历史使命。因此，新公共管理所采用的治理方式，比如强调绩效、结果、外包、分权以及分散化、效率、政府瘦身等无不反映了对这一背景的理解和对现有状况的认识。

而整体性治理及其强调的信息技术在一定程度上是从技术的角度来理解的。与新公共管理不同的治理和运作方式都来源于信息技术的要求。新公管理的一些治理方式或被终止、或被放弃、或被改革,一个很重要的原因尤其在于 20 世纪 90 年代后信息技术的作用。技术要求从分散走向集中,从部分走向整体,从破碎走向整合。也正是在这一原因上,登力维认为新公共管理已经成为历史。整体性治理在 20 世纪 90 年代后期开始盛行并对政府产生影响(英国布莱尔政府受整体性政府理念的影响,提出了协同政府的一系列措施,美国的一些地方政府也在不同程度上采用了整体性的做法),信息技术的进步是不容忽视的。

整体性理论着眼于政府内部机构和部门的整体性运作,这与英国在改革过程中的机构化措施导致的碎片化相关。碎片化导致分散化,导致部门机构的协调困难。在整体性理论看来,新公共管理在提升政府解决问题的能力、在服务提供者的竞争过程中引入多样性等诸方面取得了不少的成功。但是,新公共管理也使政府机构破碎化,极大地增加了决策系统制度上的复杂性,同时也减少了人们解决其自身问题的自主能力。新公共管理通过掏空公共部门的人员和能力以及将一种以合同为基础的风险和障碍带进政府的决策过程阻碍了政府信息技术的现代化。在登力维看来,数字时代的治理的核心在于强调服务的重新整合,整体的、协同的决策方式以及电子行政运作广泛的数字化。[①] 显然,这是与新公共管理背道而驰的。此外,与新公共管理很重要的一个不同点在于,整体性治理还是以官僚制作为基础的,登力维指出了信息技术运作的官僚制组织基础,而希克斯在论及整体性治理时也是以官僚制为背景的,这与新公共管理要打破官僚制的努力是不同的。

整体性理论显然具有较强的英国色彩。与整体性理论着眼于政府内部的整合协同比较而言,盛行于美国的网络治理(其基础也是信息技术)则着眼于政府与社会各类组织的联手(主要通过政府外包的方式)。这可能与两国的情况不同有关。比如,两国的行政体制就不同;再比如,英国改革初期提出的"私有化"战略在公有制程度极低的美国是不存在的。同样,在今天,以网络为基础的合同制式的治理在美国已经成为一种普遍的治理方式。美国"联邦政府每年通过合同花费大约 2 000 亿美元,而州和地方政府花费更多,大约 2 750 亿

[①] Patrick Dunleavy, et al., *Digital Era Governance: IT Corporations, the State, and E-Government*, Oxford: Oxford University Press, 2006, p.233.

美元。这样,每年通过合同花费的钱在5 000亿左右"①。在菲利普·库珀看来,今天的"公共管理者是在垂直的权威模式和平行的协商模式互相交叉的情况下运作的。垂直模式的权威、资源和影响力来自治理核心的宪政过程。平行关系建立在合同概念之上"②。网络治理更关注的是平行关系上的问题。

在20世纪90年代中后期提出整体性治理无疑是同信息技术的发展相关的,因为技术的进步提供了进行整体性治理的可能。问题是,在某种程度上向原有体制的回归(只是加上新的信息技术),比如机构的重新集中、提供者和购买者分离的终止等是否完全就是由技术的原因引起的呢?从一些对新公共管理的企业化和市场化取向的批评中可以看出,一些新公共管理做法的改变,比如一些私有化的东西重新改为国有化,显然不是出于技术的原因,而是其他诸如政治和社会的原因,技术只是产生变化的一个因素,尽管是一个重要的因素。

此外,进行整体性治理的组织基础是什么?按照希克斯的说法,整体性治理背后有三个假设。第一个是如果政府机构的文化、结构以及能力是问题取向,而不是有效的管理过程取向的话,那么就更有可能解决一些民众最担忧的问题。第二个是公众有一些需要合作解决的问题,也就是说,政府并不是完全按照它的功能来解决问题的,尽管它是按功能建立起来的。第三个是为了解决一些问题,政府各部门、专业、层级以及机构之间的整合的运作是必要的。整体性运作的目标就是如何使政府的功能进行整合,以便更有效地处理公众最关心的一些问题,而不是在部门和机构之间疲于奔命。

事实上,后两个假设使我们再次回到马克斯·韦伯的观点,因为官僚组织就是按照纵向的等级层次和横向的功能结构(通常的形式是部、会等)建立起来的。功能结构在某种程度上就是针对问题的,比如教育部主管教育问题,这种专业化的管理有助于取得高效的结果。显然,希克斯第一个假设提到的问题是涉及多功能的问题,也就是需要多部门协同解决的问题。那么,按照这样的问题建立组织是可能的吗?当然可能。一些旨在解决这些问题的临时性的协作机构或团体担负的就是这种职能。网络结构在某种程度上可以说是这样

---

① [美]菲利普·库珀:《合同制治理》,竺乾威、卢毅、陈卓霞译,复旦大学出版社2007年版,第12页。
② 同上书,前言,第2页。

的一种结构形式,但问题在于这种结构形式至少在今天能替代主流的、相对稳定的官僚制组织吗？网络化治理的"一个巨大的障碍是:政府的组织、管理和人事制度是为等级制政府模式而不是为网络化政府模式设计的,因此,两种管理模式在实际运行中经常会发生冲突。应该说,管理一大堆供应商网络与管理政府雇员的方式肯定不一样,它要求一种完全不同于政府及其公民已经习惯了上百年的公共管理模式"[1]。唐纳德·凯特尔在评论斯蒂芬·戈德史密斯和威廉·埃格斯著的《网络化治理:公共部门的新形态》一书时曾指出:"戈德史密斯和埃格斯的最深刻的见地是,必须按照传统的自上而下的层级结构建立纵向的权力线,并根据新兴的各种网络建立横向的行动线。"[2]菲利普·库珀也认为,今天,公共管理者是在垂直的权威模式与平行的协商模式互相交叉的情况下运作的。希克斯尽管在他的理论中提到了整体性政府应该做到的一些事(比如,政策层次的整合、中央政府勇于创新和扩大授权、整合性预算、重塑价值、更新信息系统以及人事改革等),但这一政府的组织基础显然还是韦伯式的官僚结构,官僚制看来至少到现在为止还是一个绕不过去的坎。

整体性治理在相当程度上取决于信息技术的发展。按照彭锦鹏的说法,政府的电子化改革要在网络技术的基础上进行三种类型的整合,即不同政府层级的整合、不同机构单位的整合和不同政府网站的整合。这三种类型的整合最后整合为一个单一的政府入口网站。美国、新加坡等国已经设置了单一的政府入口网站,差别在于这一入口网站能够提供的政府服务达到的整合程度。显然,要达成完全整合的单一的政府入口网站是有相当难度的,因为它不仅涉及各级政府和政府各单位、机构的整合,涉及计算机技术,还涉及一个国家的人口等问题。"没有高度发展的电子化政府,就无法跨越政府的层级鸿沟,也无法将数量庞大的行政机构和单位用电脑连接起来,以便向民众提供整合性的服务。"[3]

此外,电子化政府需要具备一批懂得信息技术的人员,需要一些同以往截然不同的能力和才干。"在计划制定、预算编制、人员安置和其他传统的政府

---

[1] [美]斯蒂芬·戈德史密斯、[美]威廉·埃格斯:《网络化治理:公共部门的新形态》,孙迎春译,北京大学出版社 2008 年版,第 19—20 页。

[2] 同上书,前言。

[3] 彭锦鹏:《全观型治理:理论与制度化策略》,《政治科学论丛》(中国台湾)2005 年第 23 期。

职责之外,还要求精通许多其他的工作任务,包括激活、安排、稳定、集成和管理一个网络。为了完成这些任务,网络管理者一定要至少拥有一定程度的谈判、调解、风险分析、信任建立、合作和项目管理的能力。他们必须具有跨部门界线和资源限制进行工作的能力,以战胜网络化治理所面临的各种棘手问题。"[1]这些人员是同信息技术的发展及其在政府的运用相辅相成的。毫无疑问,这些人员在今天的准备还是不足的。当然,整体性治理如能够解决在组织结构、信息技术以及政府官员的能力等方面面临的挑战,那么还是很有前景的。

整体性治理和新公共管理这两者背后的逻辑能够一致吗？尽管在一些治理的方式上两者有所不同(事实上我们也完全可以设想整体性治理的一些方法会随着情况的变化而发生变化),但两者在终极目标上是一致的,即都是追求更快、更好、成本更低地为公众提供公共服务。因此,从这一意义上说,即便治理的方式有改变,但其精神是一致的。在这一点上,整体性治理恰恰顺应的是新公共管理的逻辑,而不是新公共服务的逻辑。

From New Public Management to Holistic Governance

Abstract: This paper is a brief introduction and review of holistic governance. The new idea of holistic governance, formed on the reflection and criticism of the practice of New Public Management, prefers holistic functioning of governmental departments and agencies to separated, fragmented and "small worlds" performance. Though this idea is becoming more and more influential, the realization of holistic governance, to a large extent, depends on a suitable organizational form, especially on the development of information technology.

---

[1] [美]斯蒂芬·戈德史密斯、[美]威廉·埃格斯:《网络化治理:公共部门的新形态》,孙迎春译,北京大学出版社2008年版,第139页。

新公共治理:新的治理模式?*

摘要:新公共治理是21世纪初建立起来的一种管理模式和理论,它力图将政治与技术即价值理性和工具理性结合起来,超越传统公共行政和新公共管理的两分法。它建构的"服务主导"的理论和方法将公共政策的执行以及公共服务的提供置于中心,从服务方而不是生产方(传统公共管理理论的出发点)的角度重新诠释了以多组织和多元主义为特点的西方国家公共服务的过程。这一理论的影响力在逐渐扩大,尽管它还在不断地完善中。

一、超越行政-管理两分法

公共管理史上经历了两种比较公认的模式,即传统的官僚行政模式和新公共管理模式,还有一种尽管有争议,但影响力也很大的模式,也就是登哈特认为的新公共服务模式。按照登哈特的说法,三种模式的不同,在于传统的官僚行政模式是建立在政治和法律标准之上的,新公共管理是建立在市场和经济考虑之上的,而新公共服务则是建立在公民参与和民主治理之上的。

新公共治理是在新公共服务对新公共管理提出批评后建立起来的一种新的模式。这一模式并不把新公共服务作为一种模式,在这个理论看来,在21世纪之前,整个公共管理史经历了传统公共行政和新公共管理两个阶段,而在进入21世纪之后,出现的则是新公共治理,新公共管理只是从传统的公共行政向新公共治理的一个过渡。

新公共治理的主要提出者斯蒂芬·奥斯本(英国爱丁堡大学国际公共管理教授,公共服务研究中心主任)将区分这三者的核心归于公共政策的执行和

---

* 本文原发表于《中国行政管理》2016年第7期,第132—139页,编入本书时有修订。

公共服务的提供,因为传统公共行政、新公共管理和新公共治理都涉及这一核心问题,这或许是他将新公共服务排斥在外的一个原因,因为新公共服务涉及更多的是理念的东西。传统公共行政主要是建立在官僚制和政治-行政两分法之上的,它的主要特点表现在:(1)等级权威,有一个自上而下的命令系统;(2)法制,有一套行政规则和程序;(3)政治-行政两分,官僚是具有专长的技术性和事务性人员,是政策的执行者;(4)专业化运作,公共服务提供由专业人士垄断,官僚在政策决定和执行中起中心作用;(5)非人格化的运作方式。在斯蒂芬·奥斯本看来,这一传统的公共行政在20世纪40年代到70年代末的英国达到了顶峰,这是一个福利国家的时期,实施的是从摇篮到坟墓的政策。公共行政是用来达到美好世界的工具,它强调行政程序来保证公平对待。但这是走不通的,因为公众的需求远远超过了能满足其需要的公共资源。此外,传统行政模式在后来的运作中也产生了一系列的问题,这表现在由于政府是唯一的服务提供者,因而导致缺乏竞争,使服务质量下降;服务的提供注重过程而非结果,这导致资源浪费;政府权力的独享使得它缺乏对民众偏好的回应;公众参与的缺乏导致难以对政府问责。这样,在奥斯本看来,公共行政就成了公共政策执行和公共服务提供的旁观者,这为新公共管理的兴起铺平了道路。[1] 事实上,我们看到,新公共管理在英国的兴起,其直接因素是国家的财政无法支撑巨大的福利支出并由此引发公共服务提供的困境,而与此同时,福利国家又造成了一个庞大的政府,新公共管理的改革因此而起。

新公共管理的取向是企业化和市场化,通过私有化、运用市场机制以及企业的运作方法、手段和技术来提高政府效率和提供优质的公共服务。它强调私人部门对于公共部门技术上的优势,这些技术提高了公共服务提供的效率。在欧文·休斯看来,新公共管理模式,"第一,它代表着一种与传统公共行政不同的重大变化,它更为关注结果的实现和管理者的个人责任。第二,它明确表示要摆脱古典官僚制,从而使组织人事、任期和条件更加灵活。第三,它明确规定了组织和人事目标,这就可以根据绩效指标测量工作任务的完成情况。

---

[1] Stephen Osborne, "The New Public Governance: A Suitable Case for Treatment?", in Stephen Osborne, *The New Public Governance?*, London: Routledge, 2010, p.3.

同样,还可以对计划方案进行更为系统的评估,也可以比以前更为严格地确定政府计划是否实现了其预期目标。第四,高级行政管理人员更有可能带有政治色彩地致力于政府工作,而不是无党派和中立的。第五,政府更有可能受到市场的检验,将公共服务的购买者与提供者区分开,即将'掌舵者与划桨者区分开'。政府介入并不一定总是指政府通过官僚手段行事。第六,出现了通过民营化和市场检验、签订合同等方式减少政府职能的趋势。在某种情况下,这是根本性的。一旦发生了从过程向结果转化的重要变革,所有与此相连的连续性步骤就都是必要的"①。

在斯蒂芬·奥斯本看来,公共行政的优点在于指出了公共政策执行和公共服务提供的政治本质,公共政策制定与执行的复杂性以及两者间的细微差别。但问题是公共政策执行只是被看作一个"黑匣子",这个黑匣子并不打算去探究政策过程的输出(即公共服务本身)的复杂的管理结果。相比之下,新公共管理的强点在于能够准确地指出这只黑匣子的复杂性,用现在的话来说,就是变革和创新的管理。但它的问题在于把公共政策过程只看作是一种公共管理的一些重要任务在其中发生的"背景"。说得极端一点,新公共管理质疑作为公共管理背景的公共政策的合法性,认为它给管理和公共服务的提供强加了不合理的民主限制。此外,新公共管理在一个日益多元的世界里强调单个的组织,以及在不适用的情况下将过时的私人部门的技术用于公共政策的执行。这就远离了公共行政强调的公共政策过程。"因此,公共行政和新公共管理看起来充其量都是不完整的理论。"②

在奥斯本看来,公共行政和新公共管理"都没有抓住 21 世纪公共服务的设计、提供和管理的复杂的现实。考虑到对两种模式的批评,现在是时候提出这样的问题了——是否迫切需要一种对公共政策执行和公共服务提供的更有见识的理解,即超越行政-管理两分法,用一种更全面和整合的方法来研究和实践公共政策的执行和公共服务的提供"③。而新公共治理就要承担这样的使命。

---

① [澳]欧文·E.休斯:《新公共管理的现状》,沈卫裕译,《中国人民大学学报》2002 年第 16 期。
② Stephen Osborne, "The New Public Governance: A Suitable Case for Treatment?", in Stephen Osborne, *The New Public Governance?*, London: Routledge, 2010, p.5.
③ Ibid.

二、新公共治理:新在哪里?

治理、公共治理是20世纪八九十年代开始在西方国家强调并在21世纪变得引人注目的一个公共管理概念。事实上,在奥斯本运用"新公共治理"一词之前,"治理"一词已经在公共管理学界和政府部门流行。罗伯特·罗兹认为,在今天,治理不再是管理的同义语。管理通常被看作一种活动,一种过程,一种管理社会的体系和方法,它一般与传统的官僚制相关,有一致的规则,官僚承担管理的责任。罗兹认为,治理可以包括如下六个方面内容。(1)作为最小国家的治理,即将国家的干预降低到最低限度,利用市场或准市场的方法来提供"公共服务"。(2)作为公司的治理,有三个可以同时适用于公私部门的原则,即:信息公开;直截了当和全面解决问题;责任感,对自己的行为负责。(3)作为新公共管理的治理。"新公共管理"的主旨在于把私人部门即企业的管理手段和方法引入公共部门,以及将激励因素(如市场竞争)引入公共服务中,强调效率、低成本和高质量地提供公共服务。(4)作为"善治"的治理,善治包括系统意义的、政治意义的和公共管理意义的三个方面。系统意义上的治理涉及了政府内外部的管理。政治意义上的治理指的是"一个从民主授权机制中获得合法性和权威的国家"。公共管理意义上的治理指的是一种有效的、开放的、负责的和受到监督的公共服务体系。(5)作为社会控制系统的治理,即治理的结果是所有参与的行动者互动的结果。(6)作为自组织网络的治理,网络是市场和等级制的替代,这一治理强调信任、声誉、互惠和相互依存。与等级制强调控制、市场强调竞争不同,网络的核心是信任与合作。[①]

但是,治理的实质是什么呢?罗兹讲的治理作为一种新的过程和方法又是什么?在这里对治理产生了大量不同的看法。比如一种观点认为,治理是一个决策的制定和执行(或不执行)的过程,可以在各种背景下使用,比如政府治理、公司治理,地方治理或全球治理。这种理解强调决策过程中的正式和非正式的行动者,以及正式和非正式的达成决定和执行决定的结构。在有关公

---

① R. A. W. Rhodes, "The New Governance: Governing without Government", *Political Studies*, 1996, 44(4).

共管理的活动中,政府是行动者之一而非全部,其他一起参与的行动者同样在这过程中发挥作用。丽莎·布洛姆格伦·宾汉姆等人认为治理是一种与旧的组织决策的等级结构相对的新的结构,其特点是平行的网络结构,或是作为新的结构形式的公私非营利组织结构。"当一些拥有合法和正式权力以及拥有强制权的人行使权力或进行活动时,管理就出现了。而治理指的是具有共同目标的、或有或没有正式权力和强制权的公民和组织展开和进行的活动。"①治理最终事关为有秩序的规则和集体行动创造条件。管理和治理的产出是不同过程的产物。而在乔治·弗雷德里克森看来,治理同公共行政就是一回事:"公共行政一直以来就是治理,而不只是管理。学界大佬和政府高官强调的治理从来就是包括宪政、民主制度践行、社区福利、公共利益以及行政道德在内的治理。"②

尽管有多种看法,但一个一般同意的定义是,治理指的是"确立一些治理方式,其特征在于公私部门之间以及公私部门内部边界模糊。治理的实质是强调治理的机制,这些机制不再依赖政府的权力或强制,而是多元治理的互动,以及行动者互相影响"③。但这样的定义又留下了很多可以提出疑问的地方,比如多元互动的基础是什么?产生治理的背景是什么?为什么治理会在20世纪90年代中期后开始流行?治理的主要落脚点在哪里?是全方位的还是集中在某些方面的?

在斯蒂芬·奥斯本看来,新公共治理是对行政-管理两分法的超越,它不是公共行政的一部分,也不是新公共管理的一部分,而是具有自身特点的可供选择的话语。它建立在一个多元的国家之上,旨在理解在这种背景下公共政策的确立和执行。奥斯本认为,新公共治理的思想来源可以由下面五个方面组成。(1)社会-政治治理,主要涉及社会中的机构关系。为了理解公共政策的制定和执行,必须完整地了解这些关系及其互动。在这一观点看来,政府不

---

① Lisa Blomgren Bingham, Tina Nabatchi, and Rosemary O'Leary, "The New Governance: Practices and Processes for Stakeholder and Citizen Participation in the Work of Government", *Public Administration Review*, 2005, 65(5).

② H. George Frederickson, *The Spirit of Public Administration*, San Francisco, Calif.: Jossey — Bass Publishers, 1996, p.93.

③ Gerry Stoker, "Governance as Theory: Five Propositions", *International Social Science Journal*, 1998, 50.

再是公共政策中最显著的角色,它必须依赖社会中其他的行动者来获得自己的合法性和影响力。(2)公共政策治理。主要涉及政策精英与网络如何互动来产生和治理公共政策过程。马希和罗兹等人探讨了政策团队和网络的运作机制。彼得斯等人探讨了"元治理"工具作为一种方法,通过它来再次维护在一个多元利益相关者的政策网络中的政治方向。(3)行政治理。涉及有效地运用公共行政及其重新定位来解决当代国家的问题。比如,塞拉蒙差不多把治理用代理人一词来解释一般的公共政策以及公共服务提供的实践,而林恩等人也把治理作为能够解释一切的词汇,试图根据"空心国家"的状况来建立一种公共政策执行和公共服务提供的整体性理论。(4)合同治理。与新公共管理的内在机制相关,特别与公共服务提供中的合同关系的治理有关。凯特认为现代合同国家中的公共机构已经对公共服务提供系统负责,而不控制这一系统。(5)网络治理。它与"自我组织的跨组织网络"如何与政府一起或独自提供公共服务有关。相较公共政策治理,网络治理强调那些执行公共政策和提供公共服务的网络。①

这显然不同于罗兹指出的治理涉及的几个方面。奥斯本认为,所有这五个方面有关治理的理论观点对于理解公共政策执行和公共服务提供都作出了重要贡献。

但是,新公共治理与这些思想来源又有什么不同,或者说,它要建立的具有自身特点的东西又是什么呢?这里首先涉及对管理环境以及这一管理环境中最重要的问题的认识。其次,涉及对原有理论的认识。在奥斯本看来,新公共治理的特点在于它"抓住了21世纪国家在一个多组织和多元主义的复杂性中公共政策执行和公共服务提供的现实"②。这里有两点,一是他指出的一个多组织国家(plural state,也称复数国家,与后面提到的单一国家相对)和多元主义国家(pluralist state),另一个是公共政策的执行和公共服务的提供。新公共治理是围绕公共政策的执行和公共服务的提供进行的,而这种执行和提供发生在一个多组织和多元主义的国家,正是后者,使得公共政策的执行和公共服务的提供产生了新的情况,而这一情况是传统的公共行政和后来的新公

---

① Stephen Osborne, "The New Public Governance: A Suitable Case for Treatment?", in Stephen Osborne, *The New Public Governance?*, London: Routledge, 2010, pp.6-7.
② Ibid.

共管理所不能解释的。正如雅各布·托夫林和彼得·屈塔费罗指出的,互相作用的、组织间的以及非直接的治理形式当今在西方国家以不同程度展现出来。这种或多或少有点新的形式围绕着参与和网络过程(它们建立在互相依赖、合作和信任之上)进行,它们根据不断增长的期望、需求以及复杂性和破碎化,强调改进公共政策决定和公共服务提供的过程和结果。奥斯本试图抓住这些新出现的状况,提出一个新的概念。①

在斯蒂芬·奥斯本看来,公共行政更多属政治学领域。它关注的是单一国家,在那里,政策制定和执行是作为政府内的一个封闭系统从纵向上整合的。它强调政策制定和执行的循环,假定有效的公共行政包括公共管理者成功地执行民选官员决定的政策。由于这一纵向整合的特点,等级制是公共行政进行资源分配的机制,强调纵向的管理来确保对使用公共资金进行问责。其价值基础在于这一明确的假定:公共部门垄断公共政策的执行和公共服务的提供。比较之下,新公共管理建立在新古典经济学和理性/公共选择理论基础之上。它关注的是一个分散的国家,在这样的国家,政策制定和执行至少部分是清晰的和互相分离的,执行是通过集中一些独立的服务单位(最好是互相竞争的)进行的。国家在这里的主要作用是监管,通常在委托人-代理人的背景下进行监管。它强调组织内部的过程和管理。它把公共服务的生产看作一个组织内把输入转化成输出(服务)的过程,强调这些生产和服务的过程中的经济和效率。它假设公共政策领域里独立的公共服务单位组织之间的竞争关系,这一竞争关系发生在平行的有组织的市场。② 它的价值基础是围绕"会计的逻辑"建立起来的,并包含在这样的一种信念中:这一市场及其机制为公共服务的市场提供了最合适的去所。③

而在奥斯本看来,今天的国家更应该被称之为多组织国家和多元主义国家。这种国家使得公共政策执行和公共服务提供产生了日益增长的复杂性、多元性和破碎性,这一点在进入21世纪后变得更为明显。多组织国家和多元

---

① Jacob Torfing and Peter Triantafillou, "What's in A Name? Grasping New Public Governance as a Political-Administration System", *International Review of Public Administration*, 2013, 18(2).
② 在这里,关键的资源配置的机制是竞争、价格机制与合同关系的各种组合,这种组合取决于人们选择哪一种具体的不同的新公共管理去解释。
③ Stephen Osborne, "The New Public Governance: A Suitable Case for Treatment?", in Stephen Osborne, *The New Public Governance?*, London: Routledge, 2010, p.8.

主义国家的概念来自制度理论和网络理论,正如奥斯本所说,如果把新公共治理看成一种公共服务提供的范式,它扎根于制度理论和网络理论。这些理论强调一个存在着多个组织的国家,在那里,一些各自独立的行动者为公共服务的提供作出贡献。这些理论也强调一个多元主义的国家,在那里,多种过程提供决策系统所需的信息。它建立在公开系统的理论之上,关注在这样一个多元的环境里使公共政策执行和公共服务提供得以可能并受到制约的制度压力和外部环境压力。

这样,作为这两种多元形式的结果,它的重点在于组织间的关系以及过程的治理,强调公共服务组织与其环境互动基础上的服务效益和结果。这里的中心的资源配置机制是组织间的网络以及在这些网络中组织间和个人间经谈判而成的可问责性。重要的是这样的网络很少是平等的结合,权力不等的各方需要通过谈判来形成有效的工作机制。因此,这一网络的价值基础常常是分散的和竞争的。这样,新公共治理既是 21 世纪公共政策执行和公共服务提供日益增长的复杂性、多元性和破碎性的产物,也是对它的回应。我们可以看到,奥斯本的新公共治理的主要因素与传统公共行政和新公共管理有关,当然它要进行超越,奥斯本做了下表来表明三者之间的不同(见表1)。

表 1　传统公共行政、新公共管理、新公共治理的对比

	理论基础	性质	重点	强调	与外部(非伙伴公共)组织合作关系	治理机制	价值基础
传统公共行政	政治学、公共政策	单一	政策系统	政策执行	政策系统的潜在要求	等级	公共部门精神
新公共管理	公共选择理论、管理理论	分散	组织内管理	服务输入、输出	竞争市场中的独立的签约者	市场、古典和新古典	竞争的、市场取向
新公共治理	组织社会学、网络理论	多组织、多元主义	组织间治理	服务过程和结果	希望的提供者,通常是关系进展中的互相依赖的代理人	合同、信任或关系合约	新合作主义

资料来源:Stephen Osborne,"The New Public Governance:A Suitable Case for Treatment?",in Stephen Osborne, *The New Public Governance?*, London:Routledge, 2010, p.10。

在 2010 年主编的《新公共治理》一书中,奥斯本指出新公共治理还是一种正在发展中的理论或模式。尽管一些研究已经在为它的形成作出贡献,但还局限于一些老的问题的研究中,这些问题包括:(1)如何管理公共政策的执行,以确保在实践中贯彻政治意志?(政策执行问题);(2)如何保证组织和个人的服务绩效?(审计和目标问题);(3)如何确保每个公共服务组织以伙伴的方式最有效地工作?(伙伴关系);(4)如何使公共管理者承担其责任?(监督问题);(5)如何激励员工做到最好?(奖励问题);(6)如何保持组织的可持续发展?(变革和创新问题)。在奥斯本看来,要把新公共治理作为一个公共政策执行和公共服务管理的概念建立起来,有必要形成新公共治理的一个整合的知识体。这要求问一些作为新公共治理基础的新的问题。

这些新问题强调在一个多组织和多元主义的国家里公共服务信奉的原则,强调公共服务系统而不是强调单个的公共服务组织。这些新问题包括:(1)探讨公共政策执行和公共服务提供的最基本的分析单位是什么,它们对理论和实践的含义是什么?(基本问题);(2)怎样的组织结构最有助于提供公共服务?(结构问题);(3)如何维持一个可持续发展的公共服务系统,这一可持续性意味着什么?(可持续问题);(4)什么样的价值可以支撑在这样的系统中公共政策的执行和公共服务的提供?(价值问题);(5)在关系的处理过程中需要哪些最重要的技能?(关系技能问题);(6)在一个碎片化的多组织和多元系统中,问责的实质是什么?(责任问题);(7)如何评价一个公开的公共服务提供系统中的可持续性、问责和关系表现?(评估问题)。新问题不是简单的对老问题的替代。有效的组织内的以及有效的服务管理的规则依然存在,这样老问题也依然有关。然而它本身的有效性在当代多组织和多元的国家里不会产生成功的公共服务提供。为了对这样的提供有所贡献,新公共治理的研究需要包含两个方面:探讨公共服务系统的效力与局限,以及在多组织和多元背景下建立一种有效和有益的管理实践。①

三、理 论 建 构

斯蒂芬·奥斯本最早在 2006 年提出新公共治理,在 2010 年的著作中他

---

① Stephen Osborne, "The New Public Governance: A Suitable Case for Treatment?", in Stephen Osborne, *The New Public Governance?*, London: Routledge, 2010, p.11.

指出这是一种正在形成中的理论和范式,到2012年他开始了理论建构。奥斯本的核心概念是服务理论,他提出了一种他称之为"公共服务主导"的方法。这一理论首先来自对传统的公共管理理论的批评。在他看来,现有的公共管理理论有两个方面的问题。

一是现有的理论关注生产方的经验,忽略了公共服务是"服务"这一现实。在当今公共服务提供日益破碎化以及日益在组织间运作的情况下,还要单纯强调公共管理过程(这是传统公共行政强调的)或组织内的管理(这是新公共管理强调的)已经变得不可能。这两个方面必须被整合到一个更大的、强调组织之间关系治理或跨部门治理以及强调公共服务提供系统效能的范式中,而这一范式的框架就是新公共治理。它不取代传统公共行政和新公共管理,而是将它们嵌入到一个新的背景。

二是当代大部分公共管理理论的概念都来自以往生产部门而不是服务部门所进行的"一般"的管理研究。这就在公共管理理论中产生了"致命的瑕疵",[①]即把公共服务看作生产而非服务的过程。奥斯本认为,政府的事总的来说不是提供以前生产好的产品,也不是公共服务的使用者与公共服务组织之间以交易为特点的关系。相反,"公共产品"的大多数(不管是政府提供的,还是第三部门或私人部门提供的)事实上不是公共产品,而是公共服务。社会工作、教育、卫生、社区发展等都是服务,而不是具体的产品。其所以如此,在于它们是无形的、过程驱动的,建立在打算"提供什么"这一诺言上的。公共服务当然可以包括一些有形的东西,如通信技术、健康照顾等,但这些东西就其本身而言不是公共产品,恰恰相反,它们被要求支持无形的、有过程驱动的公共服务。因此,在奥斯本看来,一种适合于目标的公共理论必须把公共服务理解为服务,有着明确的服务主导的逻辑以及它所蕴含的管理挑战,它必须拒绝当前"以生产为主导"的管理理论所具有的致命瑕疵。

奥斯本接着从以下几个方面来建构这一服务理论。

第一,对盛行的新公共管理模式进行批评。新公共管理主张为公共服务建立一个管理和市场取向的框架。奥斯本认为,对公共服务提供而言,这是一

---

① Stephen Osborne, Zoe Radnor, and Greta Nasi, "A New Theory for Public Service Management: Toward a Public Service-Dominated Approach", *American Review of Public Administration*, 2013, 43(2), p.136.

种管理的而不是行政的或专业的方法,它将服务分散到基本单位,然后关注它的成本,强调绩效管理和输出控制,把市场和竞争作为资源分配的手段并在服务提供中特别强调私人部门提供公共服务管理的经验教训。它显然与当前的公共政策、公共服务提供日益不相干。服务导向的理论认为,与生产导向的理论不同,生产导向的理论与将原料转变为可售物品的活动(包括所有权的转移)有关,而服务的理论与无形好处的交易的活动和过程有关(这些活动的所有权是不能转移的)。服务与产品不同,产品是具体的,服务则是无形的,它是一个过程(住在旅馆里不只是你的房间的质量问题,而是你住在那里经历的一个过程)。这并不是说服务的内容(它的目标)是无关紧要的。问题在于,服务的使用者尽管希望服务"满足目标",但他们将其对服务表现的评价建立在他们的期望以及服务过程的经历而不只是结果上。这种经历极大地影响了服务的有效性和影响力。[1]

第二,探讨服务主导的逻辑的潜力。在奥斯本看来,生产的产品和服务背后的逻辑是不同的。在前者,生产、销售和消费是各自发生的;而就服务来说,生产和消费是同时发生的。这种无形分离性意味着背后的逻辑是不同的。比如,为了提高生产的效率,通过减少人工开支来降低产品的单位价格是可能的。但对服务而言,通过改变人员的层次或经验来减少单位开支会直接影响服务使用者对服务的感觉。此外,产品使用者和服务使用者的作用从性质上来说是不一样的。前者是购买者或消费者,后者则是服务的共同生产者。从极端上来说,同样的服务对两个人来说是不一样的。这一点很重要,因为它意味着公共服务的运作不仅仅只是一种与其目标相关的有效设计,它至少也是一种服务使用者的主观体验。这两者深刻地影响了服务的实际运作。这种互动的质量不仅影响了服务使用者的满意感,也影响了服务结果。显然,成功的公共服务管理不只是有效地设计公共服务(这是必要条件,而不是充分条件),它还需要对使用者进行治理并做出回应,并且训练和激励工作人员以便与使用者积极互动。有效的服务管理不仅同控制单位成本以及服务生产过程的有效性相关,它更重要的是与运用具体的知识相关,知识在这里是最重要的资

---

[1] Stephen Osborne, Zoe Radnor, and Greta Nasi, "A New Theory for Public Service Management: Toward a Public Service-Dominated Approach", *American Review of Public Administration*, 2013, 43(2), p.137.

源。在这个过程中,使用者一直是价值的生产者,即服务在使用后才有价值,经历和感觉对于价值是至关重要的。服务主导的方法注重的是具体的知识和技能驱动的活动,而不是在交换过程中处于中心地位的输出单位。①

第三,服务主导的方法在四个方面可以改变对公共管理任务的理解,并解决以下四个方面的管理问题。

(1) 战略取向。它指的是通过知识以及员工的外部环境信息的共享来产生共同的价值和行为的组织能力(通常被称为"无形资产")。对公共服务组织来说,战略取向涉及一种理解公民和使用者的当前和未来需要和期望的能力。这样,公民接触就成了战略取向和运作机制一个核心的层面。这样的互动产生了当前和未来的需要,有助于政策的制定和执行。奥斯本认为目前公共服务组织还没有这样的一种战略取向,还是产品主导的想法,技术标准和单位成本依然占主导地位。新的战略指出公民接触、使用者参与应当存在于服务生命周期的每一个阶段。传统的公共行政和新公共管理都没有认识到两类人的互动——公民是实际的或潜在的使用者,而服务使用者也是公民。两者的错误在于只强调与利益相关者接触。产品主导的公共服务组织也没有将内外部组织环境整合起来,这导致产生内部导向的、功能性的形态而不是外部导向的、整体性的服务主导的形态。简言之,服务主导的方法的战略取向将公共服务组织的内外部环境结合起来,在将其整合的过程中加入价值。②

(2) 公共服务市场化。这不只是产品主导理论认为的"出售"服务,它还具有整合各种不同的公共管理挑战的潜力。市场化作为一种功能性的角色和分析框架是20世纪80年代新公共管理改革开创的。在产品主导下,每个公共服务组织(无论是公共的、私人的还是非营利的)的市场行为实际上都是单个性的、寻求自我利益的,常常被卷入不是互相间合作或内部合作而是不平等竞争和敌对关系的市场中来,而这对整个公共服务系统可能是不利的。这里的问题在于用交易的观点来看市场。新公共治理主张关系经营,认为可持续的竞争优势日益要求合作而不是敌对竞争,这样的一种合作关系对于企业来

---

① Stephen Osborne, Zoe Radnor, and Greta Nasi, "A New Theory for Public Service Management: Toward a Public Service-Dominated Approach", *American Review of Public Administration*, 2013, 43(2), p.138.

② Ibid., p.141.

说是一种最宝贵的资源,它的核心是信任。公共服务主导的市场经营方法对于将公共服务的战略转化为具体的"服务承诺",或对于形成使用者对服务的期望以及人员在提供过程中的作用是至关重要的。它也能在服务组织和使用者之间的公共服务的提供中经历一个培育信任的框架。① 罗伯特·摩根和谢尔比·亨特等人指出了三个层面上运作关系的实质。一是微观层面,服务使用者与公共服务组织之间公共服务的共同生产。二是宏观层面,服务组织活动的边界的确定和维持,这对于有效的组织间的合作是至关重要的。三是中观层面,政策制定和执行过程中的服务组织作为认知的有目的的行动者而不是被动的接受者互相之间的接触。② 在奥斯本看来,通过三个层面的经营活动概念化而不是促进产品主导的无联系的交易,公共服务组织可以采用一种战略的方法来驱动它们在公共服务提供中的角色,理清它们对服务运作可以作的贡献。

(3) 共同生产。来自产品主导逻辑的观点在于生产和消费作为一个分开的过程,两者是分离的,这样,公共服务被认为是由政策制定者和专业人士设计和生产的产品并由相对消极的使用者消费。服务主导的方法则认为共同生产是服务提供过程的一个核心要素,一个重要的、本质的服务组织与使用者在服务提供的节点上互动的过程。公共服务的共同生产是这种服务的不可分割的一部分。问题不在于如何在公共服务中加入"共同生产",而是如何管理和获得它对有效的公共服务提供所具有的含义。把共同生产作为公共服务提供的最重要的特征重塑了我们在取得公共服务的结果中对服务提供过程和公共管理作用的理解。服务方法把使用者而不是决策者或专业人士置于公共服务创新过程的中心。这对管理过程具有极大的意义。用于共同创新的服务主导方法的一个核心要素是它旨在打开使用者具有的默会(只可意会,不可言传的)知识,以改进现有的服务。这"要求服务组织积极地去发现、理解和满足一些潜在的和未来的需要,而不是简单地对现有表达的需要进行反应"③。

---

① Stephen Osborne, Zoe Radnor, and Greta Nasi, "A New Theory for Public Service Management: Toward a Public Service-Dominated Approach", *American Review of Public Administration*, 2013, 43(2), p.145.
② Robert Morgan and Shelby Hunt, "The Commitment-Trust Theory of Relationship Marketing", *Journal of Marketing*, 1994, 58(3).
③ Ibid.

(4) 运作管理。现有的公共管理强调用企业的方法来改进公共服务的提供,这些方法本身并非不恰当。但问题在于,服务组织内这些改进的运作方法是组织内取向(产品主导)的,而不是跨组织取向(服务主导)的,其结果无疑会产生更有效率的服务组织,但对组织的有效性的影响却有限。如果这种状况持续,公共服务组织不管内部多有效率,它们也不会去满足使用者的需要。因此,需要考虑内部服务运作管理与外部服务提供的互动。一方面,没有服务主导的方法,公共服务内的运作管理只会提高公共服务的效率而不会提高服务的有效性;另一方面,没有运作管理,服务方法只会带来没有完成的公共服务承诺。①

四、一种新的管理模式或理论?

一般认为,新公共管理在 20 世纪 90 年代后进入了后新公共管理时期。此时新公共管理改革过程中的一些缺陷和不足也日渐显现,因而引来了不少的批评意见。90 年代中期有针对新公共管理导致的破碎化而提出的整体性治理理论,21 世纪初有登哈特对新公共管理提出全面批评的新公共服务理论,接着就有奥斯本的新公共治理理论,以及其他的公共价值管理理论、数字时代的管理理论等。一种理论或模式是否新,是建立在与以往的理论或模式的比较之上的。

首先,新公共治理理论与作为一种同样认为是超越新公共管理的新公共服务理论相比呈现如下特征。新公共服务主要是从价值的角度对新公共管理进行批评的,认为:公共管理应该强调公民,而不是顾客;应该强调公民权利而不是企业家精神;应该强调服务,而不是掌舵;应该强调公共精神,而不是企业精神;应该强调公民参与和民主治理。而新公共治理理论则认为:"在新公共管理方面,我们没有发现一个连贯的理论或意识形态来支持新公共治理的框架,但我们发现了一些原则,比如强调过程和结果、合作、参与、共同生产这些几乎同新公共管理相反的原则。公共政策的执行和公共服务的提供不是通过代理、竞争和选择,而是通过合作、谈判、利益相关者的积极参与得

---

① Stephen Osborne, Zoe Radnor, and Greta Nasi, "A New Theory for Public Service Management: Toward a Public Service-Dominated Approach", *American Review of Public Administration*, 2013, 43(2), p.147.

到改进的。"①这显然不是主要从价值而是从运作的角度来理解的。这一理解主要来自奥斯本对双重多元主义的国家形态(即从事政策提供的互相依赖的行动者的多元性,以及跨越政治行政边界的政策过程的多元性)的认识,公共管理的运作就是在这样的环境里发生的。这一国家要求一种新的治理模式,这一新的公共治理不仅意味着公共管理和组织的变革,也意味着国家功能的变革。② 因此,新公共治理必须关注政策形成和公共服务提供发生的制度和外部环境,这一点是与新公共服务的出发点不同的。

其次,新公共治理理论与传统公共行政和新公共管理相比呈现如下特征。传统公共行政的特点在于强调官僚等级,公民只是作为自上而下的政策制定和服务提供机制的被动接受者,控制和等级而不是多元和参与,表现了官僚与公民的关系;新公共管理则强调合同机制,公共管理者与顾客的交易反映了个人的私利,并由市场原则规定;新公共治理将公民而不是政府置于中心,公共利益不是由民选官员或市场机制来决定的个人利益的集中,而是公民利益的分享。马克·罗宾逊指出:"作为公共政策和公共服务的共同生产者的公民的中心位置区分了新公共治理与传统公共行政的集权的方法,以及以市场为基础的方法,而不只是提出一个新的公共行政形式。"③(在这一点上,新公共治理与新公共服务有相似之处,新公共服务强调公共管理的重点是公民、社团和公民社会,公务员的首要作用在于帮助公民表达他们的意愿并满足他们共享的利益,尽管新公共治理更强调公民的服务共同生产者的角色。)斯蒂芬·奥斯本认为,新公共治理强调组织间的关系和过程的治理,在这当中,信任、关系资本以及关系契约服务(relational contracts service)是治理的核心机制,而不是组织形式和功能,而传统公共行政则强调组织内的过程,新公共管理则强调政

---

① Sorensen Eand (Eva) and Jacob Torfing, *Theories of Democratic Network Governance*, Basingstoke: Palgrave Macmilliam, 1997.
② Stephen Osborne, "The New Public Governance: A Suitable Case for Treatment?", in Stephen Osborne, *The New Public Govemance?*, London: Routledge, 2010, p.9; Stephen Osborne, Zoe Radnor, and Greta Nasi, "A New Theory for Public Service Management: Toward a Public Service-Dominated Approach", *American Review of Public Administration*, 2013, 43(2), p.146.
③ Mark Robinson, *From Old Public Administration to the New Public Service: Implications for Public Sector Reform in Developing Countries*, Singapore: UNDP Global Centre for Public Service Excellence, 2015.

府、私人和非营利组织之间的过程。显然,新公共治理并没有抛弃传统公共行政和新公共管理,而是结合了前者的政治因素和后者的经济因素(服务的提供必须考虑政策过程的平等和公正,也必须考虑成本效益和讲求效果),并力图在两者的综合上有所提升。

再者,奥斯本是在指出了他认为当前公共管理理论的两个缺陷(在公共服务提供已经是组织间提供的情况下还把它看作一个组织内的过程;理论来自生产方的经验,忽略了公共服务的"服务"特点)的基础上建构他的"服务主导的方法"的,并从战略取向、公共服务市场化、共同生产和运作管理四个方面将这一方法和理论具体化。这四个方面我们可以看到它内在的逻辑。(1)公共服务组织的出发点是公共接触,即与公民和服务使用者互动,在理解他们的需要和期望的基础上来建立服务战略。(2)在战略的实施中运用市场机制,但主张关系经营,在服务提供组织中建立信任,因为可持续的竞争优势日益要求合作而不是敌对竞争。(3)这样服务的提供过程就是一个共同生产的过程,即服务组织与使用者在服务提供的节点上互动的过程,这一过程强调服务使用者的经验与知识对有效的公共服务的设计和提供所具有的重要体验。(4)这种共同生产的运作方式是跨组织取向(服务主导)的,而不是组织内取向(产品主导)的,是内部服务运作管理与外部服务提供的互动。在这里,我们看到,新公共治理把服务的使用者置于了中心的位置,强调服务提供中的合作和共同生产以及服务使用者的体验,用另外的话讲,就是满意度。这一逻辑是可以自圆其说的。作者显然也满意自己提出的"服务主导的方法",称它是"对新公共治理时代公共管理的一个创造性的贡献"。①

简而言之,新公共治理可取的地方在于,它并没有像新公共管理一样,对传统公共行政采取一概否定的态度(事实上也很难一概否定),同样它也没有对新公共管理采取一概否定的态度,而是力图在综合两者特点的基础上进行超越,也就是新公共治理不仅是一个管理的过程,它也是一个政治的过程。公共政策的制定和执行以及公共服务的提供都包含了这两个方面的因素。用另外的话讲,就是如何考虑工具理性和价值理性的统一,而不是割裂,从而建构

---

① Stephen Osborne, Zoe Radnor, and Greta Nasi, "A New Theory for Public Service Management: Toward a Public Service-Dominated Approach", *American Review of Public Administration*, 2013, 43(2), p.135.

一个超越两者的新的管理模式和理论。此外,"服务主导"的方法既有理论,也包括了一些可以操作的内容,显然是一种建构体系的努力,尽管这一新的模式和理论的建构还有待进一步的完善。事实上,奥斯本自己也看到了这一理论的不足和需要改进的地方,比如:在公共服务提供中运用服务主导的方法会碰到一些实际的阻力,因为取向不一;共同生产需要得到外部的支持;服务主导的方法会与数字治理联手,但这可能会对信任等问题提出挑战;更重要的是这一方法的优缺点还需要实证研究来加以检验。

正如前面指出的,在治理问题上一直存在着多种不同的看法,但基本上都比较认可这一概念。然而,也有一种对治理持否定的看法。比如,马修·费厄霍姆认为,理性地走向治理会使公共行政失去灵魂。治理重塑了政府机构和过程,治理重新定位了政府机构和过程,治理代替了政府机构和过程。治理会使美国的公务员再也不关心他们传统上力图保护和管理的宪政政府的基础……会使公务员远离美国政府的宪政和一些基本的原则,公共管理者因而也成为不受宪法和其他政治规矩约束的另一类强有力的、专业的社会行动者。[①] 但是,无论怎样的看法,有一点是可以肯定的,即治理已经成为管理中的一种实践,"成为学科中的一种中心概念"。[②]

2009年在华盛顿召开的第五届跨大西洋对话(主题是"欧洲和美国未来的治理")提出了如下几个最前沿的有关治理的问题。(1)在公共信任下降的今天,公共部门能否重建它的合法性?信任的缺失会破坏政府的相对能力。(2)政府的长期承诺在经济下降的情况下显得特别突出。政府有很多的承诺需要慎重平衡。比如,福利国家与财政责任的平衡。(3)估计其他学科对治理讨论的贡献,经济学、政治学、社会学等。集合这些不同学科的贡献对于未来的理论发展是很重要的。(4)政府和非政府行动者的问责。这里涉及透明化面临的挑战,改革动议与部门目标的冲突,组织变革与问责要求。(5)新技术如何改变治理?新技术提出了公共协商和合作的新形式,比如公民与机构协

[①] Matther Firholm, "Why a Rational Move Toward 'Governance' May Destroy the Soul of Public Administration: Or Why Governance Isn't Concerned with Government Anymore", in Taco Bandsen and Narc Holzer, *The Future of Governance*, London: Rutgers, 2010, p.3.

[②] Taco Brandsen and Narc Holzer, "The Future of Governance in Europe and the U. S.", in Taco Bandsen and Narc Holzer, *The Future of Governance*, London: Rutgers, 2010, p.iii.

商使用网络工具,共同产生公共政策议题以及辩论。(6)组织间的合作和协同政府不仅提出了政策制定问题,也对发展新的理论提出了挑战。

这表明,无论作为一种实践还是一种研究,治理的重要性是毋庸置疑的。新公共治理的研究正试图回答这些问题,或其中的一些问题,也有不少学者开始加入这一研究,比如雅各布·托夫林和彼得·屈塔费罗运用戴维·伊斯顿的政治系统理论,从政治-行政系统的角度来把握新公共治理。① 华西姆·阿尔哈比尔探讨了新公共治理在哪些地方改变了,哪些地方没有改变公共行政领域,②等等。新公共治理的研究在过去几年实践里显然取得了一些成果,尽管它还在形成之中。

New Public Governance: A New Model of Governance?

Abstract: New public governance, a management theory built at the beginning of 21st century, tries to move beyond the sterile dichotomy of "administration versus government" on the basis of the combination of politics or values stressed by public administration and technology or approaches practiced by New Public Management. The theory of service dominated approach, a core of New Public Governance, focuses on public policy implementation and public service delivery, and redefines and explores the process of public service process in plural and pluralist countries in the west from the perspective of "service", not "production" which is the start of traditional public management theory. The theory is becoming more influential, though it still needs improvement.

---

① Wasim Al-Habil, "Governance and Government in Public Administration", *Journal of Public Administration and Policy Research*, 2011, 3(5).
② Ibid.

理解公共行政的新维度：
政府与社会的互动＊

摘要：长期以来，对公共行政的理解是一种从政府角度的理解，其主旨是以官僚为中心，两分法和三途径说是这一理解的代表性观点。随着新公共管理和治理的出现，这种传统的理解已经不足以对公共行政进行全面而准确的解释。公共行政生态的变化需要一种新的理解，即超越政府，从政府与社会组织共治的角度去加以理解，以期对公共行政有一种更全面的解释，并从中发现一些带有规律性的东西。

一、对公共行政的传统理解：以政府为中心

尽管公共行政作为一种活动具有很长的历史，但对行政活动进行系统的研究还是比较晚近的事。如何理解公共行政，何种途径可以对公共行政提供一种较好的解释一直是一个令人感兴趣的问题。在这里，出现了一些比较有影响的观点和学说。比如伍德罗·威尔逊的政治-行政两分法，戴维·罗森布鲁姆和罗伯特·克拉夫丘克的管理、政治和法律的三途径说，拜瑞·波兹曼的P和B两途径说[①]，以及杰伊·夏伏里兹的四途径说[②]。在这里，影响比较大的是威尔逊的政治-行政两分法和罗森布鲁姆与克拉夫丘克的三途径说，两者都被认为是对公共行政的经典性理解。

威尔逊的《行政学研究》通常被认为是公共行政研究的开山之作。威尔逊在这篇文章中首先涉及了政治与行政的关系。在他看来，这两者是有区别的：

＊ 本文原发表于《中国行政管理》2020年第3期，第45—51页，编入本书时有修订。
① P途径从公共政策的角度来研究，强调公共行政的政治层面，即政治官员如何做决定；B途径则从企业管理的角度来研究，关注公共行政的技术层面，即管理者如何管事。
② 四途径说即在政治、法律、管理之外还加上了专业，认为公共行政是一个具有崇高追求的学术研究领域。

"行政管理问题不是政治问题,虽然政治为行政管理确定任务,但政治无须自找麻烦地去操纵行政管理机构。"①他引用了德国政治学家布兰茨莉(即布隆赤里,最早把行政管理与政治和法律区别开来的人)的话,政治是"在一些重大且带普遍性事项"方面的国家活动,而"行政管理"则是"国家在个别和细微事项方面的活动。因此,政治是政治家的特有领域,而行政管理则是技术性职员的事情"。② 威尔逊认为:"一个不变的问题是:谁制定法律,制定什么样的法律。另一个问题是:如何富有启发地、公平地、迅速而又没有摩擦地实施法律。"③这一问题在古德诺的《政治与行政》一书里以更直截了当的方式被指了出来:政治是政策的制定,也即国家意志的表达;行政是政策的执行,也即国家意志的执行。事实上,西方国家政治制度的设计就是按照两分法进行的。这首先表现在议会与政府的关系上,立法机构制定法律和规章制度,政府是立法的执行机构,早期的政府的行政自由裁量权是很少的。其次在文官制度的设计上,将政府官员分成政务官和文官两类,政务官是政策的制定者,文官是政策的执行者。立法机构的议员和政府机构中的政务官通常被认为是政治性(也是党派性)人物,而文官则被认为是事务性或技术性的人物。

　　政治与行政的这一基本分野决定了行政的地位及使命。行政是从属于政治的,它的任务就是执行政治的命令或政策。威尔逊的政治-行政两分在于他首先指出了这样一个基本事实,当然更重要的是,通过两分他要表明行政具有的相对于政治的独立性,指出行政作为一门管理技术,美国已经落后于欧洲,从而提出对行政进行研究的重要性。这样,政治-行政两分也就使行政有了学科上的意义。而古德诺所处的20世纪一二十年代正是一个美国政治活动比较肮脏的时代,政治-行政两分的一个目的在于使行政免受政治的牵累。这一时代也是科学管理开始盛行的时代,泰罗的科学管理也波及了政府及其他公共部门,行政开始注入管理的成分。行政开始向企业学习,比如美国这一时期的一些中等城市的政府结构开始采用议会-市经理制,但这一结构事实上也没有突破政治-行政两分的基本格局。

---

① [美]伍德罗·威尔逊:《行政学研究》,载[美]理查德·斯蒂尔曼二世编:《公共行政学:概念与案例》(第七版),竺乾威等译,中国人民大学出版社2004年版,第13页。
② 同上书,第14页。
③ 同上书,第8页。

在处理政治与行政的关系上,古德诺认为可以用三种方式来协调两者的关系。第一,政治对行政适度的控制,"一方面,为了保证国家意志的执行,政治必须对行政进行控制;另一方面,为了保证政府的民治性和行政的高效率,又不能允许这种控制超出其所要实现的合理目的"①。在古德诺看来,政治对行政的控制体现在对行政机构和官员的控制上。第二,通过政党进行法外调节。"如果在政府体制中不能达成这种国家意志的表达和执行的协调,那么就必须在政府之外提供这种协调。政府以外的这个地方就是政党。"②古德诺认为,必须使美国的政府体制做出某种调整以正式容纳政党这个现实,发挥它已有的协调功能。第三,行政的适度集权。由于美国的体制在纵向和横向上都是分权的,因此,"只有行政在一定程度上被集权化了,才能达到政治与行政功能之间必要的协调"③。在古德诺的论述中,我们看到了政治与行政的基本矛盾,即政治要控制行政,行政应该服务于政治,但政治控制又不能妨碍行政效率。这里已经显示出政治和行政各自追求的价值之间的矛盾。

另一对公共行政有影响的解释是三途径说,即戴维·罗森布鲁姆和罗伯特·克拉夫丘克从管理、政治和法律途径的理解。在罗森布鲁姆和克拉夫丘克两位看来,第一种途径基本上将公共行政视为管理,第二种途径强调公共行政的政治特性,第三种途径关注法律议题和过程。在他们看来:"每一种途径均包含在我们的政治文化之中。它们反映了宪法上的分权和政府功能在不同部门的分配。例如管理途径主要是基于行政部门的立场,去思考忠实地执行与落实各项法令规章;政治途径则是基于立法与决策的考虑;至于法律途径则强调的是政府的裁决功能、对维护宪法权利的承诺('保卫自由'等)以及法治。"④具体而言,管理途径旨在缩小公共部门与民营部门管理间的差异。管理途径又可以分两种。一种是传统的管理途径,其主旨在于追求效能、效率以及经济的最大化,效率是各个部门"至高的善"。另一种是新公共管理途径。这一管理途径强调结果、公共服务运用市场机制、顾客导向、公共部门

---

① [美]弗兰克·古德诺:《政治与行政》,王元译,复旦大学出版社2011年版,第22页。
② 同上书,第75页。
③ 同上书,第72页。
④ [美]戴维·罗森布鲁姆、[美]罗伯特·克拉夫丘克:《公共行政学:管理、政治和法律的途径》(第五版),张成福等译,中国人民大学出版社2002年版,第16页。

要具有企业精神,①其特征在于非政治化和企业化。新公共管理已经成为占主导的管理途径。公共行政的政治途径把公共行政看作一个政治过程。它的价值体系强调代表性、政治回应、责任等,这些价值应该贯穿于政府各层面的运作中。它强调公共行政中的政治多元主义。这一途径与管理途径会有冲突,比如效率在它看来是不足为取的。② 法律途径强调公共行政的法治,其核心价值是正当的法律程序,个人应享有的实质权利和法律的平等保护,以及公平。法律途径关注的焦点是个人权利的本质,而不关注其裁决的社会成本。其偏好的组织结构是抗辩程序的司法审判结构,即公共行政组织就像一个独立的仲裁机关,最后做出公正的裁决。这一途径与前两者的不同在于,它把服务顾客变成一种法律程序,其目的在于最大限度保护个人的权利,防止行政行为对他们的非法的、违宪的侵害,与效率、经济以及代表性、回应性等无关(见表1)。

表 1 公共行政的不同视角

	传统管理途径	新公共管理途径	政治途径	法律途径
价值	效率,效能,经济(3E)	成本-效益/顾客回应性	代表性/回应性/责任性	宪法的诚实和公正/正当法律程序/实质权利/平等保护/公平
组织结构	理想官僚制	竞争的企业模式	组织多元主义	行政裁决制(抗辩模式)
对人的认识	非人性化的个案,理性人	顾客	群体成员	完整的个体,特定阶层组成成员,理性人
认知模式	理性-科学主义	理论推理/经验观察/指标测量/实验	协议/民意/政治争辩	归纳性案例分析/演绎式法律分析/反复辩论程序
预算	理性(成本效益)	以绩效为基础,市场驱动	渐进主义(福利分配和负担)	以权利保护为基础
决策观	理性/全面	分散化/降低成本	渐进模式	程序性渐进主义
政府职能	执行	执行	立法	司法

资料来源 [美]戴维·罗森布鲁姆、[美]罗伯特·克拉夫丘克:《公共行政学:管理、政治和法律的途径》(第五版),张成福等译,中国人民大学出版社2002年版,第41页。

---

① [美]戴维·罗森布鲁姆、[美]罗伯特·克拉夫丘克:《公共行政学:管理、政治和法律的途径》(第五版),张成福等译,中国人民大学出版社2002年版,第16—24页。
② 同上书,第33—34页。

这三种途径的理解首先取决于罗氏和克氏对公共行政的定义:公共行政乃是运用管理、政治以及法律的理论和过程来实现立法、行政以及司法部门的指令,为整个社会或社会的局部提供所需的管制与服务功能。① 很显然,这一对公共行政的定义是从政府与立法和司法机构的关系的角度来理解的,用他们自己的话来说,"公共行政的三种研究途径或观点根源于权力的分立"②。他们的任务是要对三者进行整合,以加深人们对公共行政的理解。

罗氏和克氏的三途径说在一定程度上拓宽了对公共行政的理解。他们的三个途径力图表明公共行政既是管理问题、政治问题,又是宪政问题。这些问题有各自的价值,不同途径的价值和主张是冲突的——法律途径强调公共行政的宪法基础,进而强调公共行政的合法性;公共行政要解决实际问题,强调管理性和技术性;公共行政会受到政治的影响,强调公民参与。强调某一点往往会忽略其他方面,因而三者是不可分割的。公共行政的问题在于这三者之间的价值冲突。"事实上,对公共组织和公共行政管理者而言,同时满足所有管理的、政治的及法律/宪政的要求是不可能的事情。"③而平衡各种矛盾和冲突正是公共行政艺术的精髓所在。

二、治理的兴起:公共行政生态的变化

两分法与三个途径的不同,在于两分法是从小政府也就是政府行政部门内部最基本的关系出发的,而三个途径则是从大政府也就是立法、行政和司法的角度出发的,但两者的相同点在于都是从政府(无论大小)的角度去理解公共行政的,带有"政府中心主义"的特点。对两分法的批评早已出现,且批评众多。比如,约翰·克莱顿·托马斯指出:"无论政治与行政两分论假设在历史上是如何正确,在今天,它已经不能再体现公共行政的本质了。"④他从决策(通常被认为是行政的核心)的角度指出了两分法的几个缺陷:第一,行政官员事

---

① [美]戴维·罗森布鲁姆、[美]罗伯特·克拉夫丘克:《公共行政学:管理、政治和法律的途径》(第五版),张成福等译,中国人民大学出版社 2002 年版,第 5 页。
② 同上书,前言,第 14 页。
③ 同上书,第 41 页。
④ [美]约翰·克莱顿·托马斯:《公共决策中的公民参与》,孙珀英等译,中国人民大学出版社 2010 年版,第 14 页。

实上都介入到常规的政策制定过程中;第二,即使行政官员不能影响政策制定,他们对政策依然持有价值判断的能力;第三,对政府一些传统职能的定义降低了技术标准在以往发挥过的支配性作用,比如,以往把投资高速公路看作一项设施,而现在则看成是一项服务;第四,从上到下的行政权力的流动是错误的,政策影响力应该从公民流向行政官员,再流向政策制定者。"老一代的政府改革者以他们的热情力图保护行政管理免受政治的侵袭,但他们也可能造成行政管理者与他们所管理的公民的相互隔绝。"①两分法的这些缺陷,不符合在他看来一种强势的民主模式造就的公民社会,这一社会可以促使政府组织从自身为中心的决策项目安排转向寻求公民支持和授权公民管理的决策安排。托马斯的这一批评事实上指出了以政府为中心的传统的行政模式的式微。类似的批评意见很多,比如保罗·阿普尔比认为,公共行政就是政策制定,它是人民用来取得和控制治理的几个基本的政治过程之一。很难在公共行政和政策制定或政治之间做一个严格的区分,它们是互相联系在一起的。②

西方国家 20 世纪 80 年代开始的新公共管理以及随之而来的治理已经开始颠覆传统的公共行政模式。罗森布鲁姆和克拉夫丘克认为:"我们已经从传统的管理途径占主导地位的时代,进入了运用政治的、法律的途径分析公共行政的时代。"③这或许是他们从三个途径来理解公共行政的一个原因,但他们也指出了三个途径解释面临的一个困境:"美国公共行政的理论和实践眼下面临的迫切问题在于:如何整合不同研究途径所拥有的价值、结构与程序安排以及技术方法,对此尚无良法,这也是为什么我们仍然处在十字路口的原因。"④三个途径内在的张力使得在综合解释公共行政方面本身就存在着困难,罗氏和克氏自己对此也无良策。他们的三个途径提供了一种对公共行政的新的理解,但这一理解正如两分法一样也是从政府的角度去理解的,理解的对象还是传统的公共行政模式。尽管他们在书中提到了新公共管理,但他们只是把新公共管理作为政治、管理和法律三个途径中的管理的一个部分(即管理的一种

---

① [美]约翰·克莱顿·托马斯:《公共决策中的公民参与》,孙珀英等译,中国人民大学出版社 2010 年版,第 15 页。
② Adamolekun Ladipo, *Politics and Administration in Nigeria*, Ibadan: Spectrum Books, 1986, p.14.
③ [美]戴维·罗森布鲁姆、[美]罗伯特·克拉夫丘克:《公共行政学:管理、政治和法律的途径》(第五版),张成福等译,中国人民大学出版社 2002 年版,第 588 页。
④ 同上书,第 589 页。

发展），忽略了由新公共管理开始、经由新公共服务到后来发展成以"治理"形式出现的公共行政生态的变化。比如，他们在《公共行政学：管理、政治和法律的途径》一书的最后部分谈到公共行政的未来时，并没有涉及这一正在形成中的新的公共行政生态。

治理的出现意味着公共行政模式的一个重大转变，它使整个行政管理生态发生了一个根本的变化。"如果说20世纪是一个以官僚制作为治理核心价值的组织的时代，那么21世纪则进入了一个依赖于新自由价值的、以网络为基础的时代。"① 就政府而言，这一时代的特征在于："政府与其他的行动者（企业、协会、非营利组织以及公民）一起介入政策过程。其结果，公共政策的制定与执行或人们所说的'指导社会'再也不是政府的单独行动，或与其他一两家的联合行动，而往往被一个复杂的、由各种不同的行动者（他们都带有自己的特殊利益、资源和专长）组成的治理网络所取代。"② 这一变化，概而言之，就是从"以政府为中心"的管理模式转向"以公众为中心"的管理模式。建立在两分法和官僚制之上的传统公共行政模式的特点在于："法制居于主导地位；聚焦于规则和指导方针制定；官僚制在政策制定和实施过程中扮演着至关重要的角色；公共组织内政治与行政是分离的；奉行增量预算；专业人员在公共服务提供中居于主导地位。"③ 用登哈特的话来说，这是一种建立在政治和法律标准之上的官僚行政模式。简言之，这一模式的特征就是行政化。而"以公众为中心"的模式在某种程度上可以说是在新公共管理通过市场化方式"去行政化"和新公共服务通过民主治理方式"去行政化"的基础上逐步形成的，是以"治理"形式出现的一种新的公共行政生态。新公共管理改革的一些偏向市场化和企业化的举措，如注重结果和个人责任、强调绩效评估和成本效益分析、公共服务的外包等开始改变原有模式的行政化特点，尤其是政府公共服务的外包在公共服务的提供中改变了政府和相关组织的身份与地位，原有模式的由政府垄断导致的两者间的上下关系变成了服务提供中的平等关系。新公共服

---

① Bidyut Chakrabarty and Prakash Chand Kandpal, *Public Administration in a Globalizing World*, London: Sage Publications, 2015, p.146.
② Robert Denhardt and Thomas Catlaw, *Theories of Public Organization*, 7th edition, New York: Cengage Learning, 2015, p.209.
③ [英]斯蒂芬·奥斯本：《新公共治理？——公共治理理论和实践方面的新观点》，包国宪、赵晓军等译，科学出版社2016年版，第2页。

务批评新公共管理缺乏民主、公平等政治价值取向,事实上这一转变或许首先出于经济理性的考虑(比如成本效益的考虑),但不能否认这一改变所具有的政治价值,因为它向合作治理开始走出了重要的一步,而提供公共服务则是政府最重要的职能之一,它占据了政府每天大量的工作。这一重要的一步当然暗含了民众对公共事务管理的参与。新公共服务本身则以鲜明的政治价值来批评传统模式的行政化倾向。新公共服务的核心是民主治理和公民参与,强调基于共同价值观的公共利益,强调基于信任之上的政府与公民的行动,强调公共官员基于与民众共同价值的领导,强调社区的作用和信任的作用。新公共管理和新公共服务的相互作用和发展,使得在20世纪90年代开始出现并在后来形成了一种以"治理"名义出现的新的公共行政模式。

尽管对治理有多种看法(比如有合作治理、互动式治理、网络治理、新公共治理等多种说法),但一个一般同意的定义是,治理就是"确立一些治理方式,其特征在于公私部门之间以及公私部门内部边界模糊。治理的实质是强调治理的机制,这些机制不再依赖政府的权力或强制,而是多元治理的互动,以及行动者互相影响"①。英国文化委员会使用的治理概念更简单明了:"治理"是一个比政府更广泛的概念,它与国家相连;"治理涉及正式机构和民间社会机构之间的互动。治理是指一个过程,在这个过程中,社会的各个部分行使权力、权威和影响力,并制定有关公共生活和社会进步的政策和决定"。②

这一治理的产生在于公共行政的生态发生了变化。盖伊·彼得斯指出:"由于大量的社会行动主体结成的网络已经开始承担在治理方面的更多责任,因此治理理念的发展和现状已经预示着政府可以从大量困难的事务中摆脱出来。"③杰弗里·卢克也认为:"美国的治理特征是政府机构、非营利服务供给

---

① Gerry Stoker, "Governance as Theory: Five Propositions", *International Social Science Journal*, 1998, 50.
② British Council, "Understanding the Concept of Governance", The Global Development Research Center, http://www.gdrc.org/u-gov/governance-understand.html, retrieved August 7, 2020.
③ [美]盖伊·彼得斯:《元治理与公共管理》,载[英]斯蒂芬·奥斯本:《新公共治理?——公共治理理论和实践方面的新观点》,包国宪、赵晓军等译,科学出版社2016年版,第36页。

者、企事业单位、跨国公司、社区团体、特殊利益集团、工会、学术界、媒体以及许多试图影响公共议程的其他团体之间的一种动态性相互影响和相互作用。"① 这样就造成了一种分散、混乱和复杂的情境。这一新的公共行政生态导致公共政策执行和公共服务提供产生了日益增长的复杂性、多元性和破碎性,这一点在进入 21 世纪后变得特别明显。雅各布·托夫林和彼得·屈塔费罗指出,在当今看来,互相作用的、组织间的以及非直接的治理形式已经在西方国家不同程度上展现了出来。这种或多或少有点新的形式围绕着参与和网络过程(它们建立在互相依赖、合作和信任之上)进行,它们根据不断增长的期望、需求以及复杂性和破碎化,强调改进公共政策决定和公共服务提供的过程和结果。② 在斯蒂芬·奥斯本看来,这种公共政策执行和公共服务提供产生的日益增长的复杂性、多元性和破碎性与他称之的"多组织"国家和多元主义国家有关。在一个存在着多个组织的国家里,一些各自独立的行动者都在为公共服务的提供作出贡献。在一个多元主义的国家里,有多种过程提供决策系统所需的信息。这样,作为这两种多元形式的结果,管理的重点在于组织间的关系以及过程的治理,强调公共服务组织与其环境互动基础上的服务效益和结果。这里的中心的资源配置机制是组织间的网络以及在这些网络中组织间和个人间经谈判而成的可问责性。重要的是这样的网络很少是平等的结合,权力不等的各方需要通过谈判来形成有效的工作机制。③

这样一种新的公共行政生态带来了管理的至少三个方面的变化。首先是领导方式的变化。传统公共行政的领导主要是以层级制权威为基础的,但这样的一种方式已经不能适应新的情况。约翰·布赖森和巴巴拉·克劳坝在 20 世纪 90 年代把新的领导模式称为无人主管的领导(这使人想起没有政府的治理),并在此基础上讨论了共同领导(在某种程度上也就是合作治理),其原

---

① [美]珍妮特·登哈特、[美]罗伯特·登哈特:《新公共服务:服务,而不是掌舵》,丁煌译,中国人民大学出版社 2004 年版,第 146 页。
② Jacob Torfing and Peter Triantafillou, "What's in a Name? Grasping New Public Governance as a Political-Administration System", *International Review of Public Administration*, 2013, 18(2), pp.9-25.
③ Stephen Osborne, "The New Public Governance: A Suitable Case for Treatment?", in Stephen Osborne, *The New Public Governance?*, London: Routledge, 2010, pp.10-11.

因在于"当今的问题越来越需要具有不同风格、议程和关注点的许多不同组织的网络参与。那些有关的团体可能——在方向、动机、时机选择、财产等方面——具有一些主要的分歧,而且这些分歧可能很严重。在这种更加易变并且更加骚动的环境下,理性的正式领导模式不再起作用。相反,有人(通常是没有正式权威地位的人)必然会担任领导,把所有关心该问题的人召集在一起并帮助消除或调解这些分歧。与此同时,它绝不是实施控制,而是通过榜样、说服、鼓励或授权来实施领导"①。

其次是运作机制的变化。顾昕把这样的治理称为互动式治理。他认为,从历史上来看,存在这三种治理的运行机制,即行政机制、市场机制和社群机制。在他看来,传统的公共治理"以行政机制为主导,即国家行动者以自上而下的、命令与控制的方式进行治理。与之相反,在互动治理中,行政机制不再发挥主导作用,而社群机制和市场机制的重要性凸显出来。网络、伙伴和准市场成为互动式治理的三大身份标签。互动式治理和行政化治理的实质性区别,在于社群机制被引入国家、市场和社会行动者之间的网络建设及其对所涉社会经济政治事务的治理当中"②。

再者是公共官员的角色的变化。公共官员的角色随之发生变化,"公共行政官员已经接受了一种通过充当公共资源的管家、公共组织的保护者、公民权和民主对话的促进者以及社区的催化剂来为公民服务"③。基于价值的共同领导(合作治理),"要为公民服务,公共行政官员不仅要了解和管理他们自己的资源,而且还要认识到并且与其他的支持和辅助资源联系起来,使公民和社区参与这一过程。他们既不试图控制,也不假定自利的选择充当对话和共同价值的代理人。总之,他们必须以一种尊重公民权和给公民授权的方式共享权力并且带着激情、全神贯注地、正直地实施领导"④。

---

① 转引自[美]珍妮特·登哈特、[美]罗伯特·登哈特:《新公共服务:服务,而不是掌舵》,丁煌译,中国人民大学出版社 2004 年版,第 146 页。
② 顾昕:《走向互动式治理:国家治理体系创新中"国家-市场-社会关系"的变革》,《学术月刊》2019 年第 1 期。
③ [美]珍妮特·登哈特、[美]罗伯特·登哈特:《新公共服务:服务,而不是掌舵》,丁煌译,中国人民大学出版社 2004 年版,第 148 页。
④ 同上书,第 149 页。

三、新的维度:一个分析框架

行政生态的变化即以公众为中心的官民互动治理过程需要从超越政府的角度去理解公共行政。这一新的理解,首先基于管理模式的改变。就公共行政的模式而言,历史上曾出现过三种。用登哈特的话来说,就是建立在政治和法律标准之上的官僚模式、建立在市场和经济考虑之上的新公共管理模式与建立在公民参与和民主治理之上的新公共服务模式。斯蒂芬·奥斯本则认为事实上只存在两种模式,即传统的公共行政模式和他所称的新公共治理模式,新公共管理只不过是这两者之间的一种过渡而已。新公共治理是围绕公共政策的执行和公共服务的提供进行的,由于这种执行和提供发生在一个多组织和多元主义的国家,因而增加了执行和提供的复杂性、多元性和破碎性。因此,新公共治理强调组织间的关系以及过程的治理,强调公共服务组织与其环境互动基础上的服务效益和结果。顾昕则把三种模式称为官僚治理、市场治理和社群治理,把新的治理称为互动式治理。"互动式治理是指利益多元的多方行动者通过互动以形成、促进并达成共同目标的复杂过程。互动式治理有三个重要的特征:(1)这是一个复杂的过程,基于国家、市场和社会行动者之间的动态交流和反馈;(2)这个过程由集体行动所推动,而采取行动的集体形成并追逐共同的目标;(3)这个过程具有非中心的特征,即既非国家中心,也非市场中心或社会为中心。简言之,互动式治理的核心在于社群治理发挥主导性作用。"[①]他认为互动式治理是新公共管理运动的第三次浪潮,其特征是高度重视行政、市场和社群机制的互补嵌入性。以上两位尽管对新的治理模式冠以不同的名称,但新的模式也就是治理的共同点表现在两个方面:(1)治理的多元主体;(2)治理过程的非中心和行政、市场、社群机制的互补。

那么如何理解政府和社会互动这一新的行政模式?笔者试图建立一个简略的分析框架,以图对公共行政模式做一新的理解(见图1)。

---

① 顾昕:《走向互动式治理:国家治理体系创新中"国家-市场-社会关系"的变革》,《学术月刊》2019年第1期。

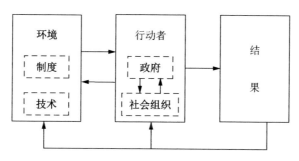

图 1　政府与社会互动的新行政模式

这一框架旨在表明,任何行动者的行为和治理的过程首先都是在一定的环境中发生的(比如,新公共管理的产生首先来自政府财政拮据对福利体制的冲击),环境影响了行动者以及他们之间的互动行为,这一行为过程通过结果的形式再度影响环境和互动过程,直至好的结果(比如,新的制度和运作方式的建立,旧的制度或运作方式的修正、改变或抛弃)出现并相对稳定。当稳定被打破时,影响的过程再次出现。

环境中的主要变量有两个,一是制度,二是技术。既定的制度框架规定了行政的各种关系和行动者的行为。在一个法治社会里,行政必须依法,这是行政得以进行的前提性条件。制度架构至少可以包括两个层面,①宪法和基本法律以及政府制定的规章制度。宪法与基本法律通常由立法机构制定,其特点在于它的相对稳定性,美国宪法制定 200 多年来也只有十几条修正案。宪法的功能是保护公民的权利和限制公权力。在限制公权力方面,西方国家由宪法奠基的宪政制度的基础是权力三分。罗森布鲁姆和克拉夫丘克的三个途径就是从这一角度出发的。正如他们指出的:"公共行政的三种研究途径或观点根源于权力的分立。"②沃尔多对此做了这样的具体解释:"宪政制度中的每一

---

① 彼得·霍尔把制度分成宏观、中观和微观三个层面:宏观层面的制度指的是与民主主义和资本主义相关的基本组织结构,代表性的制度就是宪法;中观层面的制度指的是有关国家和社会基本组织结构的框架,它们对社会集团之间的权力关系、国家政策的制定和执行产生影响;微观层面的制度指的是公共组织的标准化惯例、规定和日常程序,这些制度既可以是正式的,也可以是非正式的。见 Peter Hall, *Governing Economy: The Politics of State Intervention in Britain and France*, New York: Oxford University Press, 1986。

② [美]戴维·罗森布鲁姆、[美]罗伯特·克拉夫丘克:《公共行政学:管理、政治和法律的途径》(第五版),张成福等译,中国人民大学出版社 2002 年版,第 14 页。

个政府部门,皆有一套信条、一套价值、一套工具以及完整的程序。对行政部门而言,它们便是行政、管理、官僚,以及对效率和效能的强调;对立法部门而言,它们便是政治和政策的制定以及对代表性和回应性价值的强调;对于司法部门,它们便是法律,强调的是宪法的完整以及对个人的实质性和程序性平等保护。"①两分法事实上也是从宪政的角度来理解公共行政的,行政从属于政治,"政务官是决策者,文官是执行者"这样的基本规定和分野都是宪政制度的产物。

尽管这样的一套宪政制度至今依然如此,但正如前面指出的,行政生态在20世纪80年代后却发生了一个从以政府为中心到以公众为中心的变化。这样的变化仅仅从静态的宪法和基本法律制度的角度去理解显然是不够的。与宪法和基本制度相比,政府制定的大量的规章制度就具有变动性的动态特征。政府制定的相关的规章制度一般体现在政府行为规范、政府颁布的命令、公告以及制定的公共政策上。这些规章制度或公共政策从大的方面讲,涉及两个方面的内容,即管制和服务,也就是政府的两大功能。它们的变化反映着鲜活的行政实践,因为宪政制度中的每一个政府的信条、价值、工具和程序都会随着情况的变化而变化,事实上也一直在发生变化。因此,从宪政的角度讲,政府规章制度和公共政策反映的公共行政的动态变化也是理解公共行政不能缺少的一面。比如,就两分法而言,随着政府管理的事务复杂性和专业性的提升,政务官决策、文官执行的模式就受到了挑战。因为在专业性方面,文官通常比政务官具备更高的优势。因而,尽管政治-行政两分的形式没有发生变化,但正如前面引用的讲到的,"无论政治与行政两分假设在历史上是如何正确,在今天,它已经不能再体现公共行政的本质了"。就专业性而言,它使政府与社会组织的关系也发生了变化,传统行政的政府发号施令模式尤其在公共服务领域已经成为过去。以提供养老服务为例,这是政府的职能,但政府并不具备从事养老服务的专业能力,因此,在社会组织中购买养老服务便应运而生。政府公共服务的外包在今天已经成为一个普遍的现象。新的运作使政府的价值、信条、工具和程序都发生了变化。就新公共管理而言,与传统的公共

---

① [美]戴维・罗森布鲁姆、[美]罗伯特・克拉夫丘克:《公共行政学:管理、政治和法律的途径》(第五版),张成福等译,中国人民大学出版社2002年版,第14页。

行政不同，它强调市场和企业取向、强调成本效益、强调市场机制的运用，政府公共服务的外包不仅改变了原来公共服务由政府垄断提供的做法，更是在相当程度上把政府与承包者的关系改变成委托人和代理人的关系。再就治理而言，它强调在公共利益问题上社会各方的合作和互动，强调以人民为中心，等等。这样的政府运作上的变化很多，尽管它们还都处在原来的宪法和一些基本法律的框架之内。

此外，制度还可以有正式和非正式之分。政府现实的运作有些是无法用正式制度来加以解释的，而这恰恰也构成了真正的公共行政的一部分。比如，美国政府的决策过程传统上是用铁三角来加以解释的，铁三角假定的是一小群可以辨识的参与者圈子，即宪政视角中可以明显看出的议员、官僚和利益集团。但是后来的发展恰恰在于，在诸如堕胎、收入再分配、消费者保护或能源政策的制定过程中，"我们很难辨识出到底是谁在明显地支配其他行动者。如果只将目光局限在享有权势的少数人身上，我们就很可能会忽视那些发起和引导着权力行使的影响网络"①。因此，问题网络这一新的解释决策过程的概念应运而生。

环境的又一个构成要素是技术。20世纪90年代出现的互联网技术至少在两个方面对公共行政产生了巨大的影响。一是政府的运作方式。以网络状形式出现的政府与社会各组织的合作或互动改变了以往官僚模式的一种封闭的自上而下的运作方式，以至于菲利普·库珀指出，今天的"公共管理者是在垂直的权威模式和平行的协商模式相互交叉的情况下运作的。垂直模式的权威、资源和影响力来自治理核心的宪政过程。平行关系建立在合同概念之上"②。二是为民众对公共行政的参与提供了更方便的途径和手段。政府2.0以至于正在发展中的政府3.0为政府与社会的互动提供了前所未有的方便的条件。帕却克·登力维曾指出当前公共部门组织和管理变革的一个统一的和显著的特征都是围绕着信息技术的变革和信息系统的变化而进行的。③ 斯蒂芬·奥斯本讲到的新公共治理的重点是公共政策执行和公共服务

---

① [美]休·赫克罗：《问题网络与执行机制》，载[美]理查德·斯蒂尔曼二世编：《公共行政学：概念与案例》，竺乾威等译，中国人民大学出版社2004年版，第671页。
② [美]菲利普·库珀：《合同制治理》，竺乾威、卢毅、陈卓霞译，复旦大学出版社2007年版，第2页。
③ 竺乾威：《公共行政理论》，复旦大学出版社2008年版，第479页。

提供,而日益增长的管理的重点在于组织间的关系以及过程的治理,强调公共服务组织与其环境互动基础上的服务效益和结果,这样的一个变化在今天如果没有信息技术做支撑显然是很难发生的。

行动者涉及政府和社会各类组织(也包括企业)两大类,行动者互动的过程(尽管社会各类组织之间也会有互动,但这里主要指社会组织与政府的互动)的实质就是一个合作参与(合作更多指公共服务的提供,参与更多指对政府政策过程的介入)的过程。这样的一个过程,OECD把它归纳为如下三个层次(事实上也可以理解为建立了三个阶段)。(1)信息,它是一种政府为公民生产和提供信息的单向关系,它既包括获取关于公众需求的信息,又包括政府传输信息的成本。(2)协商,它是一种公众给政府提供反馈信息的双向关系。(3)积极地参与,它是一种以与政府合作为基础的关系,在这种关系中,公民积极地参与政策制定过程。它承认公民在议程的建立、政策选择的拟定以及政策对话的形成中具有平等的地位——尽管最终决策或政策阐述的职责归于政府。[①] 这三个阶段也对应了从传统公共行政到治理的变化。这样的一种互动过程,我们可以从对治理的五个方面的探讨来看它涉及的内容。(1)涉及社会中的机构关系的社会-政治治理。为了理解公共政策的制定和执行,必须完整地了解这些关系及其互动,即政府不再是公共政策中最显著的角色,它必须依赖社会其他的行动者来获得自己的合法性和影响力。(2)涉及政策精英与网络如何互动来产生和治理公共政策过程的公共政策治理。(3)涉及有效地运用公共行政及其重新定位来解决当代国家问题的行政治理,比如用"代理人"一词来解释一般的公共政策以及公共服务提供的实践等。(4)与新公共管理的内在机制相关,特别是与公共服务提供中的合同关系的治理有关的合同治理。(5)涉及如何与政府一起或独自提供公共服务有关的网络治理。[②] 尽管五个方面治理涉及的内容不同,但其实质是一样的,即以参与和合作协商表现的政府与社会组织的互动。

互动治理的过程有三个组成要素:(1)意向,即多方行动者凝聚愿景、信

---

① [美]珍妮特·登哈特、[美]罗伯特·登哈特:《新公共服务:服务,而不是掌舵》,丁煌译,中国人民大学出版社2004年版,第94页。

② [英]斯蒂芬·奥斯本主编:《新公共治理?——公共治理理论和实践方面的新观点》,包国宪、赵晓军等译,科学出版社2016年版,第6页。

念、价值观以达成共同努力的目标;(2)工具,即多元行动者所拥有的资源以及他们共享的规范和共建的制度;(3)行动,即多方行动者运用工具将意向现实化。① 这样的一个过程可以简单地表述为政府与行政或公共服务相关者就共同的目标形成新的规范、政策或制度(这实际上也是一个参与的过程),并运用各自或互补的资源通过合作的方式来达到这些目标。这样一个互动的过程与以往的不同在于,首先是互动双方身份的变化。这尤其表现在公共服务提供领域。政府与社会组织的关系从原来的官民关系变成了委托代理关系。它把官僚模式的领导与被领导的关系变成了登哈特所说的"基于共同价值的领导",也就是建立在达成共识基础上的领导,意向不再是传统上的单向的。其次,政府与社会组织在资源上的互相依赖程度更高,这是民众需求的无限性和政府资源供给的有限性导致的。以往官僚垄断的公共服务的提供无法满足公众的需要,它促使政府利用社会和市场的力量来解决它所面临的问题,以此来降低政府管理社会的交易成本。信息技术的发达又促进了两者之间的合作和监督。再者,新的评价机制的产生。新的评价机制改变了传统上政府局限于内部评价的做法,相关方的评价或第三方的评价弥补了原有评价体系的不足。

互动的结果作为一种产出经评价对环境中的制度和技术的修正或改进,以及对政府和社会组织之间的互动的改进和完善提供输入的来源,这是一个不断循环的过程,直至理想结果(当然也是相对的)的出现,并将其制度化。

Understanding the New Dimension of Public Administration: The Interaction between Government and Society

Abstract: For a long time, the understanding of public administration is from the perspective of the government which focuses on bureaucracy. The dichotomy and three approaches are the representative views of this understanding. With the emergence of new public management and governance, this traditional understanding is not enough to depict present public administration. In order to explicate public

---

① 顾昕:《走向互动式治理:国家治理体系创新中"国家-市场-社会关系"的变革》,《学术月刊》2019年第1期。

administration more comprehensively and accurately, we need a new dimension to understand public administration, which is, apart from the traditional understanding, from the perspective of co-governance of government and social organizations.

| 第二编 |

中国公共行政的实践

第一章

オロチ天神の三柱

变革中的公共管理——改革开放以来中国公共管理的十大变化[*]

摘要：本文从管理基础、管理思想、管理体制、管理职能、管理形态、管理过程、管理运作、管理组织、管理技术、内部管理十个方面总结了改革开放以来中国公共管理发生的变化，并对这些变化做了简略的分析。

改革开放以来，中国的公共管理发生了引人注目的变化。在这些变化中，有的变化的结果已经相对稳定，并以制度性的或法律性的形式表现出来；有的变化在后来的发展中又被新的变化所取代；有的变化还在继续当中；有的变化则刚刚出现。所有这些变化可以归纳为如下十个方面。

第一，管理基础发生了一个从计划经济体制到市场经济体制的变化。

按照马克思的观点，经济基础决定上层建筑。这一经济体制的改变对于我国公共管理后来发生的变化具有决定性的影响，它使政府的角色发生了根本性的变化。中国在改革开放之前的三十年选择的经济体制是计划经济。这一体制是一种自上而下的体制，它决定了政府是经济发展的计划者、执行者和监督者。这一政府角色定位的本身就要求权力高度集中于政府，由政府统一指挥。因此，计划体制下的政府通常是一个无所不包的政府，政府不仅要管经济，而且还要管社会的方方面面，对整个社会实行大一统的管理，形成了一种马克思曾批评过的"国家凌驾于社会之上"的管理模式。这一管理模式的产生除了历史上的原因之外，很重要的一点在于它是与计划经济这一基础相一致的。这从政府的机构设置的变化就可以反映出来。比如中央政府也就是国务院的组成部门是部，计划经济时期的部（比如纺织部、机械部、水利电力部等）的作用是将宏观的国家层面与微观的企业层面链接起来，其主要功能是进

---

[*] 本文原发表于《江苏行政学院学报》2019年第1期，第97—102页，编入本书时有修订。

行资源的分配。但是,当市场经济体制建立起来后,当市场可以来承担资源分配的功能时,这些部门就没有存在的必要了。因此在1998年的机构改革中就一举撤销了十个这样的工业经济管理部门。

改革开放的最大变化之一就是用市场经济体制取代原来的计划经济体制。这一变化也从根本上带来了政府的重新定位和政府角色的变化,它对政府的体制、政府的职能、政府与社会及市场的关系、运作过程、方式方法都带来了巨大的影响。再以机构设置而言,在2003年的机构改革中建立起来的一些诸如证监会、银监委、食品药品监督管理局等机构,其名称就反映了鲜明的市场特点。与计划经济不同,市场经济的运作是一种自下而上的过程,它要求市场而不是政府在市场的运作中起主要作用,尽管不排斥政府在这个过程中的监管作用,但绝不是像以前那样的计划和指挥作用。计划经济体制的没落本身就表明了这一点。与市场经济体制相适应的管理模式是一种"社会凌驾于国家之上"的模式,政府的角色更多的是一种服务者和监管者的角色,即对市场和社会提供服务并对市场和社会的活动进行监管。

第二,管理思想发生了一个从服务于革命事业到公共利益至上、从工具理性到价值理性的变化。

"公共管理"这一表述的产生本身就说明了问题。改革开放之前不存在"公共管理"或"公共行政"一说,通常用的是行政管理。行政管理首先涉及的不是公共性问题,而是被视为革命事业的一部分,行政管理活动实践的是如何服从这一革命事业并为这一革命事业服务。这种状况是与当初的历史条件相关的。革命产生了新中国,然后在新中国成立后三十年的时间里,继续革命和阶级斗争依然是社会的主旋律。因此,如同革命时期一样,革命在新中国成立后还是被置于了最高的位置,革命的意识形态追求的终极目标——共产主义成为整个社会追求的最高目标。行政管理毫无疑问被置于这一目标之下,也就是,行政管理所做的任何事情是为实现共产主义作出贡献。行政管理是为了实现革命目标,而不是公共利益。这一点在改革开放后发生了根本性的变化。

公共管理或公共行政这一表述就是在改革开放以后开始使用的,这一表述突出了公共性,以表明公共管理与其他管理的不同,也就是公共管理要追求的首要的目标就是实现公共利益,这成了改革开放后中国公共管理的一条最重要的原则。政府本身就是为实现公共利益而存在的,舍此政府就没有存在的必要和理由,因为政府是由纳税人供养的,为公众的利益服务是天经地义的,是政府应该具有的最起码的品质。这一管理思想的重大变化使政府的存在有了一个准确的定位,这一定位影响了政府职能的确立及其运行,并为评价政府的行为提供了唯一的尺度。此外,管理思想发生的又一个变化是从改革初期强调工具理性转向强调价值理性。工具理性强调功利和行为效果的最大化,价值理性则更多地强调行动的终极意义。这一从工具理性到价值理性的变化具体表现为从最初政府职能对经济效率(GDP)的追求到后来转向强调公正公平。这一变化同社会的发展有关,改革初期首先要解决的问题是尽快改变中国经济的落后面貌,这需要进行资源和财富的生产和积累,因而政府在效率和公平之间首先选择了效率,生产要讲效率,而在有了资源和财富以后,分配开始成为一个重要的问题(比如提供公共服务和公共产品),而分配要讲公平公正,将公共利益置于个人、团体和部门利益之上。

第三,管理体制发生了一个从过度集权到集权到扩大分权的变化,这是从中央和地方政府关系的角度来讲的。

中国是一个单一制国家,其行政管理体制的结构设计在于中央政府是行政系统的最高机关,上下级政府的关系是命令和服从的关系。比如,根据宪法规定,我国省级以下的政府都服从国务院。政府职能的设置也奉行上下对齐、左右摆正的原则,比如中央有文化部,省有文化厅,县有文化局,乡有文化站。这样一种权力集中于上层的结构适应了计划体制的需要。然而,即便在计划时代,这一体制导致的僵硬性也产生过权力下放、发挥两头积极性的改革举措,但由于缺乏发挥两头积极性的恰当机制,这一体制在集中权力和下放权力的循环中最终还是走向了过度集权。

改革开放带来的管理体制的一个重大变化就是分权,权力往下走,这显然是与市场经济所要求的分散而非集中联系在一起的。这一分权在经济管理权上显得尤为明显,比如地方政府在经济发展中获得了以往所没有的自主权。一种观点认为,中国经济迅速发展的原因之一是地方政府的企业式竞争,比如各地纷纷建立的、以各自优惠的政策招商引资的经济开发区,其前提是地方政府有了自主权。不仅如此,在行政管理体制上也改变了以往单一的格局,比如省管县、撤县建市、县改区等不同的建制在各地都可以看到,呈现了多元的特点。广东顺德在大部制改革中建立的"党政合一"的管理体制在当时独树一帜。2018年,党和国家机构改革更是提出"赋予省级及以下机构更多自主权。增强地方治理能力,把直接面向基层、量大面广、由地方实施更为便捷有效的经济社会管理事项下放给地方……推动治理重心下移,尽可能把资源、服务、管理放到基层,使基层有人有权有物,保证基层事情基层办、基层权力给基层、基层事情有人办"[①]。此外,干部的人事管理权限也在下放,比如从改革开放前的"下管两级"到1984年开始实行的"下管一级"。

第四,管理职能发生了一个从全能政府到有限政府的变化。

这一变化首先也是与经济体制的变化相关的。计划经济要求集中,因而政府大权在握。其次,按照列宁主义的原则,党的领导是排他的和不能分享的,党(也即政府,党政是一体的)同时掌控了方方面面的社会事务。整个社会只有国家,没有市场,没有社会,国家掌控了社会的所有资源,而政府就是一个最高指挥者,产生了一种人们所说的全能政府模式。

改革开放的最大变化之一就是国家、社会和市场这一格局的形成。市场和社会的形成和成长本身就意味着政府权力的跌落,政府开始从一个全能政府走向一个有限政府,因为这一变化要求政府改变原来包揽一切的做法,市场的事情让市场管,社会的事情让社会管,市场和社会管不了的事由政府来管。这一向有限政府的变化导致了政府重新确立、调整或转变其职能。就政府职能本身而言,在改革后来的发展中,发生了一个从注重经济增长转向注重民生福利和公共服务的变化。改革前期政府的主要目标是脱贫,尽快改变中国经济的落后面貌,使国家和人民变得富裕,GDP的增长因而被看作政府最重要的成果,也是衡量政府绩效的最重要的标准。在经历了一段时间的经济高速增长尤其是经济发展进入新常态后,经济发展带来的民众公共需求的增长和政府公共产品以及公共服务提供的不足已经成为社会的一个主要矛盾。因此,随着积累的增长和财富的增加,政府的职能也从原来注重生产开始转向注重分配。也正是在这一背景下,政府开始将其职能归结为"经济调节、市场监管、社会管理和公共服务",而后两者成为政府相对来说更为重要的职能。此

---

① 《中共中央关于深化党和国家机构改革问题的决定》(2018年3月4日),新华社,http://www.gov.cn/xinwen/2018-03/04/content_5270704.htm,最后浏览日期:2020年8月6日。

外,政府职能还发生了一个经济由政府主导到市场主导的变化。在市场经济体制建立起来后,中国长时期实行的是政府主导的市场经济,以便在经济领域里实现快速赶超。经济管理成了政府职能的重中之重。在经济进入新常态后,十八届三中全会提出"让市场在资源的配置中发挥决定性的作用",这表明了政府职能的一次重大转变,也就是从注重经济建设转向注重社会管理和公共服务。

第五,管理形态发生了一个从党政一体到党政分开再到加强党的全面领导的变化。

改革开放前,我国公共管理形态呈现的是一种"党政一体"的模式,这一模式的形成既有来自革命时期的传承,也有苏联模式的借鉴。这种权力高度集中于党、集中于党的领导人的模式在改革开放初期遭到了批评。邓小平指出这一模式使得党管了不该管、管不好和管不了的事,并提出党政分开。按照邓小平的说法,要"真正建立从国务院到地方各级政府从上到下的强有力的工作系统。今后凡属政府职权范围内的工作,都由国务院和地方各级政府讨论、决定和发布文件,不再由党中央和地方各级党委发指示、作决定"①。邓小平的改革思路是改革分三步走,第一步是党政分开,第二步是权力下放,第三步是精简机构。为实现党政分开,1988年的机构改革采取了三大举措:(1)建立国家公务员制度,公务员管理国家化;(2)党的属地化管理,改变党的组织管理方式;(3)在党的一些部门撤销与政府职能相同或相近的机构。

这一党政分开的改革最后没有继续下去,并在实践层面走向党的全面领导。在本轮党和国家机构改革中,形成了党的全面领导的模式,具体的做法有:党政机构部门合一,比如组建国家监察委员会;党的职能部门进行直接管理,比如公务员原来由人力资源和社会保障部的国家公务员局管理改为由中组部管理、国家新闻出版广电总局由中宣部管理、宗教和民族事务由中央统战部管理,而这些部门原先都是属于国务院系统的;把中央的一些小组如深化改革领导小组、财经领导小组、外事工作领导小组等改成委员会并赋予其决策功能;以及在一些政府机构设立中央领导小组或委员会的办公室等。

第六,管理过程发生了一个从注重过程到注重结果的变化。

---

① 《邓小平文选》第2卷,人民出版社1994年版,第339页。

传统的管理注重过程而不注重结果,这与政府运作的官僚制结构有关,官僚制强调运作的程序性和规范性,凡事按部就班地做,着眼于做了什么,强调过程中的表现。注重过程也与政府垄断式的行政管理方法以及由此产生的管理理论学说有关,这一理论学说认为过程可以决定结果,因此在管理中将重点放在过程的完善上。过程无疑会对结果产生影响,但两者并非完全相等,做了什么和做出了什么是不一样的。以政府采购为例,根据规则,在采购资金达到规定的数额后需要进入政府采购过程,但一些相关的案例表明,通过政府采购想达到的节省资源的初衷并没有实现,比如常见的电脑采购最后的价格要比不通过政府采购的来得高。如果注重结果,就不会出现这样的状况。

从注重过程到注重结果是政府向企业学习带来的一个结果,它使政府的整个运作围绕结果来进行,重点放在做出了什么上。这样的一个转变带来了组织结构、人员行为和评估体系的一系列改变。比如,它开始导致组织结构向扁平方向发展,导致围绕项目建立团队的结构开始出现,导致尽可能地量化政府要完成的任务、项目等,从而有助于评估员工和团队的表现,这样的绩效评估制度在改革开放前是不存在的。在对结果的注重上,我国一些地方进行了建立人民满意的政府、万人评政府、第三方评估之类的活动,这些活动事实上都是以政府和政府工作人员的业绩、为人民做出了什么实事,也就是以政府的工作结果作为评价的最重要的要素的。

第七,管理运作发生了一个从单一的政府主体到社会其他部分(包括团体和个人,通常意义上的利益相关者)参与的多元主体,以及从政府垄断运作到运用市场机制、合作治理的变化。

首先,这一变化是与改革开放带来的社会、市场和国家这一新的社会格局联系在一起的,这是因为市场经济的发展和社会的成长带来了多元利益的形成,它改变了长期以来在计划经济体制下利益单一的状况,因而增强了政府管理的难度。在原有体制下,政府通常被认为代表了社会所有人的利益,政府是没有自身利益的,而民众也不存在今天意义上的利益。但是市场经济改变了这种情况,它不仅使社会的各个阶层有了自己的利益(有时这些利益之间会产生冲突),甚至连政府也有了自身的利益(即便在政府之间,利益有时也是不一致的,比如中央政府和地方政府在房地产政策上的取向,这就有了政令不通之说)。对政府来说,社会的管理首先要使这些利益得到表达,得到表达的一个途径就是让他们参与到公共管理中来。从成本效益的角度来讲,这也是一种比较好的选择。因此,政府的管理开始出现了一系列鼓励公众参与公共管理的新的举措。比如,民众日益增多地参与到政府的公共决策之中,公众参与公共决策逐步成为一种制度性的政府运作方式,以提高公共管理的民主性,改变原有的政府在管理中的专断性。再比如,从制度上保证政府信息公开、政府决策中的公众听证以及专家和社会组织的参与,协商民主已经成为公共管理中的一个比较普遍的现象。温岭的民主恳谈会、盐津的参与式预算决策等都是比较著名的例子。

其次,公共管理的主体走向多元以及在管理中政府采用市场机制也是同公共服务和公共产品的提供联系在一起的。由政府垄断提供公共服务和公共产品无论从数量上还是从质量上已经无法满足公众的需求,因为政府资源有限。因此,社会相关组织和团体参与公共服务和公共产品的提供也成了一个合乎逻辑的选择。市场机制所具有的竞争性、成本效益考虑以及对结果的追求可以有效地弥补政府垄断提供的不足。市场化运作的一个方式是政府的一些公共管理职能交由包括企业在内的社会其他部门来承担,也就是通常讲的政府职能外包,比如政府公共服务的购买。今天,已经有越来越多的政府职能以委托人-代理人的方式从政府转到了社会其他组织和部门之中,换言之,这些组织和部门开始承担原来属于政府的职能。这一新的运作方式同时也意味着社会日益增多地参与到政府的管理之中(正如上面指出的),这一参与开始越来越多地跨越经济领域并涉及社会管理的方方面面。信息技术的发展进一步推进了公众的参与,形成了一种社会各方与政府一起治理(尽管目前还是表现为政府主导)的新的格局。用另一种说法来说,管理开始转向了治理。

第八,管理组织发生了一个从纵向运作的官僚制结构到纵向横向交织的官僚网络结构的变化。

长期以来,政府的运作是以官僚制作为其组织基础的。官僚制组织是一个由纵向的等级以及横向的职能部门构成的组织,整个组织是通过纵向的上级发号施令和下级奉命执行以及横向的职能协调来运作的,这使得这一组织在"精确性、稳定性、纪律的严格性和可靠性方面要优于其他的组织形式"(韦伯语),但同时,这一组织所具有的僵化、官僚主义、等级意识等在一个官本位的社会里表现得尤其明显。改革之初对官僚主义(其特征表现为命令主义、形式主义、文牍主义、事务主义、高高在上、脱离实际、遇事推诿、办事拖拉、不负责任、繁文缛节、无所作为等)的痛加挞伐事实上是与这一组织本身的特点有关的。

从纵向运作的官僚制结构到纵向横向交织的官僚网络结构的变化,首先来自信息技术以及管理的市场化运作的发展。改革开放尤其是20世纪90年代后,政府职能的外包导致大量相关的各类社会组织(包括企业)的介入,这使得原先基于纵向等级内部运作的政府需要同横向的以网络状形式出现的各类组织打交道。这就在很大程度上改变了政府的运作方式。这种纵横向交织的新的组织形式在一定程度上改变了原有官僚组织的特点,因为政府方和行政相对方的关系从原来的服务的提供者和服务的接受者之间的关系变成了双方平等的合作关系。这一组织结构的变化导致在等级组织的命令服从关系之外又加上了与外部组织协商合作的关系。它对政府公务员的能力提出了新的要求,要求公务员具备在原有运作模式中没有的知识、能力和技能,比如商业知识、议价能力、谈判能力等。

第九,管理技术发生了一个从手工业作坊式的管理到电子政府、网络行政的变化。

这一变化首先得益于信息技术的发展。互联网信息技术的发展不仅改变了人们的生产和生活方式,也改变了传统的政府运作模式。从工业社会的政府1.0版到信息社会的政府2.0版的发展,使得"政府已经从传统的工业时代集中控制的政府模式转变成数字时代的公众可以参与公共事务的新的服务模式,加速了面向公众的服务创新,实现了由原始的单向知识和信息的传播到平台互动式交流,从政府职能出发的部门分割的电子政务设计到从服务内容和流程出发的面向服务、以用户为中心的电子公务设计,通过新技术的应用,以更低的成本、更方便的方式使得公众参与政策制定的过程,公众可作为公共服务产品的共同生产者,逐步实现知识的积累"①。

这样的一个变化,在我国的一些地方也已经开始出现。比如,北京的城管地图就是政府2.0的一个重要实践。它通过精心的用户体验设计将以用户为

---

① Don Tapscott, Anthony Williams, and Dan Herman, *Government 2.0: Transforming Government and Governance for the Twenty-first Century*, Toronto, Canada: New Paradigm Learning Corporation, 2007.

中心的城管执法业务和公共服务贯穿于整个城管地图平台建设,并通过市民投票、社区点名、城市挑错纠错等多种方式让用户参与到城管服务的创新过程中,推动以市民为中心的用户创新。它搭建了政府、企业和市民等多方主体共建、共享、共治的开放互动平台,建立了开放平台、开放数据共同建设的机制,充分发挥了公众参与、协作及监督作用,为创建社会协同、市民参与、共建共享共治的城市管理新模式,实现政府、市场、社会协同塑造公共价值提供了支撑。[1] 技术的变化不仅改变了运作的流程,更重要的是开始改变以政府为中心的传统的管理模式,使公众在更大程度上参与到公共管理中来。

第十,内部管理体制发生了一个从干部制度到公务员制度的变化。这一变化的意义不仅仅是名称的变化,其实质在于发生了一个从传统的带有苏维埃色彩的干部体制到现代官僚制的变化。

首先,干部体制的特点在于法制化程度较低。尽管新中国成立初期也建立了一些干部管理的规章制度,但整体上显得零散和不完备,更重要的是在现实的运作中,人格化的管理占据着重要的分量。其次,管理体制上的非现代性又具体体现在如下五方面。(1)干部选拔录用不是建立在平等竞争的基础之上的,政府的大门只对部分人开放,政治背景和家庭出身往往是最重要的考量因素。(2)干部的提升偏重其政治立场而不是功绩,提升缺乏民主程序,少数人甚至一个上级领导人可以决定一个人的职务、职级的升降。(3)没有正常的退出机制,高层领导人通常没有退休制度。(4)缺乏正常的干部培训制度,尤其缺乏专业知识和技能的培训;对干部的激励主要采用以晋升激励为主的方法,几乎没有物质上的激励。(5)考核体系的标准和程序不完备,不存在今天意义上的绩效评估制度。

新的公务员制度的建立在以下几个方面表现了它的现代性。首先,它具备了一套相对完整的法律和规章制度。其次,这一制度建立在功绩制基础之上,无论是选拔录用还是提升,功绩成了最重要的标准。这是现代人事体制区别于传统体制的一个分水岭。再次,公务员体制的运作体现了职业化的特点,这表现在像其他职业一样,公务员的进入要经过选拔,其表现要得到评价,公务员可进可出,有了择业的自由,公务员到年龄时退休,等等。

---

[1] 宋刚、孟庆国:《政府 2.0:创新 2.0 视野下的政府创新》,《电子政务》2012 年第 2—3 期。

公务员制度建立起来后也发生了不少变化，其中比较大的变化有：一是，从国家公务员到公务员的变化，这一变化导致了公务员内涵的扩大，使得原本不在公务员之列的法官、检察官、党务工作人员等都成了公务员；二是，在本轮党和国家机构改革中，中共中央组织部承担了管理公务员的职责，至少在组织形式上实现了"党管干部"这一原则。

Ten Major Changes of Public Administration in China since the Reform and Opening up

Abstract：This paper summarizes the changes in China's public administration since the reform and opening up from ten aspects: base of management, management thoughts, management system, management function, management form, management process, management operation, management organization, management technology and internal management. It also makes a brief analysis of these changes.

机构改革的演进：回顾与前景*

摘要：我国1982年开始至今的八次机构改革经历了四个转折。本轮党和国家机构改革展示了以往几次机构改革所不具备的特点，这些特点包括从曾经的党政分开走向党的全面领导、从局部的改革走向整体性改革、从职能组合走向职能机构重构以及地方机构改革的突破。本轮机构改革的推进需要解决好领导权与治理权、组织结构、改革方案执行、利益补偿以及改革创新等几个问题。

一、机构改革的四个转折点

我国的机构改革从1982年第一次起步至今已经进行了八次。八次改革经历了四个转折点。

第一个转折点是从精简机构、精简人转向政府职能转变。1982年第一次机构改革的主题是精简机构、精简人，这是与当时中央政府庞大的机构和人员联系在一起的。国务院当时的部就有100个，人员5万多。整个状况是机构臃肿、职责不清、工作效率低下。改革将100个部减到了61个，人员减到了3万多，精简25%。这次改革同时涉及了党的部门的改革。据中国机构编制网数据统计，党中央30个直属机构的内设局级机构减少了11%，处级机构减少了10%，总编制减少17.3%，各领导职数减少15.7%。精简机构的一个做法是将职能相同或相近的部门进行合并，大部制事实上也就从这时候就开始了，只是没用大部制的说法而已。比如，将商业部与全国供销合作总社和粮食部合并，组建新的商业部；将进出口管理委员会、外国投资管理委员会、对外经济联络部和对外贸易部合并，设立对外经济贸易部；将农业部、农垦部、国家水产

---

* 本文原发表于《公共管理与政策评论》2018年第5期，第7—13页，编入本书时有修订。

总局合并,设立农牧渔业部。

但这一大部制主要不是从政府职能重组的角度考虑的,其出发点是精简机构,把部门减少。由于当时中国的经济体制还是计划经济,这次改革加强了对国家日常经济活动的集中统一指挥,重组国家经济委员会并强化了它的职能,同时进一步加强了国家计划委员会的工作。众所周知,这两个委员会是具有浓烈的计划经济色彩的部门。

转向以政府职能为中心的改革发生在1988年,也就是第二次机构改革。之所以如此,是因为在高度集中的计划经济管理体制没有发生根本变化的情况下,在改革没有涉及政府职能的情况下,第一次机构改革后不久就开始出现了机构再度膨胀的状况,职责不清、运转不畅、效率低下的问题没有得到有效的抑制。因此,第二次机构改革开始从转变政府职能着手来进行。这一改革的主要思路是政府对经济的管理要从直接管理为主转变为间接管理为主,强化宏观管理职能,淡化微观管理职能。改革的内容主要是:"合理配置职能,科学划分职责分工,调整机构设置,转变职能,改变工作方式,提高行政效率,完善运行机制,加速行政立法。改革的重点是那些与经济体制改革关系密切的经济管理部门。"① 至此,以后的每一次机构改革都把转变政府职能作为机构改革的核心。在1994年中国建立了市场经济体制后,政府机构的改革主要围绕政府的职能如何适应市场体制的需要来进行。比如在1998年的第四次机构改革中,十个工业经济管理部门被一举撤销。在2003年的第五次改革中,政府机构根据市场体制的需要进行了重组,比如像银监会、证监会之类机构的名称就反映了这一点。

第二个转折点是从党政的改革转向政府的改革。这一转折点发生在第二次机构改革。第二次机构改革是在"党政分开"的旗帜下进行的。党政分开是邓小平同志提出来的,他针对当时权力过分集中于党和集中于党的一把手的现象,以及由此产生的一系列官僚主义等问题,认为党管了许多不该管、管不了和管不好的事,提出党政分开。按照他的说法,要"真正建立从国务院到地方各级政府从上到下的强有力的工作系统。今后凡属政府职权范围内的工

---

① 《1988年国务院机构改革方案》(2009年1月16日),中华人民共和国中央人民政府网站,http://www.gov.cn/test/2009-01/16/content_1206984.htm,最后浏览日期:2020年11月3日。

作,都由国务院和地方各级政府讨论、决定和发布文件,不再由党中央和地方各级党委发指示、作决定"①。按照邓小平的思路,改革分三步走,"改革的内容首先是党政分开,解决党如何善于领导的问题。这是关键,要放在第一位。第二个内容是权力要下放,解决中央和地方的关系,同时地方各级也都有一个权力下放的问题。第三个问题是精简机构,这和权力下放有关"②。为实现党政分开,改革采取了三大举措:建立国家公务员制度,公务员管理国家化;党的属地化管理,改变党的组织管理方式;在党的一些部门撤销与政府职能相同或相近的机构,比如政法委曾一度被撤销。党政分开的改革最后没有继续下去。在三大举措中,除了公务员制度,其中一项没有来得及做,另一项后来又恢复了原来的体制。从党的十四大起一直到党的十九大,党的代表大会的报告再也没有提及"党政分开"。后来的政府机构改革也没有再涉及党的内容。只是在这次改革的 20 年后,即 2009 年,在一个县级区,即广东省佛山市顺德区进行了一次党政联动的改革,这一改革被当时的报纸称为"石破天惊的改革",但它采取的具体做法不是党政分开的做法,而是党政合一的做法,将党政 43 个部门合并成 16 个。比如,把党的纪律检查委员会与政府的监察局、审计局和人民来信来访办公室合并在一起,把党的统战部与妇联、共青团、残疾人联合会等合并在一起。改革者认为,这样更有助于政府效率的提高。但这一作为广东试点的改革并没有上升为省级的规范,当然也没有上升为国家层面的规范。

第三个转折是政府的职能从注重经济建设转向公共服务,这可以以服务型政府的提出作为一个标志。这一转变的背景在于经过几十年的发展后,政府主导的经济发展模式尤其在后来中国的经济进入新常态后开始式微。经济的发展、资源的增多开始带来分配的问题,它要求政府从原来的全力搞经济建设转向如何更好地满足民众不断增长的公共服务的需求,如何花力气去解决一些逐渐变得严重的优质资源(如教育、医疗、社会保障)的短缺问题,以及解决社会开始普遍面临的环境污染问题、食品安全问题、公共安全问题、贫富差距问题等一系列民生问题。这是 2003 年第五次改革后开始提出政府四项职能(即经济调

---

① 《邓小平文选》第 2 卷,人民出版社 1994 年版,第 339 页。
② 《邓小平文选》第 3 卷,人民出版社 1993 年版,第 177 页。

节、市场监管、社会管理和公共服务),并将更多的精力投放到后两个职能中去的理由,也是为什么十八届三中全会提出"让市场在资源的配置中发挥决定性作用"的背景。与这一转折相关的改革,其重心放到了行政审批改革上。到2013年第七次改革时,提出了"放管服"的改革,进行了"权力清单"的改革。很明显,行政审批的改革旨在释放社会和市场的活力,旨在通过这样的改革,使各类社会组织(包括企业)投身于公共服务,将更多的社会资源投入到公共服务中去,改变政府一家提供这种力不从心的状况是这次改革的一个重要出发点。

第四个转折是从注重政府的改革转向党政军群的改革,或者说从局部的改革转向全局或系统的改革,这就是本轮以"党和国家机构改革"名义出现的第八次机构改革。这次改革是在新的历史条件下进行的一次改革。这一整体性的改革的思路来自对现有状况的认识,也就是党和国家机构设置和职能配置同统筹推进"五位一体"总体布局、协调推进"四个全面"战略布局的要求还不完全适应,同实现国家治理体系和治理能力现代化的要求还不完全适应。这种不适应,用《中共中央关于深化党和国家机构改革的决定》(以下简称"《决定》")的话来说,主要表现在下列十个方面:(1)一些领域党的机构设置和职能配置还不够健全有力,保障党的全面领导、推进全面从严治党的体制机制有待完善;(2)一些领域党政机构重叠、职责交叉、权责脱节问题比较突出;(3)一些政府机构设置和职责划分不够科学,职责缺位和效能不高问题凸显,政府职能转变还不到位;(4)一些领域中央和地方机构职能上下一般粗,权责划分不尽合理;(5)基层机构设置和权力配置有待完善,组织群众、服务群众能力需要进一步提高;(6)军民融合发展水平有待提高;(7)群团组织政治性、先进性、群众性需要增强;(8)事业单位定位不准、职能不清、效率不高等问题依然存在;(9)一些领域权力运行制约和监督机制不够完善,滥用职权、以权谋私等问题仍然存在;(10)机构编制科学化、规范化、法定化相对滞后,机构编制管理方式有待改进。这些问题,必须抓紧解决。我们可以看到,在这些问题中,大部分问题是长期存在的问题,尽管进行了数次改革,但改革的成果不彰。这至少在某种程度上表明,原有的注重政府的改革或局部的改革①很难解决这些

---

① 笔者曾经把这种改革称为流程的和技术的改革,单单这一改革无法完成改革的使命,它需要有结构性的改革。

问题,整体性改革的提出恰恰是一种偏向于结构性的改革,因为结构"涉及关系问题,涉及流程或功能之间的排列组合以及由此产生的体制架构问题"①。

二、第八次机构改革的特点:比较的角度

本轮改革是在加强党的全面领导的主旨下进行的,改革的目标是"构建系统完备、科学规范、运行高效的党和国家机构职能体系,形成总揽全局、协调各方的党的领导体系,职责明确、依法行政的政府治理体系,中国特色、世界一流的武装力量体系,联系广泛、服务群众的群团工作体系,推动人大、政府、政协、监察机关、审判机关、检察机关、人民团体、企事业单位、社会组织等在党的统一领导下协调行动、增强合力,全面提高国家治理能力和治理水平"。这一改革的目标决定了改革会采取一些不同以往的措施,尤其在党政关系这一最重要的层面上。与以往几次机构改革相比,本轮机构改革展现了以下四个方面的特点。

(一)从曾经的党政分开走向党的全面领导

正如前面指出的,第二次机构改革的主题是党政分开,但这一改革没有继续下去。本轮机构改革凸显的党的全面领导表现在以下几个方面。

(1)党政机构部门合一。比如组建国家监察委员会。这一机构将原来的监察部、国家预防腐败局的职责,最高人民检察院查处贪污贿赂、失职渎职以及预防职务犯罪等反腐败相关职责进行整合,同中央纪律检查委员会合署办公,履行纪检、监察两项职责,实行一套工作机构、两个机关名称,以加强党对反腐败工作的集中统一领导,实现党内监督和国家机关监督、党的纪律检查和国家监察有机统一,实现对所有行使公权力的公职人员监察全覆盖。再比如,将中央直属机关工作委员会和中央国家机关工作委员会的职责整合,组建中央和国家机关工作委员会,作为党中央派出机构。

(2)改革领导体制。为加强党中央对涉及党和国家事业全局的重大工作的集中统一领导,强化决策和统筹协调职责,将中央全面深化改革领导小组、

---

① 竺乾威:《国家治理现代化与机构改革》,《学术界》2016 年第 11 期。

中央网络安全和信息化领导小组、中央财经领导小组、中央外事工作领导小组分别改为中央全面深化改革委员会、中央网络安全和信息化委员会、中央财经委员会、中央外事工作委员会，负责相关领域重大工作的顶层设计、总体布局、统筹协调、整体推进、督促落实。

（3）党的职能部门进行直接管理。党的职能部门将原来不属于其直接管理的政府部门由其直接管理。比如，公务员原来由人力资源和社会保障部的国家公务员局管理。为更好地落实党管干部原则，加强党对公务员队伍的集中统一领导，更好地统筹干部管理，建立健全统一、规范、高效的公务员管理体制，本轮改革将国家公务员局并入中央组织部统一管理。调整后，国家公务员局不再保留，中央组织部几乎全面取代了原国家公务员局公务员管理的所有职能，比如统一管理公务员的录用调配、考核奖惩、培训和工资福利等事务，研究拟订公务员管理政策和法律法规草案并组织实施，指导全国公务员队伍建设和绩效管理，负责国家公务员管理国际交流合作等。此外，将国家新闻出版广电总局的新闻出版管理职责以及电影管理职责划入中央宣传部，由中央宣传部统一管理新闻出版工作，以加强党对新闻舆论工作的集中统一领导，加强对出版活动和电影的管理，而这些管理都是行政方面的管理。比如，调整后，中央宣传部关于电影管理方面的主要职责是，管理电影行政事务，指导监管电影制片、发行、放映工作，组织对电影内容进行审查，指导协调全国性重大电影活动，承担对外合作制片、输入输出影片的国际合作交流等。另外，将宗教事务局、民族事务委员会的职能交由中央统战部承担。

（二）从局部改革走向整体推进

在以往的七次机构改革中，除了第二次改革涉及党的内容，其他基本上都是政府机构的改革。改革从中央政府层层推进到地方政府，涉及的内容基本上是围绕提高政府的效率来进行的，比如精简机构精简人、行政审批、绩效评估、流程改进、机构重组等。本轮改革的一个不同点，在于它是一种整体性的、系统性的改革。这与改革的背景有关。以往的机构改革通常围绕提高政府效率这一目标进行，没有跳出政府来考虑机构改革的问题，因此一些问题一直难以得到解决，比如政企分开、政社分开的改革在经历了多年之后依然进展不大。此外，在解决问题的过程中同时又产生了一些新的需要解决的问题，比如改革由于缺乏对权力问题的关注,导致在很长一段时间内政府的权力得不到有效的监督,以致在后来需要花极大的努力来反腐。这些问题仅仅通过政府的改革而不涉及其他方面的改革是很难有成效的。本轮机构改革是从国家治理体系和能力现代化的角度,"五位一体"的总体布局和"四个全面"的战略布局的角度出发的,因此,它需要一种整体性的改革,而不只是仅仅局限于政府的改革。从改革的举措上,我们可以看到这次机构改革涉及党政军群四大方面,涉及机构人员编制问题,也涉及中央和地方的关系问题,比如,赋予省以下机构更多的自主权。

(三)从职能组合走向职能和机构的重构

职能组合主要表现在大部制改革推行的"合并同类项"这一原则上,将职能相同或相近的部门或机构组合到一起,比如将原来的人事部和劳动部组成人力资源和社会保障部,将航空、铁路、公路组成交通运输部,这种职能的组合旨在减少由职能的重复和交叉引发的效率低下和管理的困难。本轮机构改革的一个特点在于,除了进行职能的组合外,更注重职能和机构的重构,具体表现在如下四个方面。

(1)党政职能重构。重构与原来的职能组合的不同点在于跨越了党和政府的边界,在政府管理中加强党的领导。比如,原来的领导小组(如中央财经领导小组)是一个协调议事机构,而现在变成了委员会,变成了一个协调议事决策机构,使这一机构具备了一种更重要的职能。

(2)机构性质重构。根据现有状况,组建新的机构,将一些重要的、原来置于一些部门之内的机构进行重新组建,这次引人瞩目的是退役军人事务管理局、应急事务管理部和移民管理局的建立。

(3)机构职能重构。将原来的一些机构撤销,将其职能进行整合,比如撤销中央社会治安综合治理委员会及其办公室、撤销中央维护稳定工作领导小组及其办公室、撤销中央防范和处理邪教问题领导小组及其办公室,这些委员会及其办公室的职能由中央政法委员会承担。

(4)党中央决策议事协调机构的重构。比如组建中央全面依法治国委员会,委员会的办公室设在司法部;组建中央审计委员会,委员会办公室设在审计署;组建中央教育工作领导小组,其秘书组设在教育部。这些机构在职能上既与党的职能相关,也与行政职能相关。比如,中央教育工作领导小组的主要职责是：研究提出并组织实施在教育领域坚持党的领导、加强党的建设方针政策，研究部署教育领域思想政治、意识形态工作，审议国家教育发展战略、中长期规划、教育重大政策和体制改革方案，协调解决教育工作重大问题等。

（四）地方机构改革的突破

以往政府机构改革强调的是地方机构与中央机构的对应，改革从中央政府开始，然后逐级往下推进。改革的基本格局是部门上下对应，上面的机构一变，下面也跟着变。这一改革方式与中国权力集中的单一体制有关。根据宪法，省级以下的政府机构都是国务院也就是中央政府的下属机构，都服从国务院。这一体制的优点在于做事迅速，效率高，但缺点是下级的主动性和创造性比较差。如何发挥中央和地方两头积极性一直是体制改革中的一项任务，尤其是在建立了市场经济体制（它是一种自下而上的运动过程）之后，它要求地方具有更多的主动性和创造性。

本轮机构改革将地方的改革专门作为改革的一部分。与以往相比，其特点在于以下三个方面。

（1）强调统筹。坚持省市县统筹，党群统筹，统筹设置党政群机构，在省市县对职能相近的党政机关探索合并设立或合署办公，市县加大党政机关合并或合署办公力度。

（2）在坚持维护中央权威和集中领导，省市县各级与国家法制统一、政令统一、市场统一的机构职能基本对应的情况下，赋予省级以下机构更多自主权，突出不同层级职责特点，允许地方根据本地区经济社会发展实际，在规定限额内因地制宜设置机构和配置职能。

（3）构建简约、高效的基层管理体制。毫无疑问，此轮改革给了地方更多的自主权，也可以预计地方的改革会产生更多元化的特点。

三、问题与前景

（一）党的全面领导的实现问题

本轮党和国家机构改革强调党的全面领导。党在比以往更高的程度上介入行政管理以及其他方面的管理,这是本轮改革的一个重要特点。本轮改革在如何实现党的全面领导的路径上也进行了不少的努力,比如前面讲到的党政机构的合一、党的职能部门的直接管理等。除一些统筹设置的党政机构(如国家监察委员会)、党的职能部门(如中组部、中宣部和统战部)、一些机构办公室设在部门中的中央机构(如中央全面依法治国委员会、中央审计委员会等)之外,党的全面领导还体现在强化党的组织在同级组织中的领导地位。《决定》指出,在国家机关、事业单位、群团组织、社会组织、企业和其他组织中设立的党委(党组),接受批准其成立的党委统一领导,定期汇报工作,确保党的方针政策部署在同级组织中得到贯彻落实。这里的一个问题是党的全面领导是否意味着党对任何事情包括行政的无所不包的管理?是否需要借助这样具体的管理来实现领导?

这需要对党进行全面领导所借助的权力有一个认识。笔者认为,这一权力可以由领导权和治理权两个部分构成。领导权与治理权的分开从理论上讲来自对马克思主义国家权力理论的一种理解。在马克思主义国家理论看来,国家权力行使两种职能,即政治统治职能和社会管理职能。笔者认为,可以把国家权力分成领导权和治理权,领导权对应国家权力涉及的政治统治职能,而治理权对应的是社会管理职能。正如马克思恩格斯指出的,社会管理职能的执行取决于政治统治,而政治统治的维持又是以执行某一社会职能为基础的。这样,治理权的执行取决于领导权,但领导权的维持又是以如何执行治理权为基础的。党的领导权主要表现在行使政治统治职能上,而治理权则可以由政府和社会的其他组织来行使。[①] 之所以如此,是因为中国的社会格局已经发生了一个从原来的国家一统天下到国家、市场和社会三分的变化。原有的国家一统的模式之所以被改变,是因为国家无法支付管理社会的交易成本,因而需要让市场和社会来承担对社会的治理。用通俗的话来说,就是市场的事情市场办,社会的事情社会办,两者办不好办不了的事情由政府办,或由政府与市场、社会一起办。正因为如此,我们进行了政企分开和政社分开的改革。就政社分开而言,它想达到的目的就是让社会组织成为一个自主的组织,在社会的治理中发挥政府和市场难以发挥的作用。类似这样的治理不可能全部由党的

---

① 竺乾威:《政社分开的基础:领导权与治理权分开》,《福建省委党校学报》2017年第6期。

组织和政府的组织来承担，但这不妨碍党在社会组织的活动中发挥领导的作用。所谓领导作用，就是指方向，指路线，画蓝图，进行监督，保证方向、路线正确，保证规划、目标得以实现，具体的操作和实施不必亲自出马。如果党拘泥于方方面面细节的治理，会有以下问题：第一，它不具备如此多的资源；第二，它会压抑其他组织的作用，增加管理社会的交易成本；第三，它无法有时间、精力注重重大的和方向性的问题的思考。因此，强调党的全面领导，要考虑实现这一领导的路径问题，既不使党的领导徒有虚名，也不使党陷入事无巨细的泥淖。

（二）组织结构问题

本轮机构改革将一些党的委员会嵌入政府部门之中，比如前面讲到的中央全面依法治国委员会办公室设在司法部。这个组织的性质是"党中央决策议事协调机构"，它"负责全面依法治国的顶层设计、总体布局、统筹协调、整体推进、督促落实"。这一办公室是一个常设机构还是两块牌子一个班子？如果是两块牌子一个班子，那么里面的领导人就同时具备了党和政府的两种身份，两种身份集中于一人至少使如何体现党对行政的监督成了一个问题。如果是一个常设机构，那么就存在一个委员会与部的关系问题。两者是不是领导和被领导关系？如果是，那么委员会与司法部上面的国务院又是什么关系？国务院实行的是首长负责制，而委员会实行的是合议制，这里的最高决策权在哪里？最后的决策以什么方式进行？如果是一个常设机构，那么就需要人员编制，这是否会造成机构人员增多？另外，司法部本来就有党组，那么委员会办公室与党组又是什么关系？

（三）执行问题

决定做出后需要执行，执行如何在很大程度上决定了决策的目标能否得以实现。中央层面显然已经注意到党和国家机构改革在执行过程中会出现一些问题。中央纪委在 2018 年 3 月 22 日印发的通知中指出严肃查处违反纪律的各项问题：有令不行、有禁不止，上有政策、下有对策，搞变通、拖延改革等问题；擅自行动、一哄而起，重大改革事项不及时报告等问题；机构改革方案涉及的机构设置、人员编制调整不按规定程序报批，擅自提高机构规格、调整和增设内设机构、增加人员编制和领导职数,在编制数据上弄虚作假,上级业务主管部门违反规定干预下级机构设置和编制配备等问题;违反民主集中制原则和干部工作程序规定擅自决定涉及人员分流、干部任免等重大事项,突击进人、突击提拔和调整交流干部、突击评定专业技术职称,拒不执行组织做出的机构调整、职位变动和干部交流决定等问题;漏报、瞒报、隐匿和违规处置国有资产,造成国有资产流失,隐瞒、挪用资金或虚列支出,转移套取资金,突击花钱、巧立名目发放和私存私放钱物,以及违反中央八项规定精神等问题;泄露党和国家秘密、传播小道消息等问题。① 对此,中央纪委要求严明政治纪律、组织纪律、机构编制纪律、干部人事纪律、财经纪律和保密纪律,严肃查处改革中的违纪行为,以严肃问责推动改革主体责任落实,保证深化党和国家机构改革顺利进行。

(四)利益补偿问题

机构改革的过程也是一个利益调整的过程,会有人在这一过程中受益,也会有人在这一过程中利益受损。上文中纪委指出的在改革执行过程中可能出现的一些问题,其背后的实质就是利益问题。有人希望在改革过程中不正当地获益,有人想保持现有利益或避免利益受损。因此,改革需要同时解决机构人员的利益问题,尤其是解决利益受损的问题,解决利益的补偿问题,因为这一问题不解决,受损的利益就会成为改革的阻力,从而增强改革的难度。帕累托最优(在不伤害一个人的情况下使其他所有的人得益)固然是一种最好的解决办法,但这种状况在现实中不多。根据帕累托改进,在不可避免使人受到伤害的情况下,需要对这些人进行补偿,补偿以后,社会效益还是得到了增进。这里的问题在于如何去平衡补偿与社会效益。补偿是必需的,无论是从个人的角度还是从改革的角度来说都如此,但是补偿的代价不能超过所得的社会效益,否则改革就没有意义了。这里有两种倾向需要防止,一是一味考虑或照顾受损的利益而忽略改革的效益,这会使得改革寸步难行。同样,只考虑改革的收益而忽略个人利益的受损,改革也很难顺利进行。

---

① 《中共中央纪委印发通知要求 认真履行纪检监察职责 保证深化党和国家机构改革顺利进行》,中共中央纪律检查委员会网站,http://www.ccdi.gov.cn/toutiao/201803/t20180322_167029.html,最后浏览日期:2021年2月24日。

（五）改革创新问题

本轮改革提到了地方机构改革的问题。从机构改革的方式来说，通常有自上而下和自下而上两种。自上而下的方式是我国机构改革的通行方式，但也有自下而上的、由地方主动发起的改革，尽管不多。从理论上讲，改革的过程应该是一个自上而下和自下而上的互动过程。但以往局限于政府的改革使得自下而上的改革最后要么回归原有体制，要么一直处在试验中，成功的几乎没有。一个重要的原因在于地方的改革很难突破整个国家的体制框框。本轮改革强调赋予省级以下机构更多自主权，突出不同层级职责特点，允许地方根据本地区经济社会发展实际，在规定限额内因地制宜地设置机构和配置职能。这表明本轮改革给予了地方比以往更多的创新空间。因此，如何激发地方的改革创新是一个需要考虑的问题。在任何地方，改革最有活力的地方通常是基层，因为它们面临了直接的问题，有改革的压力和动力。然而，问题在于如何激发地方改革的积极性，如何发挥地方的首创精神。在这里，有两点需要加以注意。一是如何在国家的体制层面开创条件，使地方的改革有更大的空间。以往自下而上的改革失败的一个主要原因在于地方的改革打破了上下部门的对应关系，地方在解决横向职能的重复和交叉问题的同时带来了纵向的上下部门之间的协调问题。如果未来的改革不在国家体制的层面创造条件的话，那么地方的改革会像以往一样，很难有成功的可能。二是对改革中可能产生的错误抱有宽容的态度。改革事实上是一个试错的过程，如果对改革过程中出现的错误严加苛责，甚至上纲上线，那么只会断送改革的前程。宽容的态度有助于改革不断向前，不断接近改革的目标。

The Evolution of Institutional Reform: Retrospect and Prospect

Abstract: The 8th institutional reforms since 1982 have undergone four transitions. Current reform of the party and state institutions shows the characteristics that the previous institutional reforms do not have. These features include the overall leadership of the party instead of division of the function of the party and the government, from the partial reform to the overall reform, from the function combination to the restructuring of the functions and the institutions, and the breakthrough of the reform of the local institutions. The current institutional reform needs to solve several problems, such as the relations between leadership and governance, organizational structure, implementation of reform plans, interest compensation, and reform and innovation, etc.

服务型政府:从职能回归本质[*]

摘要:以人民为中心的新发展观要求政府从"五位一体"的总体布局整体性地履行其职能,这就需要改变以往政府注重单一职能行使的做法,使政府回归其本源,也就是一个权力受到制约、法治、负责、透明和高效的现代政府。未来的机构改革要从国家治理现代化的高度来着力推进这一现代政府的建构。

一、服务型政府:政府职能的转变

服务型政府在中国是一个具有特殊含义的表述。事实上,就政府本质而言,政府就是服务,政府所做的任何事情从本质意义上讲就是为社会公众服务。因此,没有必要在政府前面再加上"服务型"三个字,政府一词本身就包含了服务的含义。但是,就政府的职能(所谓职能也就是要做的事情)而言,服务也是政府的一种职能。政府有诸多职能,除了服务,还有诸如管制、维持、保全、扶助、管理等一系列其他的职能,这些职能的行使在根本上体现的是政府本质意义上对社会公众的服务。这样,就服务而言,就有了两个方面的意义,一个指的是政府本质意义上的服务,另一个指的是政府职能意义上的服务。中国的服务型政府是从政府职能的角度提出来的,它涉及对政府服务职能的强调,这一强调表明了政府职能重心的一种转移,也就是从原来注重经济建设转向注重民生建设,注重向公众提供公共产品和公共服务。

政府职能的重心往往会随着社会发展或环境的变化而改变或转移。在提出服务型政府之前,中国政府可以被称作"建设型政府",政府的职能重心是经济建设,这是由改革开放之初的社会状况决定的。改革开放之初的中国是一

---

[*] 本文原发表于《行政论坛》2019年第5期,第96—101页。

个经济上极度贫困落后的国家,在尽可能短的时间里改变这一状况是改革的当务之急。因此,发展就是硬道理,一切以经济建设为中心,以 GDP 论高下,因为 GDP 的增长意味着国家财富的增长,国家财富的增长意味着民众生活水平的提高。因此,对 GDP 的追求成了政府工作的重中之重。政府在效率和公平两者之间毫不犹豫地选择了效率,因为财富的创造和资源的积累是一个生产的过程,生产要讲效率,而 GDP 则是一个衡量经济成长的最重要的指标。这样一个全力以赴的建设和生产过程,使得国家 GDP 在进入 21 世纪时,取得了每年平均几近两位数的增长。国家的财富获得了空前的增长,资源的积累获得了空前的提升,人民的富裕程度获得了空前的提高。

这样一种经济的迅速增长是与政府注重经济建设相关的,也是与政府主导的市场经济发展模式联系在一起的。当计划经济体制被打破,中国采用了政府推动的经济发展模式,其结果导致了经济的迅速增长。在分析这一经济的迅速增长时,有观点认为(从政府角度讲),至少有两个方面的重要原因导致了这一增长。一是中国地方各级政府的类似公司一样的彼此竞争,另一是建立在经济绩效基础之上的官员晋升的激励制度,经济的增长(主要体现在 GDP 上)是官员得以晋升的一个极为重要的条件。

这样的一种以 GDP 为主要目标的发展状况在进入 21 世纪后发生了变化。随着经济的高速发展和财富的迅速增长,一些多年积累下来的问题开始显现。有两个问题是比较明显的。首先是财富和资源增长带来的分配问题。由于发展的不平衡不充分,以及体制机制上的不足和缺陷,分配中的公平性和公正性问题日益凸显。其次,财富和资源的增加提高了公众的富裕程度,也进一步刺激和放大了公众对公共服务和公共产品的需求,但满足这一需求的资源却是有限的。教育资源短缺、医疗资源短缺、社会保障资源短缺、环境污染、食品药品不安全等所有这些与民生相关的问题似乎突然间接踵而来。2003 年的"非典"疫情反映出来的公共卫生资源在供给方面的短缺只是一个比较典型的例子而已。此外,由民生问题引发的一系列社会问题也开始变得严重,社会信任度降低,道德滑坡,社会交往的交易成本上升等,社会面临的挑战几乎是全方位的。即便在进行了服务型政府建设的若干年后,人民论坛在 2010 年的一次"千人问卷"的调查中仍发现,未来十年面临以下十项挑战:(1)腐败问题突破民众承受底线,82.3%选择此项;(2)贫富差距拉大,分配不公激化社会矛盾,80.6%;(3)基层干群冲突,63.2%;(4)高房价与低收入的矛盾,62.8%;(5)诚信危机,道德失范,61.7%;(6)民主政治改革低于公众预期,52.3%;(7)环境污染,生态破坏,51.6%;(8)老龄化矛盾凸显,老无所依,老无所养,44.1%;(9)大学毕业生就业更加困难,诱发不稳定因素,43.4%;(10)主流价值观边缘化危机,36.3%。① 这表明,社会的主要的矛盾面正在发生变化,满足人民不断增长的物质需要和精神需要开始成为政府的重中之重,政府的职能重心需要从经济建设转向公共服务,从生产转向分配。

"非典"疫情反映的公共资源和公共服务提供的短缺触发了对发展经济的目的的反思,服务型政府应运而生。时任总理温家宝在2004年2月首次提出建立服务型政府,强调十六大提出的政府的四项职能,即经济调节、市场监管、公共管理、社会服务,并指出后两项职能是政府极为重要的职能,也是政府最为薄弱的环节。2005年的《政府工作报告》明确提出"努力建设服务型政府"的要求。政府这一职能的重大转变要有相应的体制、运作方式、管理原则等一系列政府自身建设来支撑。2008年,时任总书记胡锦涛从五个方面指出服务型政府的建设要求:(1)创新行政管理体制,转变政府职能、理顺关系、优化结构、提高效能,更加重视政府的社会管理和公共服务职能;(2)优化政府组织结构,加强公共服务部门建设,推进以公共服务为主要内容的政府绩效评估和行政问责制度,完善公共服务监管体系,加快法治政府建设;(3)加快推进政企分开、政资分开、政事分开、政府与市场中介组织分开,形成公共服务供给的社会和市场参与机制;(4)完善公共财政体系,调整财政收支结构,扩大公共服务覆盖范围,把更多财政资金投向公共服务领域,把更多公共资源投向公共服务薄弱的农村、基层、欠发达地区和困难群众,增强基层政府提供公共服务的能力;(5)创新社会管理体制,努力实现管理与服务有机结合。②

在政府的职能转向公共服务之后,以民生为导向的公共服务涵盖了公共教育、医疗卫生、社会保障、住房保障、公共文化、公共安全、就业服务、人口计生、生态环境、基础设施、社会管理等方面。国务院2011年颁布的《国民经济和社会发展第十二个五年规划纲要》在第八篇"改善民生 建立健全基本公共

---

① 高源、马静:《"未来10年10大挑战"调查报告》,《人民论坛》2009年第24期。
② 《政治局第4次全体学习 胡锦涛强调建设服务型政府》(2008年2月4日),华夏经纬网,http://www.huaxia.com/xw/dlxw/2008/02/262688.html,最后浏览日期:2020年7月29日。

服务体系"中指出,"坚持以人为本,服务为先,履行政府公共服务职责,提高政府保障能力,逐步缩小城乡区域间基本公共服务差距",并分别对提升基本公共服务水平、实施就业优先战略、合理调整收入分配关系、健全覆盖城乡居民的社会保障体系、完善基本医疗卫生制度、提高住房保障水平等基本公共服务的均等化内容作出了具体部署。"从党的十六大到十七届五中全会,我们对服务型政府的公共服务职能的认识日益深刻,服务型政府的内容逐步明确,这些内容主要包括:公共教育、医疗卫生、社会保障、住房保障、公共文化、就业服务、人口计生、生态环境、基础设施、社会管理等方面。基于此,在服务型政府建设实践上,强化政府在提供公共设施、公共教育、公共卫生和医疗、扩大就业、公共安全、社会保障和保护弱势群体等方面的职能,政府的社会管理和公共服务职能得到明显加强。"①

毫无疑问,自建立服务型政府后,政府在公共服务和公共产品的提供和均等化方面所做的努力是显而易见的,其取得的成绩也是有目共睹的。问题在于,在服务型政府的建设中,始终伴随着一些需要解决,然而一直也很难得到有效解决的基本问题,择其要之有如下几项。

(1)经济发展和公共服务提供的关系问题。尽管政府将其职能的重心转向了公共服务,但是公共服务提供的前提性条件是要有资源,因此,经济建设和发展的重要性是毋庸置疑的。这一重要性导致在经济发展和公共服务提供之间产生一种张力,如何来平衡这两者之间孰重孰轻的关系?当经济发展和公共服务提供发生冲突时,政府做何选择?拉闸限电和邻避运动的例子表明,一些地方政府在涉及这一矛盾时还会偏向经济建设,而不顾采取的相关政策可能会产生的负面作用。

(2)就经济发展而言,是政府主导还是市场主导,这涉及经济发展的持续性问题,也涉及公共服务提供的持续性问题。经济高速发展时期政府主导的市场经济模式为公共服务的提供积累了大量的资源,并使公共服务的大规模提供成为可能,问题是这样一种发展模式是否具有可持续性。

(3)公共服务提供方式问题。政府垄断式的公共服务提供无法在数量和质量上满足公众的需要,因为政府的资源是有限的。因此,利用社会组织的力

---

① 马宝成:《中国服务型政府建设十年主要成就和未来展望》,《国家行政学院学报》2012年第5期。

量来提供公共服务成了不二的选择。社会组织提供公共服务的前提在于这一组织应该是一个独立的、自治的主体。改革开放以来进行的政社分开的改革就是要培育这样的主体,改变社会组织长期来依附于政府的状况,使社会组织真正发挥政府无法发挥的作用。然而,社会组织的成长一直处在一种不成熟的状态,它的能量并未得到完全的释放。

(4) 公民权利的保护问题。高速经济发展和资源的分配对如何保护公民的权利提出了挑战。一些公权力为发展经济和进行资源的配置(这里当然不排除有私利的考虑),在土地征收、房屋拆迁、资源分配、均等地分享改革成果等问题上不惜侵害公众的利益,一些利益集团打着国家的旗号侵占甚至剥夺私人利益,一些地方的黑恶势力猖獗,民众的利益甚至安全受到严重威胁。所有这些导致维权抗争不断,有的甚至引发大规模的群体性事件,极大地提高了社会的维稳成本。

(5) 资源配置的合理性、公平性和公正性问题。政府的资源配置常常发生错配现象,造成资源的浪费。一些优质紧缺资源的配置不合理、不公平、不公正,引发社会矛盾。此外,由于发展的不平衡和不充分,尽管有较多财政资金和公共资源投向了公共服务薄弱的农村、基层、欠发达地区和困难群众,但地区之间的差别依然较大。

所有这些对服务型政府的进一步发展提出了严峻的挑战,这一挑战引发的问题是:以提供公共服务为职能重心的服务型政府如何有效地应对几乎是全方位的社会问题?从经济建设转向公共服务这一政府职能的转变是否又到了需要再次转变的时候?十九大再次强调政府职能转变,那么这一转变到底转向哪里?

二、新发展观与政府职能的整体性履行

正如前面讲到的,中国政府的职能从经济建设转向公共服务是有其特殊的历史的。它是阶段性的,是随着时间的变化而变化的。但是,对某一职能的重视尽管有助于解决当时所面临的问题,但往往也会造成对其他职能的忽视,以至于产生负面作用。比如,大搞经济建设导致环境污染、资源受到破坏、民生相对遭到忽视;而服务型政府的建设也带来了分配的不公、资源配置不合

理、民众的权利受到伤害等。另外,在重视单一职能(从重视经济建设到重视公共服务)的过程中也产生了一些共有的问题,比如因忽略政府自身建设而导致的官员腐败,因缺乏文化方面的建设而导致的社会价值的畸形和道德水准的下降,因忽略政治建设而产生的公权力滥用,以及由此导致的群体性冲突,等等。这表明,如何使政府整体性地行使其职能,消弭因强调某一职能而可能带来的对其他职能的相对忽略以及由此导致的各种负面问题,从而实现社会的健康发展已经被提上了日程。

也正是在这一背景下,十九大提出了以人民为中心的新发展观,即"不断促进人的全面发展、全体人民共同富裕"的发展观。这一发展观强调的是一种整体性的发展策略,也就是"五位一体"(即政治建设、经济建设、社会建设、文化建设和生态文明建设)的总体布局和发展策略。根据十九大报告,政治建设要发展社会主义民主政治,要体现人民意志、保障人民权益、激发人民创造活力,用制度体系保证人民当家作主。文化建设要推动社会主义文化繁荣兴盛,满足人民过上美好生活的新期待,必须提供丰富的精神食粮。社会建设要加强和创新社会治理,始终把人民利益摆在至高无上的地位。经济建设要使改革发展成果更多更公平地惠及全体人民,使人民获得感、幸福感、安全感更加充实、更有保障、更可持续,朝着实现全体人民共同富裕不断前进。生态文明建设既要创造更多物质财富和精神财富以满足人民日益增长的美好生活需要,也要提供更多优质生态产品以满足人民日益增长的优美生态环境需要。这样一种全方位的"五位一体"的发展策略要求政府职能发生一个从注重单一职能到注重平衡政府所有职能的变化,从五个方面建设的角度整体性地行使政府职能。

之所以如此,首先是环境发生了变化。这一变化的一个重要表现在于经济进入了新常态,多年高速经济增长累积的问题在进入新常态(即从高速的经济增长开始转向高中速的增长)后对长期来政府主导的经济发展模式提出了挑战。正因为如此,十八届三中全会提出要让市场在资源的配置中发挥决定性的作用。这对服务型政府意味着什么?服务型政府尽管实现了从经济建设向公共服务的职能重心的转变,但在行使其经济建设职能(它依然是政府的一项职能)的方式上,并没有改变在经济建设时期形成的政府主导经济的发展模式。这导致政府将生产主体和分配主体集于一身,从而使政府在两者发生矛盾时陷入被动,在两者之间摇摆。政府主导经济发展的模式在进入经济新常态后已经显示了它的不可持续性,让市场在资源的配置中发挥决定性的作用事实上就是要改变政府主导经济的模式,而解决这一问题需要涉及政治、社会、文化、经济等多种因素的改革,需要政府重新平衡其职能以及改变职能的行使方式。

其次是社会的基本矛盾发生了变化。经过多年的发展,中国的社会基本矛盾发生了新的变化。十九大把这一矛盾表述为"人民日益增长的美好生活需要和不平衡不充分的发展之间的矛盾"。这样,如何解决不平衡不充分的发展以满足人民日益增长的美好生活需要事实上成了政府工作的一个中心,成了政府的重中之重。就政府而言,满足人民群众日益增长的美好生活需要,应从政治建设、经济建设、文化建设、社会建设和生态文明建设五个方面整体性地来行使政府的职能。强调某一职能或建设而不考虑整体的推进无法取得全面的成效,也无法有效地进一步履行某一职能或推进某一方面的建设。就提供公共服务而言,其目的是要满足人民日益增长的美好生活的需要,但人民的这一需求是一个动态的概念,而且这一需求也不仅仅表现在物质方面,正如十九大报告指出的,"人民美好生活需要日益广泛,不仅对物质文化生活提出了更高要求,而且在民主、法治、公平、正义、安全、环境等方面的要求日益增长"[1]。尽管服务型政府在公共服务方面取得了前所未有的进步,但毋庸置疑,社会对公共服务的理解以及政府公共服务的实际提供还是主要局限在物质层面,而对人民的政治权利的尊重、对公权力的制约和对公民权利的保护则被相对忽略,这在某种程度上也是腐败、干群冲突、群体性事件等产生的一个重要原因。解决这一问题需要从"五位一体"的角度,尤其是从政治建设的角度着手,舍此很难解决这样的问题。

从"五位一体"的角度解决问题,要求政府在履行其职能时,对五个方面的建设的互相关系有一个正确的认识。对这一关系的一个比较认可的理解是"经济建设是根本,政治建设是保障,文化建设是灵魂,社会建设是条件,生态文明建设是基础,这五个方面是相互影响的"[2]。这表明,从整个社会发展的角

---

[1] 习近平:《决胜全面建成小康社会 夺取新时代中国特色社会主义伟大胜利——在中国共产党第十九次全国代表大会上的报告》(2017年10月18日),人民出版社2017年版,第11页。

[2] 辛向阳:《论中国特色社会主义事业"五位一体"总体布局》,《北京日报》,2012年8月6日。

度来看,五个方面的建设是缺一不可的,它们是一种相辅相成的关系。"五位一体"的提出本身就是一个不断完善的过程。改革之初主要强调以经济建设为中心或经济现代化。进入21世纪后,十六大报告在经济建设之外,增加政治建设和文化建设。十七大在原来的基础上又增加了社会建设。到十八大,才提出了"五位一体"(经济建设、政治建设、文化建设、社会建设、生态文明建设)的发展,增加了生态文明建设。这样的一种认识过程既是对社会发展不同阶段所涉层面的一种概括和总结,在某种程度上也是对以往强调某一建设而忽略其他建设带来的负面作用的一种修正或补充,因为五个建设基本上涵盖了一个社会发展的所有主要方面。"五位一体"总体布局的提出表明,我们的社会已经发展到了需要从五个建设同时推进的阶段,对政府而言,也意味着政府在履行其职能时,注重单一职能而忽略其他的做法已经不能适应这一需要。

整体性地履行政府职能需要从整体和系统的角度去理解职能重点、履行方式以及五个建设之间的关系。五个建设尽管相辅相成,不可或缺,但这并不表明在发展过程中它们的重要性在任何时候都是一样的。在不同阶段,某个方面的建设可能相对更重要,正如改革之初,经济建设是重中之重一样。问题在于,对某一方面建设的重视不能导致对其他方面的偏废("五位一体"的提出在某种程度上也可以理解为对这种状况的一种纠偏),必须考虑注重某一建设后产生的整体结果。此外,要处理好政治建设与其他建设之间的关系。中国的实践表明,政治建设在我国更具有基础性的特点,政治的因素几乎影响其他的所有方面。即便就经济建设而言,选择一种什么样的经济发展体制,其实质是政治问题(在这一问题上曾产生过的"姓资姓社"的争论事实上就是政治争论),而这样的经济体制的选择和确立本身在很大程度上就决定了经济的发展,正如我国的市场经济体制表明的那样。公共服务的提供也一样。资源分配需要有一套公平公正的法律和规章制度来加以保障,有一个秉持公平公正原则行事的政府,而这恰恰也是政治建设的主要内容。此外,社会秩序的维护、民众权利的保护、公权力受到制约,等等,所以这些都是其他方面的建设不可或缺的前提性条件。因此,在任何发展的阶段都需要给政治建设以更多的关注。此外,还需要从整体性的角度考虑职能履行的方式。一些局部可行的方式带来的全局性的结果可能并不理想,一些某段时期内可行的方式过了一段时间后可能就不可行了。"五位一体"是由经济建设、政治建设、文化建设、社会建设和生态文明建设五个部分构成的一个整体,按照系统理论,若要获得系统的整体效应(也就是整体大于部分的简单相加),就需要在五个部分之间进行良性互动和优势互补。整体性职能的履行旨在获得"五位一体"的整体效应,这一整体效应就是"以人民为中心"的新发展观指出的"不断促进人的全面发展和全体人民共同富裕"。

整体性地履行政府职能也是与社会的可持续发展理念相一致的。人的全面发展和全体人民共同富裕是需要社会条件的。政府的作用,如果讲得简单一点,就是为人的全面发展创造良好的外部环境条件,而这一条件必须是可持续性的。可持续发展指的是"在不损害子孙后代满足自身需求的能力的情况下满足当前需求的发展"[①]。这里的发展最初是用来表述人和自然关系的,主要在环境保护方面讲得比较多。但这一概念后来经过发展演变成了包括环境、经济、政治和文化在内的整个社会的发展。不管可持续发展概念有什么变化和不同,可持续发展理论强调一种共同发展、协调发展、多维发展、公平发展和高效发展。尽管这样一种发展更多是从全球角度来讲的,但它也适合国内的发展。这样一种发展要求政府在行使其职能中全方位地考虑问题,如:考虑缩小地区间、城乡间的差别,共享改革发展成果,考虑基本公共服务和公共福利的均等化,以实现共同发展;考虑五个方面的协调发展;考虑满足不同地区、不同人群需要的多维发展;考虑资源配置的公平发展,也考虑如何提高履行职能方式的高效发展。

三、从职能回归本质:走向现代政府

第一,整体性履行政府职能需要服务型政府完成一个从职能意义上的服务型政府向实质意义上的服务型政府的回归,也就是向政府的本源回归。本源意义上的政府应该是一个有限政府、法治政府、责任政府、透明政府和高效政府,简言之,就是一个现代政府。这一政府的总体特征体现在如下五个方面。(1)政府的权力是人民授予的,政府权力是受到限制的,政府权力的运行是有边界的,这里不仅涉及政府权力的合法性基础,涉及各种权力之间的互相

---

① World Commission on Environment and Development, *Our Common Future*, 1987.

制约,也涉及社会、国家和市场的关系。(2)政府的行政行为是合法的,是符合相关的法定程序和规则的,这里不仅涉及政府的理念问题,也涉及整个社会的法治文化问题。(3)政府对自己的行为承担责任,而且这些行为是可以被问责的,因为对责任的承诺和追责可以有效地抵御不作为和乱作为。(4)政府的行为是公开的,它的活动是透明的,它奉行的原则是政府的行为必须让人民了解并受到人民的检验,这里不仅涉及政府的活动方式,更重要的是涉及人民的知情权和参与权。(5)绩效是政府行为的出发点和归宿,它体现了政府存在的意义。这一绩效包括了经济、效率、效益和公平等几个层面,并且是可以被评估的。

强调政府本源的重要性,在于政府是推进"五位一体"的主体。有效地履行政府各项职能需要有一个现代政府(当然,现代政府本身也是一个不断改进和完善的过程)。在政府本身具有缺陷的情况下,政府是无法有效地履行其职能的。比如,在社会、市场和国家边界不清(也即政府本身权力边界不清)的情况下,政府的行为往往会出现越界的现象。以行政审批改革为例,改了几十年,"放管服"的改革终于开始从权力清单的角度来着手改革,这一改革与其说是政府职能的转变,不如从更宏观的意义上说是在建构现代政府,因为这一职能转变不仅仅涉及职能问题,它还涉及政府其他方面的问题,不把职能转变与这一点联系起来,问题是解决不了的。行政审批改革几十年来进展缓慢,其原因也在这里,因为改革涉及政府的自身利益,解决这一问题需要的是进行政治建设,或政治体制方面的改革。

第二,需要从"五位一体"发展的角度来把握整体性地履行政府职能。五个方面的建设内涵丰富,其重要性在每个阶段会有不同,这导致政府在履行其职能时会有轻重。尽管如此,五项建设的整体推进是必须的,不能顾其一点,不及其余。在这里,把握五者之间的关系,把握每项建设的重点很重要,具体需要考量如下内容。

在政治建设方面,就是推进政治民主的建设,"更加注重健全民主制度,丰富民主形式,保证人民依法实行民主选举、民主决策、民主管理、民主监督"[①]。

---

① 胡锦涛:《坚定不移沿着中国特色社会主义道路前进　为全面建成小康社会而奋斗——在中国共产党第十八次全国代表大会上的报告》,第五部分"坚持走中国特色社会主义政治发展道路和推进政治体制改革"。

具体来说,包括:(1)保护人民的权利,除了人的隐私权、财产权、生命权等必须得到保护外,人的政治权利更应得到尊重和保护,因为它直接关系到人民参与国家治理的问题;(2)制约公权力,防止权力滥用,因为公权力有时会伤害民众的权利;(3)人民参与国家事务管理,"保证人大依法行使立法权、监督权、决定权、任免权"①。

在经济建设方面,坚持市场经济制度的基本原则,致力解决以下几个问题。(1)政府与市场的关系问题。这是一个自建立市场经济体制以来一直存在并至今还未得有效解决的问题,比如这方面的一项极为重要的政企分开改革多年来进展不尽如人意,它需要政府的角色和职能发生一个根本的转变。(2)经济发展模式问题,需要改变长期来经济发展的完全由政府主导的模式,让市场在资源的配置中发挥决定性的作用。(3)市场主体之间的关系问题,需要培育和维护一个良好的市场环境,使各类市场主体能够在这样的环境中进行平等公正的竞争,以此推动社会的进步和经济的发展。

社会建设的主题是合作和谐。这一维度需要关注如下方面。(1)促进社会组织的成长,进一步培育社会组织的独立性、自主性以及组织的自治,这是政社合作解决公共事务的基础。(2)正确处理利益集团的诉求和利益的分配。市场经济带来了社会利益的多元和分化,导致了利益集团的出现。平衡这些利益之间的关系、在这些利益之间进行公正的分配,并无偏私地处理这些利益之间的矛盾是维护社会稳定的一个重要条件。(3)加强民生建设。社会建设要以民生为本,不断扩大公共服务数量和提高公共服务的质量,不断提高人民的社会保障程度是建立一个和谐社会的基础。

文化建设的核心是多元开放。这里涉及下列几个方面内容。(1)传统文化与现代文化的融合。文化建设需要在融合传统文化和西方文化的基础上,为现代文化注入中国的元素,以此来增强中国的软实力,并为人类的现代文明提供中国的贡献。(2)社会主义核心价值观的推广。社会主义核心价值观(富强、民主、文明、和谐、自由、平等、公正、法治、爱国、敬业、诚信、友善),涉及国家、社会和个人层面的价值取向、价值目标和价值准则。这一价值观事实上具

---

① 习近平:《决胜全面建成小康社会 夺取新时代中国特色社会主义伟大胜利——在中国共产党第十九次全国代表大会上的报告》(2017 年 10 月 18 日),人民出版社 2017 年版,第 37 页。

有普遍的意义,应该成为我国文化建设的基本内核。(3)提供丰富多样的文化产品,满足人民的精神需求。政府需要提供公益性文化产品,并保障有一个公平竞争的文化市场环境,对文化产品坚持的一个原则应该是百花齐放、百家争鸣。

在生态文明建设方面,其主题是环境友好。具体而言需要处理好如下问题。(1)处理好经济发展和环境保护之间的关系,不能走极端。(2)正确处理由环境问题引发的群体性事件。这不仅要求政府对经济发展和环境保护两者的关系以及民众的权利抱有一种正确的认识,还要求具有一种很强的决策能力和处理突发事件的能力。(3)进行环境保护和修复的问责和绩效评估。随着经济的发展,环保的重要性日益体现。国家层面出台了不少相关的政策,严格的问责制和绩效评估制可以用来保证政策得到贯彻执行。[①]

第三,通过机构改革加快现代政府的建构。政府职能转变是机构改革的产物,每一次机构改革都强调转变政府职能是关键。问题是这样的转变怎样才算到位?转变总有结束的时候,那么转变完成的标志是什么?这一标志在笔者看来就是回归政府本源,在涉及现代政府建构的一些基本问题上建立稳定的制度性框架,因为这是政府恰当履行其职能的条件和保证。

机构改革通常包括结构和流程两个方面。结构涉及的是关系问题,涉及流程或功能之间的排列组合以及由此产生的体制架构问题;而流程则更多涉及的是过程和技术问题,它更多指的是政府内部的运作层面。前者涉及价值问题,因而更多地涉及政治层面。后者涉及效率问题,主要是技术层面的问题。结构和流程,也即关系和过程两者是一种互为补充、互为促进的关系。关系界定了流程运作的目的和方式,而流程则不断对关系的界定和再界定提供所需要的来源。

自 20 世纪 90 年代以来,在很长一段时间里,我国的机构改革主要集中在政府运作流程和技术的改革上,尽管改革取得了不少成绩,但这种局限于流程的改革也使很多问题一直得不到有效解决(比如政企分开、政社分开、职能转变等方面的改革讲了差不多三十年还在讲,就表明问题并没有得到解决),并

---

① 竺乾威:《社会主要矛盾变化与新发展观:政府角度的分析》,《湘潭大学学报》(哲学社会科学版) 2018 年第 5 期。

不断地滋生一些新的问题,如前面讲到的官员腐败、民众权利受到侵害等一系列问题。2012年后,机构改革开始越来越多地涉及结构和关系方面的改革。有两个例子是明显的。一是多年来进展缓慢的行政审批改革开始从权力结构(确立权力清单)来解决这一问题背后的国家、市场和社会的关系问题,并以此来解决政府的职能转变问题。二是2018年机构改革。20世纪90年代后的机构改革基本上局限在政府内部,这事实上也是一些问题难以得到解决以及一些新问题产生的一个来源。2018年机构改革的不同,在于它是一种涉及与政府相连的几乎所有的重要部门的系统性和整体性的改革,涉及关系、结构等更多制度性层面的东西。机构改革的轨迹表明,改革最终还是从注重技术流程的改革走向注重结构和关系的改革,而这样的改革对于建构一个现代政府是最重要的。

完成建构一个现代政府的使命,未来的机构改革需要从国家治理现代化的高度来加以推进。之所以如此,在于国家治理现代化是机构改革的目标。国家治理的最重要主体就是政府,一个非现代的政府是无法有效地履行其职能的,是无法承担国家治理现代化的使命的。此外,国家治理体系是一个包括了政治体制、行政体制、经济体制、文化体制和社会体制的系统。从国家治理现代化的高度来进行机构改革,也有助于机构改革从系统的角度出发,在其主要涉及行政体制的改革中与其他几个方面进行互动,并借助其他几个体系尤其是政治体系的支持和配合来推进改革。这些体制的改革在某种程度也是"五位一体"涉及的五个方面的建设的内容。因此,可以将未来的机构改革与五个方面的建设联系起来,以尽快完成这样一个改革过程,并最终解决已经进行了差不多三十年(转变政府职能是在1986年第二次机构改革中第一次提出来的)的政府职能转变问题。

Service-Oriented Government: From Function to Essence

Abstract: The new concept of development with people being centered requires the government performs its functions from the "five-sphere integrated plan": a plan to promote coordinated economic, political, cultural, social and ecological advancement. This means government needs to change its focus on just a single function as previous did, and make government itself with its power restricted, lawful, responsible, transparent and efficient. The institutional reform in the future should aim at promoting the construction of modern government.

社会主要矛盾变化与新发展观：
政府角度的分析*

摘要： 解决社会主要矛盾需要有一种新的发展观。"五位一体"总体布局是一种"以人民为中心"这一新发展观的顶层设计。五个方面的建设是一种相辅相成的关系，它们的互动对于解决社会主要矛盾、实现国家现代化具有重要影响。推进新发展观需要在顶层设计与基层创新、政府协调与合作治理、激励机制与能力提升、规范约束与改革突破、问责制度与绩效评估、结构完善与流程改进等方面进行一些策略性的思考。

一、从"以经济建设为中心"到"以人民为中心"

中共十九大对中国社会认识的一个命题是当今社会的主要矛盾是"人民日益增长的美好生活需要和不平衡不充分的发展之间的矛盾"①。这一社会矛盾新的变化对于政府确立新的发展观提供了一个基本的指导，因为如何解决不平衡不充分的发展以满足人民日益增长的美好生活需要事实上成了政府工作的一个中心，成了政府工作的重中之重。

不平衡和不充分的发展与改革的战略有关。改革初期，我国确立的是"以经济建设为中心"的发展观，实施的是经济上的赶超战略，选择的路径是差异化，也就是梯度发展的策略。这一策略的基本点就是先集中有限的资源发展各方面条件较好的东部地区，然后逐步向西部地区推进。集中有限的资源首先用于改革能尽快产生效益的领域，然后推动其他领域的发展。选择这一战略的出发点是资源的有限性，以及让有限的资源发

---

* 本文原发表于《湘潭大学学报》2018年第5期，第20—25页。
① 习近平：《决胜全面建成小康社会 夺取新时代中国特色社会主义伟大胜利——在中国共产党第十九次全国代表大会上的报告》（2017年10月18日），人民出版社2017年版，第11页。

挥最大的效益。与这一战略相适应的是，在效率和公平之间政府首先选择了效率，改变落后的经济面貌是首位的，因为效率涉及的是生产，而公平涉及的是分配。要分配，就要有资源，在没有资源分配的情况下，公平几乎就是一句空话。

与此相适应的是，进行经济建设在改革的前期成为政府工作的重点，发展是硬道理。GDP成了政府工作的首要追求，成了衡量政府绩效的最重要的标准，也成了干部评价的一项重要指标。在经济体制发生转变后，我国逐步形成了具有中国特色的政府主导的市场经济体制。这一模式在较短的时间里取得了成功。一个标志性的事件就是中国经济的巨大进步，人民生活水平得到了极大的提高。今天，中国在短短的三四十年时间里成为全球第二大的经济实体，平心而论，这是与改革之初选择的以经济建设为中心的发展战略模式相关的。

进入21世纪以来，这一发展模式面临了一次转折。在经历了多年的发展之后，发展的不平衡和不充分问题凸显了出来。这主要表现在以下几个方面。首先，在进行初期的资源积累后，分配的问题尤其是分配的公平性问题开始成为一个重要的社会问题。其次，政府对经济增长发展的关注导致对公共服务和社会保障方面的忽略。2003年爆发的"非典"疫情集中反映了中国政府在公共卫生服务领域里的一种极为尴尬的状况。再者，地区之间、行业之间、民众收入之间的差距开始凸显。最后，随着生活水平的提高，民众的要求也有所提高，公共服务资源尤其是优质资源的短缺(如教育资源、卫生资源、医疗资源等涉及民众基本生活方面的优质资源的短缺)已经成为发展的一个短板。所有这些表明，经济建设强调的资源生产的重要性在相对下降，而资源分配的重要性在增加。正是在这一背景下，中国政府的职能发生了一次重大的转变。这一变化就是从原来的对资源生产财富创造的重视开始转向对资源和财富分配的重视，一个标志性的转折就是2004年开始的服务型政府建设，以及强调政府的四项职能即经济调节、市场监管、社会管理和公共服务，并把后两项职能提到更高的高度。政府在效率和公平之间开始转向公平。与此同时，随着中国高速经济发展在进行了多年之后转向中高速的发展，中国的经济发展进入了一个新常态。这一新常态对长期以来的政府主导经济的发展模式提出了挑战。因此，十八届三中全会提出了一个著名的论断：让市场在资源的配置中发挥决定性的作用。① 这意味着与原有的政府主导经济的发展模式告别,也意味着政府将更多的注意力转向经济发展以外的方面。

  这一简单的回顾表明,当前中国社会的主要矛盾的形成和发展是有它的历史条件的,这一矛盾的凸显恰恰是发生在这个社会获得了相对的经济繁荣之后,发生在大部分民众基本上满足了生活的必需之后。"人民美好生活需要日益广泛,不仅对物质文化生活提出了更高要求,而且在民主、法治、公平、正义、安全、环境等方面的要求日益增长。"②这表明,人民对美好生活需要的追求是不断的,而且在满足了一定的需求后往往会产生一个更大的预期,这一需求是无限的,而且随着生活的提高会有放大效应。从这个意义上讲,满足这一需求的发展永远是不充分和不平衡的。这一不平衡有两个方面的含义。首先就需求来说,需求本身具有不平衡性。尽管需求有共同的一面,比如对衣食住行的基本需求大家都是一样的,但在需求的层次上有不同。这是发展造成的,比如贫困地区和富裕地区,前者的需求更多的还可能在物质层面,而后者可能更多地转向精神领域。这里意味着两点:一是需要在满足民众基本需求的基础上满足不同层次的需求;二是需要逐步缩小层次之间的差别,走向共同富裕(当然这也是相对的),让全体人民共享发展的成果。其次,从供给的角度讲,必须很清楚,完全满足需求是不可能的,也是做不到的,因为用于满足需求的资源总是有限的。这两个方面对政府来说意味着什么? 它对政府提出了什么新的要求? 简单来说,就是要在资源的生产和分配之间取得平衡。首先,满足需求意味着需要有源源不断产生的新的资源的供给,这是生产要解决的问题,因而对政府提出的一个新的要求就是如何在更高的水平上提供满足民众需求的资源。其次,有了资源,就要考虑如何缩小需求的差别层次的问题,这是分配要解决的问题。强调资源生产的"以经济建设为中心"的发展观显然无法平衡这两者之间的关系,无法解决越来越凸显的发展不平衡不充分与人民对美好生活的需求这两者之间的矛盾。解决这一问题需要有一种新的发展观。

---

① 《中共中央关于全面深化改革若干问题的决定》(2013 年 11 月 15 日),中国共产党新闻网,http://cpc.people.com.cn/n/2013/1115/c64094-23559163.html,最后浏览日期:2020 年 8 月 14 日。
② 习近平:《决胜全面建成小康社会　夺取新时代中国特色社会主义伟大胜利——在中国共产党第十九次全国代表大会上的报告》(2017 年 10 月 18 日),人民出版社 2017 年版,第 11 页。

这一新的发展观就是十九大提出的"以人民为中心"的发展观。提出这一发展观,其原因在于,与差不多四十年前提出的"以经济建设为中心"的发展观和发展的策略以及采取的发展路径相比,今天面临的情况发生了巨大的变化。改革之初提出以经济建设为中心,是因为当时社会要解决的主要问题是尽快改变国家经济落后的面貌和提高人民的物质生活水平,因而当务之急是进行财富的生产和资源的积累。后来的发展表明,这一发展策略是成功的。中国经济的快速增长和人民生活水平的提高就是一个明证,而这是任何其他发展的一个基础。就这一点而言,"以经济发展为中心"的发展观的历史地位怎么说都是不过分的。但是,在强调经济建设的过程中,我们相对忽略了政治、社会、文化和环境等方面的建设,这导致经济的发展在一定程度上忽略甚至侵犯民众的权利,以至涉及社会矛盾和冲突的群体性事件日益增多,维稳成为社会管理中最重要的问题之一;对必要的和公正的分配的忽略,导致民众必须享有的公共资源的紧张,看病、上学、住房、食品安全等一系列民生问题一时成为社会关注的重点,导致贫富差距的扩大和地区差别的扩大;片面的经济发展也带来了环境的污染以及金钱至上的价值观的泛滥。所有这些表明,原有的以经济建设为中心的发展模式在一个新的历史条件下,已经无法有效地去解决社会面临的发展不充分不平衡与人民日益增长的美好生活需要这一新的基本矛盾,以及由这一基本矛盾衍生的其他一系列矛盾和问题。以人民为中心的新的发展观正是在这样的背景下应运而生的,它的核心是"五位一体"的发展,也就是十八大提出的经济建设、政治建设、文化建设、社会建设、生态文明建设"五位一体"的总体布局,促进现代化建设各方面相协调,促进生产关系与生产力、上层建筑与经济基础相协调,不断开拓生产发展、生活富裕、生态良好的文明发展道路。①

以人民为中心的发展观和以经济建设为中心的发展观既有联系也有区别。以人民为中心的发展需要以经济发展作为基础。满足人民日益增长的物质需求需要发展经济来保证,从这个意义上讲,以人民为中心的发展是以经济建设为中心的延续,它不是对经济建设的否定或排斥,经济建设是以人民为中

---

① 胡锦涛:《坚定不移沿着中国特色社会主义道路前进 为全面建成小康社会而奋斗——在中国共产党第十八次全国代表大会上的报告》,2012 年 11 月 8 日。

心的发展观的应有之义,两者不能被割裂开来,它是新的历史条件下的一种发展。两者的区别在于,如果说经济建设更强调资源和财富的生产,而以人民为中心的发展则强调资源和财富的生产和公平分配并重,强调物质的生产和精神的培育并重,强调政治建设、经济建设、社会建设、文化建设和环境建设的同步发展,并在这一全面的建设中,逐步解决发展不平衡不充分与人民日益增长的美好生活需要这一社会的主要矛盾,实现人的全面发展。这是一种均衡的、包容性的发展,是一种让全体人民共同分享发展带来的成果的发展,而这样的发展才是一种给社会带来长治久安的可持续性的发展。

此外,以人民为中心的发展观也反映了马克思主义的"人民是历史的创造者"这样一种思想和理念。人民是社会主义国家的主人,对政府来说,坚持人民主体地位是践行全心全意为人民服务的根本宗旨的保证,是政府治国理政全部活动的意义所在。它不仅仅是一种理念,也是一种可以带来结果的行动准则。

二、"五位一体":新发展观的顶层设计

以人民为中心的发展观强调的是一种整体的发展,也就是"五位一体",即政治建设、经济建设、社会建设、文化建设和生态文明建设一体的发展。

"五位一体"的总体布局本身就经历了一个发展变化的过程。在一定程度上,这一布局的演变背后的逻辑是对社会主要矛盾变化的认识。改革之初主要强调以经济建设为中心或经济现代化,这也可以说是"一位一体"的发展。在某种程度上这是基于对当时认为的社会基本矛盾,即"先进的生产关系与落后的生产力之间的矛盾"的一种认识,要大力发展生产力。事实上,后来的发展表明,原先对这一基本矛盾的认识是有偏差的,尤其是对先进的生产关系的认识。在马克思主义看来,一定的生产关系是由生产力状况决定的,此外,生产关系也会反作用于生产力,当生产关系适合生产力的状况时,就会对生产力的发展起推动作用,反之就会起阻碍作用。在当时,落后的生产力是真,而先进的生产关系则未必。生产关系涉及的所有制形式和分配方式后来表明都经不起历史的检验,而恰恰是后来建立起来的市场经济体制才真正适应了生产力发展的状况,从而带来了中国经济几十年的增长。在这过程中,以经济建设

为中心带动的生产力的发展对于生产关系的改变和突破所起的作用是显而易见的。进入21世纪后,十六大报告开始提出"三位一体"(即经济建设、政治建设、文化建设)的发展,增加了政治建设和文化建设。十六大对社会基本矛盾的看法发生了一个很大的变化,把这一矛盾定位于"人民的需求与落后的生产力的矛盾"①。"三位一体"的发展看到了在经过多年的经济发展后带来的民众对公共产品和公共服务的需求的增加,而现有的生产力事实上无法很好地满足这一需求。这一点在2003年的"非典"疫情中表现得很明显,因而自此后开始了服务型政府的建设,并把社会管理和公共服务作为政府的两项最重要的职能。但是,"三位一体"的发展更多对应的是当时提出的"三个代表"重要思想。"三个代表"重要思想认为,中国共产党要始终代表中国先进生产力的发展要求,始终代表中国先进文化的前进方向,始终代表中国最广大人民的根本利益。这三个方面就是经济、文化和政治。共产党要在这三个方面的建设中发挥其先进作用。到了十七大,则提出了"四位一体"(经济建设、政治建设、文化建设和社会建设)的发展,在原来的基础上又增加了社会建设。十八大则提出了"五位一体"(经济建设、政治建设、文化建设、社会建设、生态文明建设)的发展,增加了生态文明建设。而十九大则将中国社会的主要矛盾定位于"人民日益增长的美好生活需要和不平衡不充分的发展之间的矛盾"。这表明,生产力已经不再落后,问题是发展的不平衡不充分。而这一发展是一种全面性的发展,因而它囊括了整个中国社会发展的最重要的方面,即经济、政治、文化、社会和生态文明。

"五位一体"的总体布局涉及两个问题。一是五个方面的建设相互之间是一种什么关系?其中某一个方面的问题的解决在多大程度上取决于其他几个方面的问题的解决?二是每一个方面的建设目前要解决的主要问题是什么?

对于第一个问题,辛向阳的说法是:"经济建设是根本,政治建设是保障,文化建设是灵魂,社会建设是条件,生态文明建设是基础,这五个方面是相互影响的。"②这个说法当然是可以接受的,但问题在于我们可能更关注它们是如

---

① 江泽民:《全面建设小康社会,开创中国特色社会主义事业新局面——在中国共产党第十六次全国代表大会上的报告》,2002年11月8日。
② 辛向阳:《五位一体》(2012年11月25日),人民网,http://theory.people.com.cn/n/2012/1125/c40531-19687892.html,最后浏览日期:2020年7月29日。

何互相影响的,影响的方式是什么?在这里,系统理论可以帮助我们更好地理解这一问题。首先,可以把五个方面的建设看成国家现代化(国家现代化当然应该是"以人民为中心"作为其取向的)这一系统中的部分。根据系统理论,部分之间的互动会对整体产生影响,这个整体就是国家现代化。因此,如何使这五个部分形成一种良性互动和优势互补,从而有助于国家现代化的实现,是需要考虑的一个问题。其次,这种互动产生的整体效应才是我们最关注的,这一效应就是通常讲到的"贝塔朗菲原理",即整体大于部分的简单相加。毫无疑问,这五者之间的关系是一种相辅相成的关系。任何一个部分都需要与其他部分的良性互动和优势互补才能产生一个优良的整体效应。但是,这五个部分也是一个矛盾体。一个部分的发展可能会对另一部分的发展带来负面影响。比如,经济建设尤其是工业化的进程无疑会对环境造成破坏,导致环境污染,由此也会引发社会问题,甚至政治问题。这样,经济建设与环境保护就面临了一个两难选择。先行的西方现代化国家和我国自身的经历都表明,我们走的是同一条"先发展,后治理"的路子。我们曾经想跨越,想既发展,又环保,两个方面同时进行,但事实表明做不到。解决这一矛盾的做法就是将两个部分放到一个特定的历史阶段,看在这个阶段里哪个是需要解决的问题的主要方面。正如改革初期我们在效率和公平之间首先选择效率一样,因为当时的当务之急是发展经济、提高生产力,在尽可能短的时间里改变中国经济的落后面貌,因此生产占了主导面。而到了 21 世纪,我们开始在这两者当中转向公平,因为随着资源和财富的积累,分配占了主导面。这表明,部分之间的关系是一种动态关系,互相之间的矛盾的主导面会随着时间的推移发生变化。因此,对应"五位一体"的总体布局,也需要运用这样的观点来加以理解。

对于第一个问题的第二小点,五个部分是同等重要,因此在发展的过程中需要平分秋色,还是五个部分之间本身就有轻重之分?笔者以为,尽管在不同的阶段,某一个部分可能会显示出它比其他部分更重要,比如在经济大发展时期,经济建设显然显得更重要。但中国的实践表明,政治建设相比较之下一般来说具备着更大的重要性。政治因素几乎影响了其他的所有方面,即便就经济建设而言,选择一种什么样的经济发展体制,其实质也是政治问题(在这一问题上曾产生过的"姓资姓社"的争论事实上就是政治争论),而这样的经济体制的选择和确立本身在很大程度上就决定了经济的发展,正如我国的市场经济体制表明的那样。正是对计划经济体制的颠覆（这本身是一种政治行为），市场经济体制才给中国的经济发展带来了春天。这表明，政治建设相比较而言是一种更加基础性的建设，几乎在任何发展的阶段都需要给它以更多的关注。

第二个问题涉及这五个方面的建设在现阶段应该包括什么样的内容，需要解决的主要问题是什么？

首先是政治建设。政治建设的主题应该是政治民主。十八大报告在谈到政治体制改革时指出，要"更加注重健全民主制度，丰富民主形式，保证人民依法实行民主选举、民主决策、民主管理、民主监督"①。十九大报告也指出要"保证人民依法实行民主选举、民主协商、民主决策、民主管理、民主监督"②。那么，围绕政治民主的建设包括哪些内容？笔者认为以下三点是主要的。(1)人民权利的保护。人民的权利涉及多个方面，有政治的、经济的、社会的，等等。对人权的保护，法律赋予的人的权利不能受到侵害是政治文明的一个最起码的标志。除了人的隐私权、财产权、生命权等必须得到保护外，人的政治权利更应得到尊重和保护，因为它直接关系到人民参与国家治理的问题。正因为如此，十九大报告指出要"加强人权法制保障……保障人民知情权、参与权、表达权、监督权"③。(2)制约公权力。对人民权利的保护也意味着对公权力的制约，宪法的精髓事实上也就是这两点。对公权力进行制约，是因为公权力有时会做出伤害人的权利的举动。在我们的社会里，公权力被滥用时有耳闻，比如拆迁过程中的权力滥用、城管过程中的权力滥用、维稳过程中的权力滥用等。我国制定的《行政诉讼法》的前提假设就是公权力会被滥用。对公权力的制约当然不仅仅表现在对权力的滥用上，它还表现在对公权力的不恰当使用上，比如权力清单的改革事实上也是一种对政府权力的制约。对公权力的制约需要有法律规章制度的安排，但仅仅凭这一点还是不够的，它还需要整个社会的监督，需要有一种良好的法制文化。(3)人民参与国家事务管理。人民参与国家

---

① 胡锦涛：《坚定不移沿着中国特色社会主义道路前进　为全面建成小康社会而奋斗——在中国共产党第十八次全国代表大会上的报告》，2012年11月8日。
② 习近平：《决胜全面建成小康社会　夺取新时代中国特色社会主义伟大胜利——在中国共产党第十九次全国代表大会上的报告》（2017年10月18日），人民出版社2017年版，第37页。
③ 同上。

事务管理不仅仅表现在一些制度性的设计上,比如我国的人大和政协,十九大强调了发挥这些机构的作用,比如要"支持和保证人大依法行使立法权、监督权、决定权、任免权"①。人民参与国家事务还表现在非体制的各种社会组织和民众个人对国家事务的参与上。事实上,十九大报告也强调了这一点,在谈到推动协商民主时,报告指出:"要推动协商民主广泛、多层、制度化发展,统筹推进政党协商、人大协商、政府协商、政协协商、人民团体协商、基层协商以及社会组织协商。"②当然,参与或协商的具体路径依然是更需要考虑的一个问题。

其次是经济建设。经济建设的主题应该是市场经济,其主要涉及如下三方面问题。(1)政府与市场的关系问题。这个问题的提出是因为改革开放后市场经济体制取代了原有的计划经济体制,这需要政府的角色和职能发生一个根本的转变。简单来说,在政府和市场之间要有一个边界。但是,由于历史的惯性,加上改革前期政府主导经济的发展模式的作用,政府跨越市场边界成了常见的现象。作为解决政府与市场关系以及经济改革体制的一项极为重要的改革——政企分开——多年来进展不尽如人意(30多年来几乎每一次的党代会报告都要提及政企分开就表明了这一点),这一问题势必也会在今后成为经济建设当中亟须解决的问题。(2)经济发展模式的问题。正如前面指出的,改革开放前期中国的经济发展采用的是政府主导的模式,这一模式在经济的高增长阶段通过政府作用,以相当快的速度推进了经济的发展。但在经济进入新常态后,这一模式产生的弊端和副作用使得这一发展模式捉襟见肘,难以为继。因此,十八届三中全会指出要让市场在资源的配置中发挥决定性的作用。但过去几年的历史表明,这方面的进展也不是很大。因此,这里也有一个路径的问题。(3)市场主体之间的关系问题。政府的一个功能就是培育和维护一个良好的市场环境,使各类市场主体能够在这样的环境中进行平等公正的竞争,以此推动社会的进步和经济的发展。在这里,一个老问题是如何使非公有的经济组织享受平等的市场主体地位。

再次是社会建设。社会建设的主题应该是合作和谐。这里涉及的主要问

---

① 习近平:《决胜全面建成小康社会 夺取新时代中国特色社会主义伟大胜利——在中国共产党第十九次全国代表大会上的报告》(2017年10月18日),人民出版社2017年版,第37页。
② 同上书,第38页。

题如下。(1)社会组织的成长。改革开放后社会组织的出现和成长,其背后的逻辑在于,对政府来说,可以通过社会组织的力量来解决社会问题,从而减少政府管理社会的交易成本。因此,政社分开的改革其本意也在于此。尽管通过政社分开的改革社会组织有了长足的发展,但是距离这一改革要达到的目标——社会组织的独立性、自主性以及组织的自治依然有不少的距离。因为唯有此,才能让社会组织在社会的治理中真正发挥作用。对政府来说,才能与社会组织产生一种真正的合作关系。(2)利益集团的诉求和利益的分配。市场经济带来的一个必然结果是社会利益的多元和分化,以及利益集团的出现。平衡这些利益之间的关系、在这些利益之间进行公正的分配,并无偏私地处理这些利益之间的矛盾是维护社会稳定的一个重要条件,也是对政府能力的一个重要考验。未来的社会建设需要进一步拓宽利益集团诉求的途径,使他们的利益要求能够得到表达和反映,同时尽可能满足其合理的要求。(3)民生的增进。社会建设要以民生为本,这是社会稳定的最根本的前提。因此,不断扩大公共服务数量和提高公共服务的质量,不断提高人民的社会保障程度是建立一个和谐社会的基础。与其相对应的是政府需要把精力更多地投放到提供公共服务这一职能上来。

复次是文化建设。文化建设的主题应该是多元开放。这里涉及的主要问题如下。(1)传统文化与现代文化的融合。这里涉及的一个问题是如何看待西方文化和中国传统文化。有两种倾向都是需要防止的。一是毫无保留地全盘接受,一是不加分析地全面排斥。事实上,两种文化都有其精华,也有其糟粕。文化建设需要在融合传统文化和西方文化的基础上,为现代文化注入中国的元素,以此来增强中国的软实力,并为人类的现代文明提供中国的贡献。(2)社会主义核心价值观的推广。社会主义核心价值观(富强、民主、文明、和谐、自由、平等、公正、法治、爱国、敬业、诚信、友善)涉及国家、社会和个人层面的价值取向、价值目标和价值准则。事实上,这一价值观具有普遍的意义,应该成为我国文化建设的基本内核。(3)提供丰富多样的文化产品,满足人民的精神需求。文化产品就其属性来说,可以分为公益性文化产品和商业性文化产品。由于其属性的不同,在通常情况下,政府提供的是公益性的文化产品,而商业性的文化产品则由市场来提供。对于文化市场,政府不能随意加以干预。政府要做的就是保障有一个公平竞争的市场环境,并对文化产品的一些倾向性问题进行检查。对文化产品坚持的一个原则应该是百花齐放、百家争鸣。

最后是生态文明建设。生态文明建设的主题应该是环境友好。生态可以包括自然生态和社会生态(社会生态当然也可以作为社会建设的一个内容,这里主要指自然生态)。生态文明涉及的主要问题如下。(1)处理好经济发展和环境保护之间的关系。尽管今天我们都知道环境的重要性,但在经济发展相对落后的地区,一些政府在现实运作中天平还会向经济发展倾斜,对此,应予以高度重视。(2)处理由环境问题引发的群体性事件。由环境引发的邻避运动在今天时有所闻,它反映了公众对环境以及自身利益的关注。对这类事件的处理不当往往会引发社会稳定问题。这些问题的实质反映了一个社会在经济发展和环境保护两者之间陷入的矛盾。它需要政府用高超的手段来解决这样的矛盾。这不仅要求政府对两者的关系抱有一种正确的认识,而且还必须具有一种很强的决策能力和处理突发事件的能力。(3)进行环境保护和修复的问责和绩效评估。随着经济的发展,环保的重要性日益体现。从国家机构的层面来看,20世纪80年代的环境保护总局作为一个副部级的单位到21世纪升格为一个正部级的环境保护部,本身就表明了这一点。各种环保政策的出台也表明了对环境问题的高度关注。问题是政策的执行。因此,需要通过严格的问责制和绩效评估制来保证政策得到贯彻执行。像"河长制"这样可操作的问责(责任到人,从上到下形成一个责任链)和绩效评估(有具体的评估指标和时间期限)的做法应当得到推广。

三、实践新发展观的策略思考

新发展观的"五位一体"的总体布局需要通过路径的选择来加以实现,而路径的选择在很大程度上受制于策略上的考虑。这些策略上的考虑可以包括以下几个方面。

(一)顶层设计与基层创新

新发展观的实践是一个上下互动的过程,顶层设计需要通过基层的运作来得以实现,而基层的实践则为顶层提供设计和再设计的来源。在确立了总体布局后,基层在执行过程中的创新对于实现顶层设计的意图是至关重要的,其原因在于五个方面的建设在地方的具体表现和进展是不一样的,因为地方的发展水平不是整齐划一的。正因为如此,需要地方根据自身的情况创造性地推进和执行。在这里,如何激发地方的积极性和创造性就成了一个很重要的问题。有两个相关的问题是需要考虑的。一是整个系统如何为地方(局部)的创新提供条件?举例来说,推进五个方面的建设需要政府机构的改革和创新。本轮党和国家机构改革特别强调了在改革中赋予省级及以下机构改革的自主权,也就是地方的改革比以往获得了更多的自主性。但以往地方自下而上的改革表明,由于改革改变了机构的上下对应关系,从而导致改革的结果最终差不多都是回归原有体制,再次上下对齐,左右摆正。本轮改革要解决上下一般粗的问题,那么大的系统和体制如何使地方具有改革的空间?二是如何容忍创新过程中的失败?创新的过程从某种程度来说也是一个纠错的过程。创新一般会涉及做前人没有做过的事情,或对前人的事进行一些实质性的改变或突破,因此在这个过程中犯错是难免的。对犯错要抱有一种容忍的态度,对犯错一律采取一种打压和零容忍的态度只会断送改革和创新的愿望和热情。在这里,更重要的是要改变一种"多做多错,少做少错,不做不错"的官场文化,培育一种鼓励创新和有作为的新官场文化。

(二)政府协调与合作治理

五个方面的建设需要政府动员社会力量的投入和参与。在计划经济时代,国家掌控了社会的所有资源,政府成了所有资源的唯一配置者,其结果是导致国家管理社会的交易成本的提高。今天的发展达成的一个共识是,政府不是在任何场合下都是一个最好的资源配置者。市场资源应该由市场来配置,社会资源应该由社会来配置,市场和社会无法配置的资源才由政府来配置。在这里,一个基本的问题还是国家、社会和市场的关系问题。尽管改革形成了这三种关系,但这一关系的整体格局还是表现为政府的强势。但在经济进入新常态后,这种强势的政府主导模式的弊端日益显现。这就需要充分发挥市场主体的作用,比如,改革过程中的政企分开、政府购买公共服务、政府与私人企业的合作(PPP)等都反映了让市场主体发挥力量的趋势。再以社会建设而言,政社分开的改革就是要使社会组织成为自主独立的组织,从而使它在社会的管理中发挥它的作用。总而言之,推进五个方面的建设需要政府角色的变化,要从无所不包的管理者(尽管与计划时代的角色不可同日而语,但政府仍然在比较深度地干预经济和社会的运作)转变为协调者和合作者,以及价值的共同创造者。

(三) 激励机制与能力提升

实践新发展观需要有做事的动力和能力。动力的激发需要有一套有效的激励机制。有效的激励机制是组织与成员之间的一种心理契约,它是建立在两方的默契和心领神会之上的。在巴纳德看来,组织的运行就是建立在组织向成员提供激励,成员以此向组织做出回报这两者的平衡之上的。在这里,组织提供的激励非常重要,因为它决定了组织成员会做出什么样的反应。好的激励机制不仅能激发人们做事的激情,而且还能通过提供源源不断的物质和精神的东西来满足成员的需要,从而保持这种做事的激情。一段时间来,官场的不作为成为一种引人注目的现象。究其原因,与激励机制的不足有很大的关系。公务员在相当程度上也是一个理性经济人,有着自己的物质追求和精神追求,不能过分强调公务员的组织人和社会人的一面。这要求激励机制的设计必须兼顾这两个方面的特点。如果激励机制无法激励起人们对事业的全身心投入,那么再好的规划和蓝图也只是空中楼阁而已。把一件事情做好,不仅要有做事的激情,而且还要有做事的能力,想做,还要能做。五个方面的建设所面临的挑战是巨大的,无论是理念、流程还是方法,新的东西层出不穷;此外,五个方面的建设面临的问题及其复杂程度也是前所未有的,对公务员的能力(如知识、技能和技术)提出了空前的要求。提升公务员能力已经成为一件刻不容缓的事。在这里,学习型组织的建设和公务员的培训再次显示了它的重要性。

(四) 规范约束与改革突破

规范约束是运作的必要条件,但往往也会成为改革的束缚。推进新的发展观在某种程度上也是一种创新和改革的行动,它必然会对现有的一些规则体系产生冲击。因此,首先对现有的规则体系要抱有一种正确的认识。可以简单地把规则体系分成三类:一类是仍然可以适用的;一类是需要经过修改才能适用的;还有一类是不合时宜需要抛弃的。一方面,对制度要尊重,因为它是用来约束人的行为的。没有制度的约束,就无法形成有效的行动。另一方面,对制度也不能产生迷信,制度是人制定的,它是一定时空条件下的产物。随着时空条件的变化,制度本身也需要变更,以适应新的时空条件的要求。否则这样的规则体系就没有生命力,甚至会对发展产生阻碍作用,成为一种异己的力量。因此,在推进新发展观的过程中的改革和创新本身就包括了对制度的改革和创新,包括了突破旧的制度框框,以便为改革和创新开辟道路。与此同时,改革创新过程中产生和建立的新的规范必须有它的权威。打破旧的规则并不是挑战规则本身具有的权威性,旧的规则被新的规则所取代,是因为它无法适应新的情况,如若挑战规则本身的权威性,那么建立新的规则也就毫无意义了。

（五）问责制度与绩效评估

确保新发展观的推进,需要建立有效的问责制度和绩效评估制度。问责制度包含了主观和客观两个方面。主观方面(英语是 responsibility)是行为者对所承担的行动所负有的一种承诺,他要为此行动的结果自觉地承担起他的责任。对个人来说,这首先是道义上的,它需要一种勇气和一种担当。其次它需要达成这一行动的全身心投入,使这一承诺得以实现。从组织的角度来说,这是任何组织活动得以展开的一个必须具备的条件和保证。客观方面(英语是 accountability,事实上,"可问责的"是一种更好的译法)是行动的客体或与行动相关的利益相关者对行为者行动的一种检视和评价,这种检视和评价是可以追究行为者的责任的。在这里,首先要求的是这种责任制的公开性,其次是追究的可操作性,再者是救济性,也就是行动者承担的责任是大家知晓的,是可以通过相关的制度规章追究其责任的,而这一行为的结果是可以被救济的。有效的问责制度是这两个方面的结合。绩效评估在某种程度上可以把它看作问责制的一个环节,问责的前提是评估。绩效评估的目的在于通过评估,肯定优秀的,改进不良的,最终促使个人的表现满足组织的要求。对组织的评估也如此,其目的在于使组织的表现达到一个更大的体系的要求。比如,要使地方各级政府的部门的表现达到上级政府的要求。评估的另外一个作用在于在行为过程中,可以对行为出现的误差进行及时的修正,从而保证在不付出大的代价的情况下实现组织的目标。评估的标准在某种程度上决定了表现的高度,通常的做法是把评估同组织的战略联系起来。在推进五个方面的建设中,如何把评估与"五位一体"的总体布局联系起来,这是需要考虑的一个问题。

(六) 结构完善与流程改进

组织是推进"五位一体"的最基本和核心的单位。官僚制组织因劳动分工产生的部门林立、职能交叉或重叠而导致的效率不彰往往是组织难以很好地达成其目标的一个原因,因而对组织的体制和运作的改革一直是政府管理的一个应有之义。在这里,需要处理好组织结构与流程的问题。组织的结构要适应流程的需要,并为流程的前行开辟道路,而流程的发展创新也在为改进结构提供来源,并通过结构的改进来进一步为流程的前行提供条件,两者是一个相辅相成的过程。经过多年的改革,2018年党和国家机构改革事实上也是在力图解决这两者的不相适应的情况,尤其是结构不适应流程的状况。正如《中共中央关于深化党和国家机构改革的决定》指出的:"面对新时代新任务提出的新要求,党和国家机构设置和职能配置同统筹推进'五位一体'总体布局、协调推进'四个全面'战略布局的要求还不完全适应,同国家治理体系和能力现代化的要求还不完全适应。"[①]《决定》指出了这些问题,比如机构重叠、职责交叉、权责脱节、机构设置和划分不科学、职责缺位和效能不高、机构职能上下一般粗、权责划分不尽合理、权力运行制约和监督机制不够完善、滥用职权等,所有这些,需要在改革中加以解决。本轮改革的一个特点在于把改革同"五位一体"总体布局、"四个全面"战略布局以及国家治理体系和能力现代化联系了起来,从这样一个战略高度来推进改革。除了完善结构和体制,也需要鼓励流程上的创新和改进,因为新的问题有时是难以用旧的办法加以解决的,环境一直在对流程的改进提出挑战。这样流程又产生了突破结构、体制的要求,改革因而再起。这是一个两者不断调节和适应的过程。流程是动态的,那么结构就不应该是一种静态的状况。机构改革的规模有大有小,但其实质就是使结构和流程处于一种平衡的状态。

---

① 《中共中央关于深化党和国家机构改革的决定》(2018年3月4日),中华人民共和国中央人民政府网站,http://www.gov.cn/zhengce/2018-03/04/content_5270704.htm,最后浏览日期:2021年1月29日。

The Principal Contradiction of Society and the New Concept of Development: An Analysis from the Perspective of Government

Abstract: Solving the main contradiction of society needs a new concept of development. The "Five-sphere Integrated Plan" is a top-level design of the new development concept of "putting the people first". The construction of the five aspects is a kind of complementary relationship, their interaction has an important influence on solving the main social contradiction and realizing the modernization of the country.

To promote the new concept of development, strategic thinking should be carried out in the aspects of top-level design and grass-roots innovation, government coordination and cooperative governance, incentive mechanism and ability enhancement, normative constraints and reform breakthroughs; accountability system and performance evaluation, as well as structural perfection and process improvement.

政府结构与党政关系[*]

摘要： 党领导政府是中国政府体制的一大特色。中国政府是一种"一元二体"的结构，党政功能合一和党政功能分开的改革都没有改变这一基本的结构模式。本轮机构改革出现的嵌入式、替代式和组合式等几种新的结构是这一基本结构的新的发展。涉及政府结构的党政关系的改革不能仅仅从党政职能分合的角度着手，更重要的是要从党政权力配置的角度着手，即党行使领导权，政府行使治理权。

一、政府结构的党政关系：历史的形成

党领导政府是中国政府体制的一大特色，其组织特点表现按通常的说法是党政合一，或党政一体。但这样的说法不是太确切。党政一体，确切地说，应该是党政功能一体。因为就组织来说，党和政一直是分开的，党就是党，政府就是政府，两块牌子就挂在那里。党政是两种不同类型的组织，它们的目标和功能是不同的。根据《中国共产党章程》总纲，党的目标是实现共产主义，"党必须按照总揽全局、协调各方的原则，在同级各种组织中发挥领导核心作用"。政府的目标是实现公共利益，对社会进行管理并向社会提供公共服务。

从党政组织的角度讲，党政关系有两个特点。(1)党和政府两大组织并存，功能对应，党起领导作用。比如政府的人事部门对应党的组织部门，公安、司法、检察部门对应党的政法部门，文化广播出版部门对应党的宣传部门。(2)在政府部门内部，行政和党组(委)并存，行政首长通常是党组的成员，比如市长一般都是市委副书记，县长通常是县委副书记。这一模式把它称为"一元二体"模式可能更贴切，一元指党的领导，二体指的是有党、政两个组织。在

---

[*] 本文原发表于《暨南大学学报》2019 年第 7 期，第 30—36 页，编入本书时有修订。

"一元二体"模式中,就党和政的关系来看,可以有党政分开和党政合一两种表现形式。

党政分开主要是指党和政府的职能分开,行政职能由政府行使。党政一体主要是指党政职能合一,党同时行使行政职能。

中华人民共和国成立后,中国政府实行的是"一元二体"的体制。从起源上讲,这一体制来自传统的社会主义国家苏联,其基础是列宁主义的观点,即共产党的权力是不与他人分享的。[①] 列宁认为共产党是直接执行的先锋队,并要求共产党执政后,"不与任何人分掌"政权。因此在苏维埃国家建立起来之后,在政府体制上一直采用的就是这一体制。这是一种与西方国家非常不同的政府体制。在西方国家,国家权力在立法、行政、司法三个方面是分开并互相制衡的,政府是民意机构也就是立法机构的执行机构。政党在通过选举获胜组织政府之后,就退到了后台,不直接从事公共管理活动,因为政党不是一个公共组织,其使命只是组织政府,让政府在组成后贯彻党在竞选时提出的纲领和政策方针(这一纲领和政策方针通过选民的投票从而在形式上成为民众的意志或公共利益)。政府依法运行。因此,在台上看到的是行政、立法和司法这三个部门之间的关系。历史上第一个社会主义国家苏联在建国后事实上在国家体制的形式上也沿袭了西方国家的权力三分,立法、司法、行政,"一切权力归苏维埃",但很大的不同在于三权不是互相制衡的,并且三者都是在党的领导之下运行的。党是国家权力的核心。政府活动体现的是党的意志,尽管在形式上苏维埃是最高的国家权力机关。

中国政府的"一元二体"模式也可以在中国共产党在革命时期建立的革命根据地政府中找到它的雏形。根据地政府本身就是党建立起来的。以1931年11月成立的中华苏维埃共和国临时中央政府而言,它就是根据中共中央六届四中全会的决定成立的。1931年5月,党中央政治局在《关于目前政治形势及党中央的紧急任务决议案》中,要求"苏维埃区域的党,更应在实现各级苏维埃的改造与全国苏维埃大会的任务上,来对抗国民会议。建立苏维埃临时中央政府与各区政府,来对抗国民党政府"[②]。在中华苏维埃临时中央政府

---

① 《列宁选集》第3卷,人民出版社1994年版,第191页。
② 陈荣华、何友良、阎中恒:《试论中华苏维埃共和国临时中央政府的诞生及其历史意义》,《江西社会科学》1982年第1期。

成立后,"中共主要执行领导政府的任务,中共的方针政策是由政府去执行的。这样,既加强了中共的领导,又提高了政府的威信"①。

1949年新中国成立后,中国的政府体制沿袭了苏联以及革命根据地时期的做法。1958年6月10日,中共中央《关于成立财政、政法、外事、科学、文教各小组的通知》规定:"大政方针在政治局,具体部署在书记处","大政方针和具体部署都是一元化,党政不分,具体执行和细节决策属政府机构及其党组。"这里的不分当然是党政职能的不分,党和政府从组织上讲还是分开的。毛泽东曾针对这些小组指出:"这些小组是党中央的,直隶中央,向它们直接作报告。大政方针在政治局,具体部署在书记处,只有一个'政治设计院',没有两个'政治设计院',大政方针和具体部署都是一元化,党政不分。具体执行和细节决策属政府机构及其党组。对大政方针和具体部署,政府机构及其党组有建议之权,但决定权在党中央。政府及其党组和党中央一同有检察之权。"②这里的一个"政治设计院"事实上就是一元,即党的领导,大政方针由它制定。毛泽东的这段话奠定了党领导政府的"一元二体"的结构模式,体现了如下几个特点。(1)就党和政府两个组织而言,政府服从党。(2)就政府部门而言,它由行政和党组组成。(3)党组是领导者,是决策中心,正如《中国共产党党章》第48条指出的,"党组发挥领导核心作用。党组的任务,主要是负责贯彻执行党的路线、方针、政策;加强对本单位党的建设的领导,履行全面从严治党责任;讨论和决定本单位的重大问题;做好干部管理工作;讨论和决定基层党组织设置调整和发展党员、处分党员等重要事项;团结党外干部和群众,完成党和国家交给的任务;领导机关和直属单位党组织的工作"。(4)行政和党组共同承担政府功能,党组参与政府具体政策的制定,尤其是讨论和决定本单位的重大问题。政府结构的"一元二体"模式或党政关系可以很典型地在浙江J市的中共常委会的结构中看到。"市委常委会的组成:11人。市委书记:主管经济、社会全面工作。第一副书记:兼市长,主管地方政府的经济、社会行政工作。第二副书记:主管党群关系、党员干部、社会团体(如工会、妇联、共青团等组织)的工作;第三副书记:主管意识形态工作,包括宣传、文化方面的工作;第四

---

① 陈荣华、何友良、阎中恒:《试论中华苏维埃共和国临时中央政府的诞生及其历史意义》,《江西社会科学》1982年第1期。

② 《建国以来毛泽东文稿》第7卷,中央文献出版社1993年版,第268页。

副书记:兼纪委书记,主管政法、纪律检查、公安、法院等部门的工作;公安局局长:主管地方公共安全工作;组织部部长:主管党与政府的人事组织工作;宣传部部长:主管地方意识形态宣传与教育工作;常委、副市长:协助市长抓好行政管理工作;军分区政委:负责军队事务;秘书长:负责对政府内部管理的日常事务和其他事务的处理工作。"①这些书记和副书记分管对口的就是政府行政的工作。

党的领导后来演变成了党的一元化领导,即"在组织上,应体现在两个方面:第一,在同级各组织的互相关系上,工农商学兵政党七个方面,党是领导一切的,不是平行的,更不是相反的。第二,在上下级关系上,下级服从上级,全党服从中央"②。

二、党政分开和党政合一的改革

这种"一元二体"的党政职能不分、以党代政的状况在改革开放中受到了批评。邓小平在 1978 年中共十一届三中全会上指出,加强党的领导,变成了党去包办一切、干预一切;实行一元化领导,变成了党政不分、以党代政。"我们的各级领导机关,都管了很多不该管、管不好、管不了的事。"③邓小平由此提出党政分开。具体来说,就是党和政府的职能要分开,政府的事由政府做,"真正建立从公务员到地方各级政府从上到下的强有力的规则系统。今后凡属政府职权范围内的工作,都由国务院和地方各级政府讨论、决定和发布文件,不再由党中央和地方各级党委发指示、作决定"④。1986 年,邓小平在谈到中国政治体制改革时强调:"首先是党政要分开,解决党如何善于领导的问题。这是关键,要放在第一位。"⑤中共 1987 年十三大报告的主旨就是"党政分开"。根据十三大报告,在第二年进行的机构改革中采取了三大举措来贯彻党政分开,即建立国家公务员制度、党的属地化管理和在党的系统中撤销与政府职能

---

① 刘圣中:《当代中国公共行政的组织基础》,复旦大学出版社 2013 年版,第 37—38 页。
② 《中国共产党党章汇编》,人民出版社 1979 年版,第 222 页。
③ 《邓小平文选(1975—1982)》,人民出版社 1983 年版,第 288 页。
④ 《邓小平文选》第 2 卷,人民出版社 1994 年版,第 339 页。
⑤ 同上。

相重叠的机构和部门。公务员制度前面冠之以国家,表明公务员属于国家系统。党的属地化管理没有展开,而党的系统中一些与政府职能相重叠的机构或部门被撤销,比如政法委。但是这一党政分开的改革在20世纪90年代后没有再继续下去,一些被撤销的党的组织和部门再度恢复,比如政法委再度回归。尽管如此,党政分开的改革并没有改变政府"一元二体"的结构模式。改革中撤销了一些与政府相重叠的党的机构,如政法委,这是就党和政府组织间的关系来说的,也就是党的部门少了一些与政府职能相重叠的部门和机构。但就政府部门内部来说,党组依然存在,主管政法的党的副书记或常委这一职位并没有变化,也就是说,"一元二体"的基本格局并没有发生变化。只是在党的功能上,强调党管大事、管路线、管方针,改变以往管理具体行政事务的做法。但这一管理由于缺乏行动的路径和操作手段而流于表面,以至于产生一种党的领导被削弱或被架空的感觉。20世纪80年代末的发展事实上加深了这种感觉,以至于党政分开的改革停顿下来。在后来的实践中出现的则是在"一元二体"的结构中加强党的领导,向党政功能一体的回归。

  这一改革就乡镇层面而言,其特点表现如下。(1)党政机构打通,党政功能合一。打通后的政府结构通常设3—5个机构,比较典型的机构设置是党政办公室、经济发展办公室和社会事务办公室。比如,湖北的做法是撤销乡镇原内设机构,按职能合并为党政综合办公室、经济发展办公室和社会事务办公室。"湖北省乡镇改革的最大亮点是实现了事实上的'党政合一'。"[①]这里的合一是党政组织的合一,党政组织的合一当然带来了党政功能的合一。(2)党政领导职务打通,书记兼任镇长或乡镇人大主席。比如,湖北的做法是各乡镇统一设党委、人大和政府三个领导机构,不再设政协机构,党委书记原则上兼任乡镇长,几名副书记分别兼任人大主席、纪委书记、常务副乡镇长。其他党委委员兼任别的政府主要领导职务。[②] 安徽巢湖地区乡镇在2004年的改革中已经将书记和镇长的职位合一。浙江省在新的机构中,乡镇党委设书记1名,副书记2至3名(其中,1名兼任乡镇长、1名兼任纪委书记);乡镇人大主席由党委书记兼任,乡镇党政领导提倡交叉任职,可兼任乡镇内设工作机构的领导职

---

① 迟福林主编:《2006'中国改革评估报告》,中国经济出版社2006年版,第17页。
② 同上。

务,不设乡镇长助理。①

　　比较著名的 2009 年广东佛山市顺德区进行的"党政联动"的改革也表现了党政合一和以党代政的取向。它们的做法是:(1)打通党政机构边界,党政合署办公。顺德将党政机构从 41 个减为 16 个,16 个党政部门中,党委部门 6 个,政府部门 10 个。党委部门全部与政府机构合署办公。区委办和区政府办合署办公。区纪委、审计局和信访局组成了新的区纪委。区委宣传部同时也是文体旅游局,区政法委和司法局合署办公。这里是组织间关系的突破,党政两大组织在这里合一。这与前面讲到的乡镇建立的各类办公室是一样的。(2)两官合一,领导人党政兼顾。新成立的"部局"一把手大多由区委副书记、区委常委和副区长兼任(除了区委书记没有担任区长外),原"部局"的正职全部成了副职。(3)随着决策权上移、执行权下移,将监督权外移。这一外移采取垂直管理的办法,区纪委向各部门派驻纪检组长,纪检人员由纪委直管,他们不从事所在部门的行政事务,保持独立。

　　这种走向党政合一(组织合一、功能合一)的状况主要发生在基层。除了最基层的乡镇和街道一级,党政组织合一的状况并不普遍。顺德是广东 2008 年大部制改革的一个试点地区,事实上,顺德的做法后来并没有在广东省得到推广。除顺德外,县区一级以及县区一级以上的党和政府在组织上还是二体的,即党和政府两个组织同时存在。即便在组织合一的基层政府结构中,事实上也存在着党委这样的党的组织。因此,政府结构内的党和行政二体也是存在的,只不过在功能上党政是一体的,党政同时履行行政功能。

三、政府结构类型及其问题

　　本轮党和国家机构改革的主旨是加强党的全面领导,这一改革以明确无误的方式在党政关系上建立了党对政府的全面领导,可以把这一影响政府结构的党政关系的改革分成三种类型。

　　(1)嵌入式,即在政府部门设置党的组织。比如,组建中央全面依法治国委员会,委员会的办公室设在司法部;组建中央审计委员会,委员会办公室设

---

① 中共杭州市委、市人民政府:《浙江杭州市乡镇机构改革实施意见》,2001 年 7 月 12 日。

在审计署;组建中央教育工作领导小组,其秘书组设在教育部。这些机构在职能上既与党的职能相关,也与行政职能相关。比如,中央教育工作领导小组主要职责是研究提出并组织实施在教育领域坚持党的领导、加强党的建设方针政策,研究部署教育领域思想政治、意识形态工作,审议国家教育发展战略、中长期规划、教育重大政策和体制改革方案,协调解决教育工作重大问题等。嵌入式的问题在于,以司法部为例,在"一元二体"的结构下,司法部已经有了党组,那么嵌入进去的党的委员会的办公室与司法部的党组又是什么关系呢?委员会与司法部又是什么关系呢?如果它高于司法部,那么它与司法部之上的国务院又是什么关系呢?国务院实行首长负责制,委员会实行的是合议制,最高决策权在哪里?

(2) 替代式。由党替代政府部门直接管理,党的职能部门直接管理原来不属于其直接管理的政府部门。比如,公务员原来由人力资源和社会保障部的国家公务员局管理,本轮改革将国家公务员局并入中央组织部统一管理。中宣部接手国家新闻出版广电总局的新闻出版管理职责以及电影管理职责。另外,将宗教事务局、民族事务委员会的职能交由中央统战部承担。替代式的结构从严格意义上讲已经不属于政府结构范畴,而是属于党的范畴。但这一结构的问题在于党事实上管的是行政事务(比如,以中宣部接手电影管理而言,其主要职责是,管理电影行政事务,指导监管电影制片、发行、放映工作,组织对电影内容进行审查,指导协调全国性重大电影活动,承担对外合作制片、输入输出影片的国际合作交流等),而不只是党务。这一结构使党代替了政府。这里的问题在于它的领导体制是什么?政府的领导体制是首长负责制,而党是实行合议制的,管行政事务事实上也使党的这些职能部门成了办事机构,而办事机构通常实行的是首长负责制,因为这一体制有助于提高做事的效率。这样,这些党的职能部门的领导体制是否也要发生变化?

(3) 组合式,也就是党政一体式。比如这次改革组建的国家监察委员会。这一机构将原来的监察部、国家预防腐败局的职责,最高人民检察院查处贪污贿赂、失职渎职以及预防职务犯罪等反腐败相关职责进行整合,同中央纪律检查委员会合署办公,履行纪检、监察两项职责,实行一套工作机构、两个机关名称,以加强党对反腐败工作的集中统一领导,实现党内监督和国家机关监督、党的纪律检查和国家监察有机统一,实现对所有行使公权力的公职人员监察全覆盖。两块牌子,一套班子。组合式的结构使得这一组织内的领导人同时具备党和行政两种身份,那么怎么来制约他们的权力,如何对他们进行有效的监督?顺德改革的一个起因是认为当时"一元二体的"模式于效率不利,所以在组织上把它改成党政一体结构,党的领导人同时又是行政首长,领导人身兼党和行政两个职务。顺德的改革显然考虑到了如何对党政一体模式中的领导人进行监督的问题,因此,通过垂直的、不受这些领导人约束的纪委来解决监督问题。但监督事实上是一个含义更广的概念,其中很大一部分就是行政方面的监督,除了行政合法性之外,像行政流程、行政效率、行政绩效等方面的问题一般不属纪委的监督范围之内。因此,组合式结构需要考虑有效的监督问题。

除了本轮改革出现的这三种结构形式外,"一元二体"式是一种一直存在的传统的政府结构形式,也就是政府机构或部门内有党政两套系统。"一元二体"模式是以政府的形式出现的,因此它的问题在于如何确保行政首长负责制这一宪法确定的领导体制?首长负责制的确切含义到底是什么?理论上的含义是很清楚的,那就是首长说了算。实行首长负责制就是为了确保政府的办事效率。但在现有的政府结构中,这一负责是指行政首长决策、做决定?还是指行政首长负责执行?事实上,在实际的运作中,行政首长尤其在重大问题上首先是作为党组的成员参加党委会的讨论决定,然后再以行政首长的身份执行。简单地说,在现有的模式中,党的书记和行政首长事实上是一起行动的,而书记是更重要的。恰恰可能是因为这一点导致了效率不高的问题,使得顺德进行了将党政职务合为一体的改革,让领导人身兼党政两个职务,以提高做事的效率。改革之初顺德的领导人直言这一改革就是为了提高效率。因此,如何在现有的"一元二体"结构中确保行政首长负责制所具有的办事效率是需要考虑的。此外,从实际的运行来看,个人的因素在这里也起了很大的作用。比如,就个人能力而言,至少可以看到四种情况:书记强行政首长弱,书记弱行政首长强,两者都强和两者都弱。除了能力,还有两者之间的个性等问题。这导致党政首长在融洽度上是有区别的,不同的组合会产生不同的运作状况。在权力设置不明确或不清晰的情况下,个人的因素会起比较大的作用。因此,在这里,制度性的权力设置或配备是更重要的,这是作为官僚制结构的政府运作的最基本的条件。由于"一元二体"一直是一个基本的政府组织结构,前面讲到的嵌入式、替代式和组合式等几种结构只是在这个基本结构上的演化而已，因为无论结构怎么变化，党和政的关系还是存在的。从历史上来看，"一元二体"结构无论在党政职能分开时期还是党政职能合一时期都没有改变，不同的只是党政关系发生了变化。正如前面讲到的，党政分开表现为行政事务由政府管理，党主要管党务，而党政合一则表现为党同时管行政和党务。由于党政职能的分合缺乏涉及党政权力的明确的、可操作性的界定，以及受到党政领导人的不同组合的影响，因此在党政分开和党政合一上的反复成了我们今天看到的一种现象。

党政职能分开和党政职能合一的政府体制背后涉及的是社会主义类型国家特有的党政关系问题，只是在表现形式上不同，它并未改变"一元二体"模式的基本格局。事实上，两者的出发点都是为了加强和改善党的领导。党政分开的理由在于，正如十三大报告指出的，党政不分实际上降低了党的领导地位，削弱了党的领导作用。党政不分、以党代政这个问题不解决，党的领导无法真正加强。而党政一体的回归，其理由在于党政分开的结果是削弱了党的领导，弱化了党的建设，不利于党的领导。那么，在加强党的全面领导的政府体制回归的今天，这样的一种否定之否定又如何防止这一体制曾出现过的各种弊端？正是这些弊端导致过党政分开的改革。党政职能一体的结果是党对行政事务无所不包的管理，以至于产生各种弊端。但党政分开的改革是从职能的角度对党的职能和政府的职能进行分开的，它没有从权力配置的角度着手，以至于在后来的实践中造成党的领导权的虚置或空转，从而再度引发向党政一体（如前面讲到的基层政府的设置和顺德的改革）、强调党的全面领导的体制的回归。

四、权力配置：党政关系的解决之道

权力配置需要回到现有政府结构背后的基本的党政关系这一问题上。党的领导当然包含着党对政府的领导，问题在于这一领导通过什么方式体现出来？党的全面领导如何得以实现？在这里，组织结构形式当然是重要的（本文归纳的此轮改革中的几种新的结构形式如嵌入式、替代式和组合式等都可以说是在结构方面所做的加强党的领导的努力），但更重要的是领导权的配置问题。党的领导是通过行使权力得以实现的,如何认识这一权力?马克思主义国家理论认为,国家权力行使两种职能,即政治职能和社会管理职能。尽管这里的国家权力并没有涉及党的权力,但由于中国是党领导的国家,党是行使国家权力的核心力量,因此可以将党行使的权力分成领导权和治理权,领导权对应国家的政治职能,治理权则对应国家的社会管理职能。两者的关系在于治理权的执行取决于领导权,但领导权的维持又是以如何执行治理权为基础的,正如马克思主义国家理论指出的,社会管理职能的执行取决于政治职能,而政治职能的维持又是以如何执行社会管理职能为基础的。党的领导权主要表现在行使政治统治职能上,这一职能的行使旨在维护政权和社会的稳定;而治理权涉及社会管理职能,其主要内容是提供与老百姓生活直接相关的公共服务和公共产品。这一治理权不仅可以由政府来行使,甚至可以由社会的其他组织一起来行使,因为中国的社会格局已经发生了一个从原来的国家一统天下到国家、市场和社会三分的变化。原有的国家一统的模式之所以被改变,是因为国家无法支付管理社会的交易成本,因而需要让市场和社会来承担对社会的治理。如果把党的全面领导看作对所有事物的无所不包的管理,那么这样的管理社会的交易成本在今天更是无法承担的,其原因在于:第一,党不具备如此多的资源来进行这样的管理;第二,它会压抑其他组织管理社会的作用;第三,它无法有时间和精力注重重大的和方向性的问题的思考。因此,强调党的全面领导,要考虑实现这一领导的路径问题,既不使党的领导徒有虚名,也不使党陷入事无巨细的泥淖而无法自拔。①

在政府结构上出现这样一种从党政合一到党政分开再到党政合一的循环,其原因正如上面指出的,以往的改革是从职能角度着手的,而不是从权力配置的角度着手的,而且对权力的认识是将领导权与治理权集于一身的。其结果是,当党政一体时,导致党对行政事务无所不包的管理,以至于产生各种弊端,从而产生将党政职能分开的改革。而当党政分开、行政事务由政府行使时,党又有一种被架空的感觉,从而再次向党政一体回归。这是改革没有从权力配置着手使然,是权力配置不当使然。职能的分合很容易在结构形式上反映出来,但由于没有解决职能分合背后的权力配置问题,以至于在分合的情况

---

① 竺乾威:《机构改革的演进:回顾与前景》,《公共管理与政策评论》2018 年第 5 期。

下会出现两者都被认为是削弱了党的领导的情况的出现。因此，仅仅从政府组织结构的分合去解决其背后的党政关系问题是不够的，根本的解决还需要从权力配置着手。

政府的结构形式尽管与党的领导有一定的关联（当然这不是指党政职能合一就一定能加强党的领导，而党政职能分开就一定不能加强党的领导，当初提出党政分开的初衷也是为了加强党的领导，问题是党的领导的实现程度），但关键在于"一元二体"是以政府而不是党的机构形式出现的，而宪法对政府的定位在于政府是立法机构的执行机构。十九大报告指出，"宪法法律至上，任何组织和个人都不得有超越宪法法律的特权"。因此，政府不能违背宪法确立的这一角色。十九大肯定了法治国家、法治政府和法治社会建设互相促进。从这一意义上说，也即从宏观层面说，党对国家事务实行的政治领导，其方式应该是使党的主张、方针和政策通过法定程序转变为国家意志，使政府（不管哪种结构形式）成为法治政府，这才是最合乎逻辑和最重要的。

Government Structure and Party-Government Relationship

Abstract: Party-led government is a major feature of China's government system. The Chinese government is a structure of "two bodies with one principle". The reform of the unity of party and government functions and the separation of party and government functions has not changed this basic structural model. The new structures of embedded, alternative and integrated appeared in this round of institutional reform are actually the new development of this the basic structure. The reform of the relationship between the party and the government related to the government structure should not only be started from the perspective of the functions of the party and the government, but more importantly from the perspective of the power allocation of the party and the government. The party exercises leadership and the government exercises governance.

国家治理的三种机制及挑战*

摘要：国家治理是通过组织、制度和价值三种机制运行和发挥作用的，三种机制的互动影响了国家治理的成效。随着环境的变化，组织、制度和价值这三个方面都遇到了挑战。从中国国家治理的角度来看，完善这些机制的路径包括调整、规范和改革三种机制，提升治理能力，以及创造共同的社会价值。

一、国家治理的三种机制

有关国家治理的探讨有不少，角度也不一。比如有从国家治理哲学来探讨的，也有从国家治理方式、国家治理体系来探讨的。本文想探讨一下国家治理的机制问题。所谓机制，一般指可以借助其得以运行或发挥作用的东西。比如市场通常通过三个机制（也就是价格机制、供需机制和竞争机制）得以运行或发挥作用。那么国家治理是通过什么机制得以运行或发挥作用的呢？对这一问题的探讨有助于理解从哪些方面着手来改进或完善国家的治理，推进国家治理的现代化。

确立国家治理借助什么样的机制得以运行或发挥作用，需要满足以下几个方面的考虑。(1)这些构成国家治理机制的部分必须是涉及国家治理的最本质最核心的部分，它们可以作用于国家治理活动的方方面面。(2)这些机制之间必须有一种逻辑关系，这一逻辑关系需要表明它们的互相依存对各自的意义。没有这种逻辑关系，这些机制彼此之间就是孤立的，无法形成彼此的互动。(3)这些机制的互动会影响国家治理的成效。正如供需会影响价格从而

---

* 本文原发表于《福建省委党校学报》2020年第3期，第4—12页。《新华文摘》2020年第20期全文转载。

会影响市场运作一样。在这里,可以借助塔尔科特·帕森斯著名的"AGIL"社会系统理论分析框架的分析方法。他提出社会系统由四个维度(也就是AGIL)构成,即适应性(与外部环境交换资源并分配给整个系统)、目标实现(确定系统目标并选择实现手段)、整合(协调各部分成为一个功能整体)、潜在模式保持(系统根据某种规范保持社会行动)。选择这四个维度的理由在于它们对系统整体的生存、均衡与整合发挥着必不可少的作用。①

从这一思路出发,本文认为国家治理机制可以由组织机制、制度机制和价值机制三个部分构成。其理由在于如下两点。首先,这三者是国家治理活动必须借助的最重要的、不可或缺的方面,无论哪方面的治理活动都可以看到这三者在背后发挥作用,机制的健全与否影响了治理的结果。这样,倒过来,改进和完善国家治理也可以主要从这三个方面着手,抓住关键。其次,这三者之间存在着一种明确的逻辑关系,这一关系表现在:国家治理需要借助一个组织来运作,没有组织体系,治理就无从谈起,国家事实上本身在很大程度上就是一个组织体系;组织的运作需要有一套价值体系来指引,并通过制度体系来规范运作,从而使组织的运作或国家的治理达到它的目标。这样,这三者也就对应了国家治理涉及的三个基本问题,谁来治理?如何治理?怎样才算治理好了?一方面,在组织、制度和价值这样的结构中,行政组织体系是治理的主体,它受法律和制度体系规范并根据法律和制度体系来进行治理,而价值体系则是贯彻始终的,它既会影响制度体系的安排,也指引治理,同时也可以成为评判治理好坏的尺度,无论是治理的社会价值、政治价值和经济价值。另一方面,行政组织体系的运作也构成了制度和价值的改革、变化和创新的来源,以使新的制度或价值能够适应变化了的情况。这样,这三者就形成了一个不可分割的整体,它们之间的互动则影响了国家治理的结果,比如制度安排会受到价值的影响,而这一安排又影响了组织活动的效率,影响了治理的成效。下文简要介绍三种机制的内容。

1. 组织机制

组织机制包含两个方面:一是国家的行政组织系统;二是公务员系统。

国家行政组织系统(通常也称政府,本文在同一意义上使用)是国家治理

---

① [美]T.帕森斯:《现代社会的结构与过程》,梁向阳译,光明日报出版社1998年版,第132页。

的组织架构。这一架构是由一个国家的历史、文化、政治、现实状况等决定的。这里不存在好坏的问题,只是合适和不合适的问题。由于国家之间的情况不同,在选择国家行政组织体系方面会有不同的做法,比如美国采用的是权力分散的联邦制,中国采用的是权力集中的单一制。这样的结构都有它自身的优势和弱点。国家的行政组织体系是一个动态的概念,它会随着社会和国家治理状况的变化而变化,无论是整个行政组织体系的改革还是行政组织系统内部部门和机构关系的调整。国家治理从组织体系上讲,就是要使这一体系的设置有助于国家治理的进行。我国改革开放以来的历次机构改革,很重要的一个内容就是行政组织系统内部机构或部门关系的改革(比如大部制),以使新的安排能够更好地履行行政系统的功能。尽管从国家层面上讲,权力分散的联邦制和权力集中的单一制是两种主要的、不同的行政组织体系安排,但在组织结构上两者却有相同之处,也就是它们都是以官僚制组织作为这一体系的基本支撑的。这一相同点解释了不同的行政组织体系在国家治理方面所具有的共性(比如,都遵循按规章制度运作的基本原则,都采用自上而下的运作流程,都强调非人格化的管理方式,等等)。这一共性提供了不同行政组织体系之间互相学习和交流(比如,如何突破官僚制的局限等)的基础。

行政组织系统除了制度架构外,它也是由人构成的,行政组织系统的动态一面就是组织的运行,而公务员则是这一组织体系运行的主体。因此,公务员的质量影响着国家治理的质量。从这个意义上讲,公务员管理构成了行政组织体系建设的一个极为重要的内容。如何使优秀的人加入公务员队伍,并发挥他们的才干,是行政组织系统运转的一个核心问题。

2. 制度机制

制度机制包含了正式制度和非正式制度。

正式制度包括如下三个层面。一是宪法,宪法是国家的根本大法,其主要的作用在于保护公民的权利和限制公权力。它规定了行政组织系统的基本性质以及与其他组织如立法与司法之间的关系,以及行政组织系统的基本运作方式,比如中央政府与地方政府的关系、行政首长负责制等。二是基本的法律制度,基本的法律制度涉及国家治理中的一些主要的领域,是行政组织系统必须执行的国家规范,比如环境保护法、公务员法等。三是政府运作的规章制度(广义上也可以把公共政策包含在内)。这三者的区别在于宪法和基本法律作为国家层面的规范有它的稳定性,它的任何变动都需要由立法机构做出,政府的任何活动必须以它为前提。与宪法和基本法律相比,政府的规章制度尤其是公共政策是可以由政府改变的,其特点在于它的灵活性和易变性,因为政府通常面临着变化的形势,需要及时做出调整以应付变化的需要。

制度是一种对行为的约束性安排。制度在国家治理中的作用是不言而喻的。新制度经济学认为,像土地、劳动和资本这样的要素只有在制度确立后才能发挥作用。不同的制度安排甚至决定了大到一个国家小到一个组织的走向。诺斯曾以英国和西班牙为例,指出了制度在国家发展中的重要性。在他看来,16、17世纪西班牙和英国都是海上强国,但后来两个国家做出了不同的制度安排,走上了两条不同的发展道路,最后的结果是西班牙比英国落后了300年。以中国为例,市场经济体制取代计划经济体制这一场巨大的制度变革也表明了制度的重要性,历史已经表明不同经济体制下的中国的经济发展显然是非常不一样的,这充分反映了制度的力量。

国家事实上也是一种制度安排,通过它来降低管理社会的交易成本。从国家治理的角度来讲,历史制度主义认为制度发挥着以下的作用:第一,约束政府制定和执行政策的能力;第二,通过提供机会或约束行为,决定政治、经济行为者的策略;第三,通过影响政治、经济行为者之间的权力分配,决定行为者对政策结果的影响力大小;第四,通过影响行为者对自身利益或偏好的界定,使行为者实现目标的具体化。①

非正式制度通常指的是人们在长期的社会交往过程中逐步形成,并得到社会认可的约定成俗、共同恪守的行为准则,包括价值信念、伦理规范、道德观念、风俗习惯和意识形态等。与法律等正式制度相比,一般认为正式制度是建构的,而非正式制度则是演进的。哈耶克曾提出自发秩序的理论,认为人类社会中存在着种种有序的结构,但它们是许多人的行动的产物,而不是人为设计的结果。

正式制度和非正式制度是一种互相依存、互相影响并在某种条件下互相转化的关系。没有建构的正式制度和演进的非正式制度互为补充的话,制度机制作用的发挥是会受到影响的。

---

① [韩]河连燮:《制度分析》(第二版),李秀峰、柴宝勇译,中国人民大学出版社2014年版,第26页。

3. 价值机制

价值机制在国家治理中起着一种引领治理主体行动的作用,它涉及好与坏、应该与不应该之类的规范问题。价值在很大程度上决定了国家治理的走向。比如,在公共行政的历史上,宪政主义和管理主义两种不同的价值取向影响了美国数百年来行政组织系统的运作。注重政治法律的价值产生了官僚制的行政模式,强调市场作用的价值产生了新公共管理的行政模式,而关注民主参与的价值产生了新公共服务的行政模式。我国改革开放以来,公共行政经历了从强调"以经济建设为中心"到强调"以人民为中心"的变化,这一价值追求的变化尽管有它不同的历史条件,但在不同价值取向下的行政运作理念和方式是不同的,比如前者把对 GDP 的追求作为行政的目标(在一定的历史时期有它的合理性),而后者则关注经济建设与其他诸如社会建设、政治建设、文化建设、生态文明建设的同步发展。这种变化反映了价值体系的动态特征。但是,就国家治理而言,有一些价值是行政组织体系永恒追求的,不会因什么变化而发生改变,比如效率、效益、公平。价值不仅在宏观层面上影响了行政组织体系和制度的设计,比如美国行政与立法和司法的分离和制衡更多的是出于民主而不是效率的考虑,它也在微观层面上影响了行政组织和制度的运行,比如对公众参与公共管理的认可带来了运作层面上的合作治理和公私合作。

二、国家治理面临的挑战

如果说组织、制度和价值构成了国家治理的主要机制的话,那么我们就可以从这三个层面来看一下国家治理今天面临的挑战。

(一) 组织层面

行政组织体系既有内部的管理(比如公务员管理)、内部机构部门关系或运作方式的调整或变化等问题,也涉及与外部环境的关系问题。这里主要论及行政组织系统在处理与外部关系上所面临的挑战,因为行政组织体系内部的一些改革调整等一般都是由外部环境的变化引发的,是对环境需求的一种反应。

过去几十年时间里,国家治理出现的一个基本变化是去官僚化,以及由此产生的行政组织运作的去集中化。新公共管理通过强调市场经济的管理方式来去官僚化,而新公共服务则强调民主参与的政治主张来去官僚化。在这两者之后发展出了以多元治理主体形式出现的"合作治理"这一新的公共管理模式,而这一模式从相当程度上改变了原来"以官僚制为主"的传统的行政模式。

在斯蒂芬·奥斯本看来,传统公共行政关注的是官僚制组织的集中体制,在那里,政策制定和执行是作为政府内的一个封闭系统从纵向上整合的。因此,等级制成了公共行政进行资源分配的机制,并同时对资源的配置进行问责,其价值基础在于公共部门垄断公共政策的执行和公共服务的提供。而新公共管理关注的是一个分散的组织结构,在那里,政策制定和执行的边界至少部分是清晰的和互相分离的,执行可以由社会的其他组织(最好是互相竞争的)进行,国家通常在委托人-代理人的背景下进行监管。这一做法的价值基础是"会计的逻辑"以及这样一种信念:市场及其机制为公共服务提供了最合适的去所。[1]

这就导致了传统公共行政与新公共管理的两分。两者在公共政策和公共服务方面各有优点和缺点。简单来说,前者重政治轻管理,后者重管理轻政治。"因此,传统公共行政和新公共管理看起来充其量都是不完整的理论。"[2]新公共治理的产生就是想要实现对两者的超越。

这一超越,简言之,就是集中与分散的统一,价值理性与工具理想的统一,政治与行政的统一。

这是今天西方国家的行政组织体系也就是政府在国家治理中面临的一个挑战。这一挑战在中国也同样存在。如果说,按照斯蒂芬·奥斯本的看法,在西方分散的组织体制中,更多的挑战来自治理的政治方面,也就是公共政策执行和公共服务提供的政治本质的话,那么我们的挑战则可能更多地来自管理方面。改革开放改变了中国的社会形态,从社会的组织结构上讲,随着国家一统局面的打破,整个社会形成了政府组织、企业组织和社会组织三大块并存的格局。因此,在市场体制建立起来以后,我国改革的一个基本取向就是三者各行其是,政府的事情政府管,市场的事情市场管,社会的事情社会管,以使各种资源得到最好的配置,提高管理的效率和效益。

---

[1] Stephen Osborne, "The New Public Governance: A Suitable Case for Treatment?", in Stephen Osborne, *The New Public Governance ?*, London: Routledge, 2010, p.8.

[2] Ibid., p.5.

这样，政府就面临了一个如何处理与社会其他组织之间的关系问题，也就是通常所说的处理国家、市场和社会的关系问题。为此，我们进行了一系列的改革来调整这三者之间的关系，比如政企分开、政社分开、行政审批改革等。这里面临的一个重要问题就是如何让社会组织尽快成长起来去承担它们的责任，让它们去处理一些因市场经济带来的利益分化以及由此产生的利益冲突问题，尤其是向社会提供一些政府力所不能及的或从成本效益来讲政府很难提供的公共服务问题，因为这里背后的一个最简单的原理在于政府的资源始终是有限的，单靠政府是无法满足公众的需要的，这也就是为什么要让社会组织、让市场去发挥它的作用的理由所在。时隔多年，如何更好地处理这三者的关系依然是政府面临的一个重要挑战，因为社会组织这么些年来尽管有所成长，但它们发挥的作用还是有限的，它们的潜力还没有被完全挖掘出来，它们还可以发挥更大的作用。这一问题的产生以及在很长时间里得不到纠正（比如最近几年我们还在讨论政企分开）在很大程度上源于政府双重功能本身所具有的矛盾。作为一个权威组织，政府既有统治的职能，也有治理的职能。统治的职能要求政府维护自身的统治地位和社会的秩序，治理的职能要求政府提供更多更好的公共服务。这事实上也就是马克思讲到的国家职能的两重性，国家既有政治统治的职能，也有社会管理的职能。在我国当今社会组织不同程度参与社会事务尤其是参与公共服务提供的情况下，政府在进行治理时一直很难消除由这一双重职能产生的矛盾心理：从治理的角度讲，它当然希望社会组织来承担一部分公共事务，以减少政府管理社会的交易成本；但从政治的角度讲，又担心一旦社会组织变大，就会增加对其进行管理的难度。因此，在社会组织成长的过程中，我们看到了这样一种现象：当政府强调政治职能的时候，社会组织的成长就会迟缓；而当政府强调治理的时候，社会组织的成长就会迅速。当政治职能与治理职能发生矛盾时，政府则会毫不犹豫地首先选择前者。如何在政府组织行政化和社会组织自主化之间维持一种平衡，真正做到国家、市场和社会三者各行其是，是行政组织系统在国家治理中必须解决的问题。解决这一问题的基本取向应该是政治上的集中和管理上的分散，把政务与事务分开。所谓政务上的集中指的是在公共政策的制定和执行上以政府为核心为主导，并有公众参与；而事务上的分散则指的是社会组织平等地参与公共服务的提供。在这里，政府与社会各类组织的关系应该是一种委托人和代理人的关系。

(二) 制度层面

这一部分主要论及正式制度。正如前文所言,制度在整个国家治理中起着重要的作用。对于制度,应该有以下几个基本认识。(1)制度本身是中性的,但循着诺斯国家悖论的思路,可以看到制度的运行既可以产生好的结果,也可以产生坏的结果。(2)制度是一个动态的概念,这一动态特征表明,一些现在行之有效的制度从长远看不一定具有生命力,或许过一段时间后也会成为被改革的对象。因此,制度外的试验、创新和培育是推进国家治理创新的一个较好的途径。(3)制度创新。制度从某种意义上说是创新的产物,但它可能会压抑新的制度创新,因为创新往往要打破现有制度的约束。因此,制度创新的一个困境是:若遵循制度、循规蹈矩,就无法有突破和创新,而无突破或创新则没有进展;若突破或创新,那么这些突破和创新的合法性就会受到质疑。(4)制度残缺、制度供给不足或制度空白尽管不利于国家治理,但它却在另一方面为创新或突破提供了方便。尽管如此,随着制度和规章规则越来越多,制度创新和突破的空间也越来越小。(5)制度改革。正式制度是人为建构的产物,人的有限理性决定了制度是不完美的,因而制度或规则可以分成优、劣和过时三种。这里要破除对制度的迷信,不要一讲到制度就肃然起敬。好的制度要坚持,有缺陷的制度要修正,过时的或坏的制度则要抛弃。

让制度机制发挥作用今天在我们这里面临的主要挑战是什么?这一挑战可以表述为近来讨论得较多的"如何将制度优势转化为治理能力"。将制度优势转化为治理能力,其前提是这个制度是有优势的,所谓制度优势简言之就是好的制度,并非所有的制度都是好的。那么好制度从何而来?对制度的需求在这里就很重要。"没有对制度的需求就不会有制度的发展和改革。"[①]在弗朗西斯·福山看来:"国家构建和制度改革的成功实例绝大部分都发生在社会产生对制度强烈的国内需求的时期,于是制度便通过全面设计、照搬外国和因地制宜地借鉴外国模式这三种方式创造出来了。"[②]他借用了查尔斯·梯利关于

---

① [美]弗朗西斯·福山:《国家构建:21世纪的国家治理与世界秩序》,黄胜强、许铭原译,中国社会科学出版社2007年版,第32页。
② 同上书,第34页。

欧洲民族国家兴起的经典解释：正是由于发动更大规模战争的需要，法国、西班牙和瑞典这类国家才激发出对征收税赋行政能力及官僚制中央集权的需求。从中国改革开放的经历来讲，也可以说，正是由于对改变落后的经济状况、迅速赶上世界发达国家的水平的强烈需要，激发了改变当时闭关锁国和计划经济体制的需求，对外开放和市场经济体制应运而生。那么，在现有情况下，制度优势转化为治理能力首先要考虑激发制度变革、建立好制度的需求是什么，现有制度能否满足这一需求。这一需求既可以由来自国外的压力产生，也可以由来自国内的压力产生。如果说当年的对外开放和经济体制的变革更多地来自同西方国家巨大的差异产生的压力的话，那么在今天，这一压力可能更多地是由转换的社会的基本矛盾产生的，也就是人民日益增长的美好生活需要和不平衡不充分的发展之间的矛盾。因此，寻找制度变革的需求可能需要从我国社会今天的基本矛盾着手。满足人民日益增长的美好生活需要应该成为激发制度创新和改革现有制度的迫切需求的最主要因素，这一需求会使我们首先去审视现有制度在满足民众需求方面的不足从而改进现有的制度，或者通过制度创新、建立新的制度的方式来满足这一需求。没有这样一种需求，我们就不会去改进一些有缺陷的制度，不会去抛弃一些不好的或过时的制度，也不会去创造一些新的制度。制度优势转化为治理能力需要通过组织体系和价值体系来进行。具体来说，这一转化的承担者是组织体系中具备新的价值和伦理以及新的能力的公务员，他们对满足人民美好生活的需要具有高度的敏感性和责任感，这种敏感性和责任感会促使他们不断进行制度上的创新以及能力上的提升，从而最终满足民众的这一需求。

(三) 价值层面

从广义上讲，价值包括了国家价值、社会价值和个人价值，这些方面都是互相发挥作用的。这里探讨的是国家治理层面的价值。国家治理通常强调两个方面的价值，从治理的主体（政府）来说是公共服务的价值，从治理的客体（公众）来说是参与的价值。现代国家治理事实上就是两者的互动。从政府的角度来说，治理的过程在某种程度上也是一种领导的过程。这个过程今天面临的一个重要挑战是如何建立一种基于共同价值的领导。与传统的以权力为基础的领导不同,新的领导模式是一种以价值为基础的领导,其原因在于治理的形态发生了变化,也就是从原来的政府垄断式的管理走向了以公众参与形式出现的合作治理,这种合作治理必须建立在共同的价值之上。就中国而言,合作治理也已经成为国家治理的一种重要方面和发展趋势。中共十九届四中全会提出了"坚持和完善共建共治共享的社会治理制度",以及"建设人人有责、人人尽责、人人享有的社会共同体"。① 合作治理的出现导致公共管理者的角色和领导方式发生了变化,即公共管理者必须同时是一个公共价值的追随者和创造者。根据杰瑞·斯托克的观点,公共价值并不是一个公共服务的生产者或使用者的个体偏好的简单叠加,它是一个包括政府官员和利益相关者的商议的结果。② 因此,政府官员和利益相关者需要积极地根据社会环境的变迁及时地对公众(或服务使用者)的偏好作出回应,根据对公共价值的理解,有效处理公众最关注的问题,改变组织的职能和行为,从而创造公共价值。③

正如前面指出的,在合作治理中,公共管理者的领导必须是一个基于价值的共同领导。"公共价值的领导作为公共领导的一种形态,不是指管理者个体的管理行为和方式,而是指公共管理者与其他主体一道,分配公共资源和公共权力,识别和管理公共价值偏好,建构公共价值共识并降低价值冲突,以实现公共价值创造的领导活动。"④在珍妮特·登哈特和罗伯特·登哈特看来,基于价值的共同领导这一概念对于为雇员和公民提供肯定其公共服务动机以及按照这些动机和价值行动的机会至关重要。"仅有效率是不够的,需要一种具有高度包容性的参与性管理方法,参与本质上就是一种重要的价值。"⑤在他们看来,参与和包容的方法是建立公民意识、责任意识和信任的最好方法,而且,它们可以促进公共利益中服务的价值,"如果我们不能以一种反映了公共服务内

---

① 《中国共产党第十九届中央委员会第四次全体会议公报》(2019年10月31日),新华网,http://www.xinhuanet.com/renshi/2019-10/31/c_1125178024.htm,最后浏览日期:2020年8月6日。
② Gerry Stoker,"Public Value Management: A New Narrative for Networked Governance?", *The American Review of Public Administration*,2006,36(1),pp.41-57.
③ 尹文嘉:《公共价值管理理论及其民主意蕴》,《学术论坛》2009年第10期。
④ 容志、孙蒙:《党建引领社区公共价值生产的机制与路径:基于上海"红色物业"的实证研究》,《理论与改革》2020年第2期。
⑤ [美]珍妮特·登哈特、[美]罗伯特·登哈特:《新公共服务:服务,而不是掌舵》,丁煌译,中国人民大学出版社2004年版,第162页。

在价值和社会意义的方式来讨论公共服务的话,那么我们就很可能会丧失这个领域的灵魂"①。这个灵魂,用我们的话说,就是"以人民为中心"这一公共管理的最高准则。

三、国家治理效应:组织、制度与价值的互动

国家治理的过程是一个组织、制度和价值三个机制共同发挥作用的过程,三者的互动会在相当程度上影响国家治理的成效。如何使三者的互动产生良好的国家治理效应?在这里,选择互动的路径是重要的。

(一)组织、制度和价值的调整、规范和改革

新制度经济学理论指出,现在和未来的选择都是过去形塑的。② 人们过去的选择决定了他们现在可能的选择。这表明,现有的组织、制度和价值都是历史的产物。它们适应过去,也可能适应现在,但不一定适用于将来。在一个变动的年代(从公共管理的角度来说,就是一个从传统公共行政走向公共管理再走向治理的时代),如何使组织、制度和价值能够跟上并反映这一变化(尤其是传统公共行政到公共管理再到治理并不是一种断裂式的发展,而是一种互相有联系和共存的趋向治理的发展),或者说对变化的需求提供足够的供给,并在某种程度上引领变革,这就需要在组织、制度和价值三个层面上进行调整、规范和改革(这里的改革包括创新)。

调整、规范和改革在某种程度上就是进行新的选择。在新制度经济学理论看来,新的选择会产生两种可能的结果。一是有可能沿着既定的路径进入良性的循环,迅速优化。二是有可能顺着原来错误的路径往下滑,搞得不好还可能锁定在无效率的状态中,进入一种"锁定"状态。如何使调整、规范和改革走上良性循环或避免陷入"锁定"状态?在这里,新的选择方向和选择手段很重要。

从方向上来看,就是要把握公共管理发展的趋势,这一趋势事实上与国家

---

① [美]珍妮特·登哈特、[美]罗伯特·登哈特:《新公共服务:服务,而不是掌舵》,丁煌译,中国人民大学出版社2004年版,第169页。

② [美]道格拉斯·诺思:《制度、制度变迁与经济绩效》,杭行译,格致出版社2008年版,第6页。

的发展有关。传统行政持续了这么多年,为什么到20世纪80年代发生了一场新公共管理改革运动,从而在相当程度上建构了一个新的管理模式?这显然首先与英国当时作为一个福利国家遭遇的财政困难有关,它使得原有的以大政府为特征的一套管理模式难以为继,这样就开始了一场大规模的以私有化为旗号(背后就是政府的瘦身)的政府改革运动。但为什么这样的改革后来也席卷了美国这一以私有制著称的国家?其原因是这场改革运动背后遵循的一个基本原理:政府的资源在任何场合都是有限的,无论在福利国家还是非福利国家。这样,改革就采取了市场化和企业化的取向,强调了管理中资源的有效利用和成本效益原则,充分利用社会和市场的力量来提供公共服务,从而减少国家管理社会的交易成本。新公共管理在后来尽管受到批评,但背后的这一原理还是在起作用。因此,尽管我们看到后来有治理的产生,有对政治价值的强调,但公共管理的这一个基本的取向事实上没有发生变化。

这样一个原理对政府管理来说应该是具有普遍性的。我国今天把社会主要矛盾定位为"人民日益增长的美好生活需要和不平衡不充分的发展之间的矛盾"。从政府的角度来讲,也就是人民需求的无限性和政府满足这种需求的供给的有限性之间的矛盾。这就决定了政府必须在"公共利益至上"的原则下,以成本效益的考虑来最大程度优化配置各种资源,以更好地提供公共服务。这样,运用市场的力量和社会组织的力量也就成了不二选择。随着公共管理的这一转变,创造共同价值、合作治理这些新的理念和新的管理方式也开始产生,因为它符合公共管理的发展趋势。因此,在组织、制度和价值上所做的调整、规范和改革首先要符合公共管理发展的基本取向,否则任何举措都是不长久的、没有生命力的,尽管这些举措可能盛行一时。

从手段来说,基本的手段有两种:一是渐进的手段;二是激进的手段。如果说调整、规范基本上是属于渐进的话,那么改革则可以有渐进和激进之分。我们需要对这两种手段有一种准确的认识。"工欲善其事,必先利其器",这个器很重要,因为它会影响做事的结果。渐进的方法是我国改革常用的方法,因为它的优点在于可以在改革过程中保持一种稳定的秩序。正因为如此,我们可能对这种方法产生了一种迷信,以至于在任何改革中几乎都不假思索地一概采用,却没有看到这种方法保守的一面,即它会拖延改革的时间,并增加改革的难度。比如我们再以前面讲到的政企分开为例,讲了几十年还在讲,这表明单用渐进的方法不一定能够解决问题。因此,在必要的时候也需要考虑激进的方法,尽管这种方法可能会带来震荡,但它可能在较短时间里解决问题。渐进方法和激进方法事实上都是解决问题的工具,工具的选择要看问题而定,这里不应该有一种教条主义的看法。

(二) 治理能力的提升

将制度优势转化为治理能力,也就是转化为制度的执行能力。毫无疑问,转化的一个最重要的变量就是执行者,也就是前面讲到的公务员。公务员是国家治理的具体承担者,他们的表现在很大程度上决定了国家治理的结果。在注重治理理念和治理技术的今天,对他们的能力的强调无论如何都是不过分的。

从执行者的角度来说,尽管需要具备什么样的治理能力的说法很多,但不管怎样,有两点是最重要的,即做事的激情和能力,两者缺一不可。没有激情,就不会有作为;没有能力,可能就会乱作为。激情和能力,用能力素质的"冰山模型"来解释的话,都是一种能力,也就是能力可以由人的素质和知识技能两部分构成。前者是一种属于海平面下的冰山部分的能力,即一种人的内在的、难以测量的隐性能力,包括社会角色、自我概念、特质和动机、激情。而知识技能则属于在海平面之上的冰山部分的能力,这是可以看得见的能力,诸如我们通常讲到的决策能力、执行能力、沟通能力等。冰山理论的一个重要观点在于,把优秀者与一般者区分开来的不是表层部分而是深层部分,素质是"能将某一工作中卓有成就者与表现平庸者区分开来的关键因素,也即人的深层次特征"[①],其理由在于一个人的想法、动机、价值和激情、个性决定了他会在多大程度上去获取知识和技能,并在多大程度上去运用知识和发挥能力。因此,公务员的能力的提升可以从两个方面进行。

一是如何激发公务员做事的激情。激发公务员做事的激情、提高他们内在的素养,首先需要认识公务员是集两种身份(具有公职的社会人和作为个体的自然人)于一身的人。社会人的身份要求他们在工作的时候追求公利,而自

---

① Lyle M. Spencer and Signe M. Spencer, *Competence at Work: Models for Superior Performance*, New Jersey: John Wiley and Sons, Inc., 1993.

然人的身份也会使他们考虑自己的个人利益,比如晋升、加薪等。这样的一种认识可以使得我们在两个方面进行激励。第一个方面是一种使命感、理想的激励,激发他们为公众的利益努力工作,这更多是一种精神上的激励,但仅仅这样一种激励是不够的。因此,第二个方面的激励就是尽可能满足其作为自然人的个人利益,这更多表现为一种物质上的激励。这两种激励不能偏废,一旦偏废,公务员要么成为一种胸无大志、斤斤计较个人小利的蝇营狗苟之辈,要么成为口号标语满天飞、实际却一事无成的好高骛远之徒。这两种激励并不是一种互相完全排斥的关系,把个人利益寓于对公共利益的追求中应是上选之策。

二是如何提高公务员做事的能力。做事的能力包括了多种能力,比如2003年的《国家公务员通用能力标准框架(试行)》对公务员提出了九项能力要求,即政治鉴别能力、依法行政能力、公共服务能力、调查研究能力、学习能力、沟通协调能力、创新能力、应对突发事件能力、心理调适能力。当我们主要把治理定位于公共政策执行和公共服务提供时,那么以下两项能力便是主要的,即使用政策工具的能力和准商业的能力。前者涉及的是组织内部的执行能力。政策工具的使用恰当与否会在很大程度上影响到制度和政策执行的效果。比如,在涉及一些社会事务时,到底是选择自愿型(偏向于发挥社会组织的作用)的政策工具,还是选择强制型(偏向于发挥政府的作用)的政策工具,或选择混合型(政府与社会组织共同发挥作用)的政策工具?这三种基本的选择会影响一些具体政策执行的走向。此外,需要培养和提高公务员的准商业能力,其原因在于今天政府比以往更多地涉及了与商业有关的活动,比如政府采购、项目外包等,这样的活动就需要公务员具备一些诸如定价、谈判之类的商业技能。

(三) 社会共同价值的创造

公共管理发展到今天,公众参与管理已经成为一种社会的共识。它是一种公共管理的理念,是一种提高公共管理质量的运作方式,也是一种可以用来衡量管理结果的标准。公众的参与凸显了作为管理相关方(也就是政府与社会各方)基础的共同价值的重要性。没有共同价值作为基础,公众很难参与,即便参与,也很难达成一个好的结果。我国曾经发生的一些群体性事件比如邻避事件等都表明,由于事件的相关方缺乏一种共同的价值,以致最终的结果令各方都不满意。

正如前面指出的,今天的公共管理者应该是公共价值的追随者和创造者。这同我们以往讲的做群众思想工作、说服群众以取得共识不同。前者是双向的,共识在交流中产生,两者的地位是平等的;而后者则是单向的,群众一方是被动的,两者的地位是不平等的,它也可能产生共识,但这一共识的基础是不牢靠的,因为缺乏共同的价值。

这样,公共价值管理也就提上了公共管理者的议程。杰瑞·斯托克认为公共价值管理是一种适应网络状治理的公共行政的新范式,它把公共价值的创造作为核心目标。网络状的协商与服务机制的提供是公共价值管理的主要特征。他继而指出公共价值管理涉及以下几个方面:(1)公共行政的目的在于寻求公共价值;(2)需要给公众更多的合法性认可;(3)建立开放的、关系稳定的、具有公共服务文化的公共服务获取机制;(4)建立灵活的、学习型的公共服务供给机制。[①] 简言之,首先,公共价值管理要求政府的角色发生一个变化,也就是政府不能仅仅是规划制定者、服务提供者,它还应该是公共价值的潜在创造者。其次,公共价值管理强调对公众权利的尊重和认可,这是产生共同价值的前提。再者,公众的参与会打破现有的自上而下的官僚等级结构,会形成一种平行的、网络状的结构形式,这就要求政府不能仅仅满足于一种组织内部的连贯性和稳定性的程序,它需要去适应一种变化的环境,去适应一些变化的需求。最后,创造共同的价值需要培育一种文化。达成共同的价值是一个积累的过程,在这个过程中,建立一种官民互信的文化是很重要的。没有这样一种互相信任、一种命运共同体的感受,共同的价值就很难建立起来。

Three Mechanisms of State Governance and Their Challenges

Abstract:The state governance functions by three kinds of mechanism, namely the organization, the institution and the value. The interaction between these three

---

[①] Gerry Stoker, "Public Value Management: A New Narrative for Networked Governance?", *Public Administrative Review*, 2011,89(4), pp.1367-1384.

mechanism influences the effectiveness of state governance. With the change of the environment, the three aspects of state governance are met challenges. To improve these aspects, in terms of China's state governance, we need to adjust, reform and innovate the three aspects, enhance the ability of governance and create common value among all the people concerned.

行政生态与国家治理能力：
政治-行政角度的分析*

摘要：传统公共行政对国家能力的基本定位是提取能力、调控能力、合法化能力和强制能力，这是一种偏政治学的观点，强调政府的政治职能。随着公共行政生态的变化，这些能力已经无法涵盖对国家治理能力提出的新的要求。在强调政府社会管理职能的今天，从政治-行政并重的角度出发，本文认为政府的维护社会秩序的能力、合作治理能力、公共服务能力、创造公共价值的能力应该是构成国家治理能力的主要组成部分，提升国家治理能力需要从制度、组织和价值三个维度进行。

一、关于国家治理能力

自从十八届三中全会提出国家治理体系和治理能力现代化以来，学界对国家治理能力的讨论颇多，但对国家治理能力的含义究竟是什么却一直有一些不同的看法。归纳起来，有几种比较典型的观点。

一种是从一般性的角度来界定国家治理能力的，这方面的论述不少。王征国认为，治国能力是领导能力和执行能力的合二为一，又是内含决策能力、协调能力、执行能力这三大要素于一体的一分为三。具体来说，决策能力是提升治国能力的核心要素，它指的是政府官员在法律或组织机构规定的职权范围内行使领导者的决策权和指挥权，前者要求管理者的科学决策，后者要求被管理者必须服从；协调能力是提升治国能力的常态要素，它指的是政府官员的经常性工作；执行能力是提升治国能力的关键要素，它指的是政府官员本身就

---

* 本文原发表于《求索》2021年第1期，第122—129页。

是自己决策的执行者。①

另一种是从偏政治学的角度来定义国家治理能力的。王绍光、胡鞍钢指出,国家能力是指国家将自己的意志、目标转化为现实的能力。国家能力包括四种:第一,汲取能力,即国家动员社会经济资源的能力,国家汲取财政的能力机制体现了国家的汲取能力;第二,调控能力,即国家指导社会经济发展的能力;第三,合法化能力,即国家运用政治符号在民众中制造共识、进而巩固其经济地位的能力;第四,强制能力,即运用国家暴力手段、机构、威胁等方式维护其统治地位的能力。他们认为,财政汲取能力是最重要的国家能力,主张把汲取能力和调控能力作为衡量国家能力的指标。他们认为,国家能力主要指中央政府能力,而不是泛指公共权威的能力。② 尽管他们用的是国家能力,尽管国家能力与国家治理能力有一些差别,但总体上可以被理解为一个意思。国家治理能力和国家能力两者有联系又有区别。前者一般被理解为治理国家的能力,国家治理能力现代化事实上也是在这个意义上说的。这样它就会有一个治理的主体,在传统上,这样一个主体通常被认为是政府。而国家能力指的是国家本身所具有的能力,这是在国家(国家在这里不等于政府,它是一个更大的政治体系和组织体系,而政府只是构成这一体系的一部分)建构时,其法律体系、组织架构等赋予国家行动的一种权力(也可称之为力量,在英语中是同一个词,即 power),比如在发生动乱时,国家的政治职能使它具备一种平息动乱、维护社会秩序的能力。只是在行使国家职能时,政府才可以被认为是国家的代表。因此,国家治理能力,在中文中既可以说国家的治理能力,也可以说国家治理的能力,可以把它理解为治理国家的能力。

刘洋戈表达了类似的观点。在他看来,"国家能力指的是国家为了实现其政策目标而进行社会控制或社会支配的能力,背后体现的是国家主体的自主性"。在他看来,这一能力包括:(1)渗透能力,即国家在与社会的互动过程中让公权力进入到社会的每个地方,以实现对社会的支配和控制;(2)提取能力,即国家对社会资源的获取,获得国家的财政收入;(3)规制能力,即国家对社会的控制与束缚,包括硬性的国家制度和软性的道德约束;(4)分配能力,指国家

---

① 王征国:《国家治理体系与治理能力的涵义》,《理论学习》2014 年第 10 期。
② 王绍光、胡鞍钢:《中国国家能力报告》,辽宁人民出版社 1993 年版,第 3 页。

对已经提取的社会资源进行分配的能力,分配的合理性与可持续性及其程度对管理能力的提升和国家的发展前景具有重要影响。①

还有一种是偏管理学的对国家治理能力的解释。刘建军在结合中国目前发展状况的基础上,建构了一种国家治理七能力说。在他看来,"与新时代中国发展态势与目标相适应,推进国家治理能力建设的关键在于提升七种能力,即战略规划能力、执行能力、发展能力、分配能力、保障能力、统筹能力以及参与全球治理的能力"②。

对这几种定义略做一分析,可以看出,第一个定义指出了国家治理的一般性能力,因为作为治理主体的政府不管执行其哪种职能都需要有这些能力。但是这一定义的不足在于它的外延可以放大,国家治理的能力可以涉及这几个方面,但同样企业管理也可以涉及这几个方面的能力,企业的管理也有决策、执行和协调。因此,从定义内涵的规定性来看,如何体现出国家独有的特征是必须考虑的。就像讲行政管理,行政管理可以适用于几乎任何组织的管理,但用公共行政或公共管理的时候,那么它特定的意义就很清楚,指的是政府部门的管理或公共部门的管理。政治学解释显然更多地着眼于国家的政治职能,像调控、合法化、强制、渗透、规制都是与国家如何维持自身的统治以及维持社会秩序相关的,尽管在这些定义中也有一些诸如分配、汲取等涉及社会管理职能的表述,但这些显然不是重点。其次,我们在这些定义中可以看到像分配、汲取这些能力背后的国家权力因素。因此,从总体上还是偏政治学的。用公共管理的话来说,是传统公共行政的一种表现。最后一种是偏管理学的解释,这一解释强调了政府的社会管理职能,但没有涉及政府的政治职能。尽管从目前来看,公共管理强调得更多的是政府的社会管理职能,但政治职能作为政府的一种基本职能是不能被忽略的。除了一般的定义,以上偏政治学和偏管理学的界定事实上有一个共同点,即在定义国家能力时考虑到了现实的要求,都是针对当下的状况的。王绍光和胡鞍钢尤其强调国家的财政汲取能力,这是因为当时中央政府的财政捉襟见肘,需要中央政府加强这方面的能力。此文发表后没多久,1994 年中国就进行了税制的改革,把税种分成中央税

---

① 刘洋戈:《现代化与国家能力》,《领导科学论坛》2019 年第 11 期。
② 刘建军:《体系与能力:国家治理现代化的二重维度》,《行政论坛》2020 年第 4 期。

和地方税,从而在较短时间内增加了中央政府的财政收入。刘建军的国家治理能力的界定如他自己所言,考虑了新时代中国的发展态势和目标,而他的七种能力的确立是与这一点相关的。

本文界定的国家治理能力包括维护社会秩序的能力、合作治理能力、公共服务能力和创造公共价值的能力,这一界定是建立在政治-行政,或政治-管理并重的基础之上的。这是因为讨论国家治理能力,首先需要讨论国家的职能问题,因为国家治理能力在某种程度上也就是国家职能的实践状态,是作为国家的代表——政府履行其国家职能时表现出来的一种状况。从国家职能的角度讲,按照马克思的观点,国家有两种职能,政治职能和社会管理职能,前者涉及国家的政治统治和社会秩序的维护,后者用今天的话来讲就是提供公共服务。这两者的关系在于,社会管理职能的执行取决于政治统治,而政治统治的维持又是以执行某一社会职能为基础的。国家的这两种职能决定了政府的两种基本的职能:管制和服务。政府的这两种职能在今天基本上是偏重社会管理职能的,而这一职能的履行通常又是以公共服务提供的形式出现的。因此,本文界定的第一种维护社会秩序的能力是应对国家的政治职能的,也即政府的管制职能的,前面一些定义中涉及的控制、调控、合法化、强制、渗透、规制等方面的能力都可以归入这一能力中。由于国家的政治职能今天依然存在,因此政府的管制职能无疑也存在,政府的管制职能主要是通过强制性的法律、规章甚至是暴力发挥作用的,目的在于维护社会和政权的稳定。由于今天讲国家治理更多涉及的是管理方面,因而国家的政治职能往往会被忽略,这是为什么国家治理能力必须包括维护社会秩序的能力的原因。当然,国家治理更多涉及的是管理方面(国家治理本质上是一种管理行为,尽管政治也在发挥作用)。因此,本文定义的合作治理能力、公共服务能力和创造公共价值的能力都属国家治理的管理方面,这也是本文要讨论的主要方面。

二、行政生态的变化:国家治理能力的演进

国家治理能力在很大程度上是与行政生态联系在一起的,行政生态的变化影响着国家治理能力的演进。那么,国家治理能力是如何发展演进的?推动它发展的力量是什么?刘洋戈曾经指出推动国家能力发展的两大动因:一

是国家利益的主动实现。他认为，国家之所以对其管理的内部要素要求更加清晰化和简单化，核心的原因在于使政府能更好地管理这个社会，提取并调动社会的资源，实现对社会的支配和控制。二是市场主体为了实现自身利益最大化倒逼政府提升国家能力。在现代化背景下，资源总是稀缺的，而市场主体对利益和资源的需求总是无穷的。因此，市场主体在自身利益驱动下会主动要求政府提升其对社会提取、渗透、规则和分配的能力。[①] 尽管刘洋戈是从主客体的角度来讲的，尽管他没有指出这两大动因之间的关系如何影响了国家治理能力的走向，但这两点事实上对应了公共管理史上曾产生过的两种不同的行政生态，即传统的公共行政和治理。我们看到，传统的公共行政模式更多地是与第一种动因联系在一起的，而治理模式则更多地与第二种动因联系在一起。但是，这两种管理模式并非截然分开，两者是共存的，尽管两者的边界相对清楚，但也是你中有我，我中有你的。从时间维度上讲，两者之间的关系发生的一个变化是传统的公共行政转向治理，或者说是从统治转向治理，从以政府为中心转向以人民为中心。从政府的职能角度讲，发生了一个从注重管制向注重提供公共服务的转变。正是这一转变，可以对国家治理能力发展的动因做出解释，也可以理解国家治理能力的动态特征。

  传统公共行政的特点在于它是以政府为中心的，这一点在西方和中国都经历过。在西方，这一传统的公共行政模式是建立在政治-行政两分和官僚制的基础上的。这样的一种政治体制架构和组织运作架构表明，与政治保持一定距离的政府行政是通过官僚制来进行运作的，因为官僚制通常被认为是工业社会中一种能够达到社会和经济目标的最有效的组织。在中国，尽管政治体制架构不存在像西方那样的政治-行政两分，但官僚制却同样是一种政府运作的组织形式。这样，以官僚制作为主要基础的传统公共行政就表现了如下特点。(1)由官僚组成的政府构成了公共管理活动的中心。政府是公共资源唯一的调配者，也是公共产品和服务唯一的提供者。简言之，公共事务由政府一手包办。(2)政府与市场和社会三者之间有明确的边界，三者各行其是，行政手段通常被用来解决三者之间的矛盾和问题。(3)政府以及公务员的行为属公法管辖范畴，这在一定程度上使得公务员享有其他部门人员无法享受的

---

① 刘洋戈：《现代化与国家能力》，《领导科学论坛》2019年第11期。

特权,比如终身制、公务活动不得受到妨碍和干扰,等等。(4)官僚制组织内部是一个封闭的系统,从上到下的等级结构决定了组织内部人员的基本关系和活动准则。奉命办事、服从上级是基本的行为准则。(5)行政运作注重的是过程而非结果,按程序和规章制度办事是必须遵循的原则,即便有时与结果不符。比如明知一些政府采购导致浪费也要去做,因为程序做了这样的规定,必须服从。(6)对效率的追求主要通过良好的组织结构获得,公务员忠于职守就是有效率的表现,职务晋升差不多是对公务员唯一的褒奖。① 传统公共行政的这些特征表明,政府是整个运作的中心点。因此,偏政治学的对国家能力的界定所涉及的控制、合法化、强制、渗透、规制等能力在相当程度上是与国家利益的主动实现联系在一起的,目的是为了实现对社会的支配和控制。

这种传统的公共行政模式主要在两点上招致了批评。一是对以官僚等级为中心的组织架构的批评,强调公民的作用。传统公共行政的特点在于强调官僚等级,公民只是作为自上而下的政策制定和服务提供机制的被动接受者,控制和等级而不是多元和参与表现了官僚与公民的关系。新公共服务模式强调公共管理的重点是公民、社团和公民社会。因此,公务员的首要作用在于帮助公民表达他们的意愿并满足他们共享的利益,而不是控制和掌舵。登哈特认为,新公共服务模式的核心在于"民主治理",强调民主和公民权。该模式认为前两种模式并没有完全丧失对民主、公民权和公共利益的关注,只是这种关注被放到了次要的地位。而新公共治理则明确提出了将公民而不是政府置于中心,公共利益不是由民选官员或市场机制来决定的个人利益的集中,而是公民利益的分享。这一公民,在马克·鲁滨逊看来,是"作为公共政策和公共服务的共同生产者"②出现的,他们的中心位置区分了新公共治理与前两者模式的区别。

二是政府运作的不经济和相对低效,这导致了西方新公共管理力图用企业化和市场化的方式来改变官僚模式运作的这一弱点。新公共管理模式的特征在于以市场取代官僚组织;引入私人部门的管理方法,强调对组织和个人进行绩效评估;不再以过程,而以输出作为取向,注意力集中于取得结果和管理者的责任;政府的某些功能通过市场的方式外包;在资源使用中强调节省,以削

---

① 竺乾威:《新公共管理与文官制度改革》,《江苏行政学院学报》2013 年第 4 期。
② Mark Robinson, *From Old Public Administration to the New Public Service*, Singapore: UNDP Global Centre for Public Service Excellence, 2015.

减直接成本,使用竞争者作为降低成本和提高标准的关键。这一行政生态的变化可以说产生了国家治理能力的第二个动因,即市场主体为了实现自身利益最大化倒逼政府提升国家能力。这表现在政府开始强调比如战略规划能力、执行能力、发展能力、分配能力、保障能力、统筹能力等一系列管理方面的能力。

但是,这里的市场主体与公民还是有区别的,因为市场主体的说法会使人更多的想到他们追求的是经济利益。那么,怎么来体现公民作为公共决策和公共服务共同的生产者的中心位置呢?这涉及两种动因的缺陷,显然应该还有一个动因,这个动因应该是国家利益与公民利益的共同实现,这是一个政府与公民的互动过程。国家利益主动实现与市场主体倒逼这两者是有矛盾的。因此,行政生态从传统的公共行政发展到治理,在很大程度上也就是要解决这个问题。这也恰恰是本文对国家治理能力的考虑涉及的两个方面,政治与行政,尽管本文主要是探讨行政和管理方面的能力。

这样的行政生态的变化以及相应的对治理能力的要求在我国是否也表现出来了呢?回答应该是肯定的。事实上,中国的行政生态也发生了一个从传统的公共行政到治理的变化,用另外的话来讲,也就是从以政府为中心到以人民为中心的变化。"国家治理体系和治理能力"中"治理"一词的提出本身就说明了问题。中国传统的行政模式是重统治、重管理,政府是管理者,人民是被管理者。以政府为中心的管理模式在我国有着长久的历史。这与选择的经济体制有关。在传统的计划经济体制下,国家掌控了社会的所有资源,政府成了唯一的公共产品和公共服务的生产者和提供者,同时也是唯一的公共资源的分配者。这种集中的体制加上从上到下的官僚制的等级结构带来的一个负面作用就是官僚主义的盛行。邓小平曾在《党和国家领导制度的改革》一文中指出:"官僚主义现象是我们党和国家政治生活中广泛存在的一个大问题。它的主要表现和危害是:高高在上,滥用权力,脱离实际,脱离群众,好摆门面,好说空话,思想僵化,墨守陈规,机构臃肿,人浮于事,办事拖拉,不讲效率,不负责任,不守信用,公文旅行,互相推诿,以至官气十足,动辄训人,打击报复,压制民主,欺上瞒下,专横跋扈,徇私行贿,贪赃枉法,等等。这无论在我们的内部事务中,或是在国际交往中,都已达到令人无法容忍的地步。"[①]这种官僚主义

---

① 《邓小平文选》第 2 卷,人民出版社 1994 年版,第 327 页。

使得整个行政运作时常出现资源的浪费和错配、效率不高、公共物品和公共服务短缺等一系列问题。简言之,传统模式使得国家管理社会的交易成本过于昂贵。

政府垄断局面的打破,在于改革使得我国的社会形态发生了一个从原来国家一统天下到天下三分的变化,市场和社会两大块开始出现。经过多年的发展,政府独大的状况在发生变化,市场和社会尽管还不是很成熟,但也开始在履行其自身的功能。政府行政审批改革中提出的"权力清单"更是进一步划清了政府、市场和社会三者的边界。市场和社会对公共管理事务的参与在提升,共治的局面在出现。从政府自身来讲,其功能也发了一个从注重生产到注重分配,从注重管控到合作治理的变化。其运作方式也出现了一个从政府垄断到多方合作,从纯行政方式到行政、市场和社会组织并用的变化。所有这些,都在改变着以政府为中心的模式,改变着中国的公共行政,直到中共十八届三中全会明确提出"以人民为中心",正式将这样一种模式定了下来。从政府管理的角度来讲,以人民为中心有两个方面的含义:一是人民如何参与公共政策过程;二是政府的运作(主要表现为公共服务提供)如何围绕以人民为中心展开。就人民如何参与公共政策过程而言,这里的核心问题是提高公共管理的民主程度。正如中共十九届四中全会通过的《中共中央关于坚持和完善中国特色社会主义制度 推进国家治理体系和治理能力现代化若干重大问题的决定》(以下简称《决定》)指出的,"必须坚持人民主体地位,坚定不移走中国特色社会主义政治发展道路,健全民主制度,丰富民主形式,拓宽民主渠道,依法实行民主选举、民主协商、民主决策、民主管理、民主监督,使各方面制度和国家治理更好体现人民意志、保障人民权益、激发人民创造,确保人民依法通过各种途径和形式管理国家事务,管理经济文化事业,管理社会事务"①。这是从政治意义上讲的(公众参与公共事务既可以是一种政治原则,也可以作为一种管理的手段,它具有双重的含义)。就政府的运作如何围绕以人民为中心展开而言,中共十九届四中全会的《决定》指出,"社会治理是国家治理的重要方面。必须加强和创新社会治理,完善党委领导、政府负责、民主协商、社会协

---

① 《中共中央关于坚持和完善中国特色社会主义制度 推进国家治理体系和治理能力现代化若干重大问题的决定》,人民出版社2019年版,第10页。

同、公众参与、法治保障、科技支撑的社会治理体系,建设人人有责、人人尽责、人人享有的社会治理共同体,确保人民安居乐业、社会安定有序,建设更高水平的平安中国"①。这是从管理意义上讲的,勾勒了一种合作治理的框架。

三、新的行政生态与国家治理能力提升

正如前面指出的,国家治理能力是一个动态的概念。面对这样一种正在形成中的新的"以人民为中心"的公共行政形态,国家治理能力的界定必须反映这一行政生态的变化。正因为如此,本文提出了国家治理能力包含的四个方面:维护社会秩序的能力,合作治理能力,公共服务能力和创造公共价值的能力。国家职能的履行需要国家具备相应的能力,由于国家职能的执行者是政府,因此,接下来的国家治理能力与政府治理能力在同一意义上使用。

(1)维护社会秩序的能力。国家的政治职能要求国家维持社会秩序,因为所有的活动,包括公共行政活动,只有在一种有秩序的情况下才能展开,这表明了这一职能的重要性,也表明了具备这一能力的重要性。在今天,维护社会秩序不再像传统公共行政时期那样主要依靠暴力和镇压的力量,因为这无法从根本上解决问题,尽管国家作为一种暴力机关还保留着这一职能。维护社会秩序的能力首先表现在对民众权利的尊重,因为这种权利是受到宪法保护的。在一个法治国家,政府的行为首先是看它是否具备合法性。其次是需要准确理解民众利益的表达和维护社会秩序两者之间的关系,不能以维护社会秩序为口实而剥夺或侵犯民众依法应该享有的表达自身利益的权利。

(2)合作治理能力。这项能力指的是政府与社会其他组织一起治理社会或管理公共事务的能力。合作治理的产生起源于这样一条原理,即在当今的社会治理中,政府并不是在任何场合下都是一种最好的资源配置方式。在政府、社会和市场共存的情况下,最好的方式就是三者各行其是,市场的事情市场管,社会的事情社会管,政府的事情政府管。其所以如此,是因为如果所有的事都由政府管,这里就隐含着政府失败的可能性,或者管理的不经济性或管

---

① 《中共中央关于坚持和完善中国特色社会主义制度　推进国家治理体系和治理能力现代化若干重大问题的决定》,人民出版社 2019 年版,第 28 页。

理的低效性。正因为如此,完全由政府垄断的模式已经离开了公共行政的舞台。在中国,合作治理不仅仅具有管理上的意义,它还有政治上的意义,它是人民参与社会管理或公共事务管理的一种途径和方式,体现人民当家作主的社会主义国家特征。

(3) 公共服务能力。提供公共服务是政府的一项基本职能,这项职能在今天变得越来越重要,因为人们的需求在增长,但政府提供满足人们需要的资源却是有限的。传统的那种完全由政府垄断的提供已经无法解决这样的问题。如何利用社会的力量来提供人们所需要的资源,满足人们的需求成了政府必须考虑的一个问题。因此,公共服务的能力不再仅仅是政府自身提供公共产品和公共服务的能力,它还包括了激发社会力量提供这种服务的能力,以及联手社会组织(包括企业)合作提供这种产品和服务的能力。

(4) 创造公共价值的能力。在公共服务的提供中,传统行政的出发点是为公众提供他们所需的公共服务,新公共管理强调要经济有效地提供公共服务,而公共价值的出发点则是在公共服务的提供中,要"创造公共价值"。它要求公共管理者在他们提供的公共服务中认识到什么是最有价值的,以及有效的管理如何产生最好的价值。这里涉及了一种如何在公共服务的提供中使现有资源产生最大价值的能力。这首先来自公共官员的一种使命感,因为在一般意义上,满足民众的需求也就够了。但这种满足有可能在成本效益上是不经济的,花了太多的代价;也可能是这种资源在满足民众需求的同时,还可以创造更大的价值来造福民众;也可能是为了创造最大的公共价值而去寻求更多的资源来源,并使这些资源的价值最大化。

国家治理能力一般指政府作为一个组织表现出来的履行其职责的能力,这一能力在行政发展中的重要性是显而易见的,那么如何来提升国家治理能力,从而促进国家治理的现代化? 笔者认为可以从制度、组织和价值三个方面来提升国家治理能力。好的制度加上好的组织结构和运作加上好的价值理念是国家治理能力得以提升的三个主要方面。

第一,制度层面。制度是一个涵盖面很广的概念。从国家治理的角度讲,制度在这里主要涉及权力行使的合法性、权力的运行机制以及对权力的制约和监督。国家治理的过程事实上也就是国家权力的运用过程,权力使用得如何直接影响了治理的效果。首先,权力行使的第一个要素是合法性,任何权力的行使都有其限度,权力的行使不能超越这一限度,否则政府的任何行为都没有存在的理由。因此,权力是同权限联系在一起的。此外,权力也是同责任联系在一起的,称之为权责。权责必须一致,行使权力就必须同时对行使的后果承担责任。其次,完善权力的运行机制。按照中共十九届四中全会的《决定》,就是"坚持权责法定,健全分事行政、分岗设权、分级授权、定期轮岗制度,清晰权力边界,规范工作流程,强化权力制约。坚持权责透明,推动用权公开,完善党务、政务、司法和各领域办事公开制度,建立权力运行可查询、可追溯的反馈机制。坚持权责统一,盯紧权力运行各个环节,完善发现问题、纠正偏差、精准问责有效机制,压减权力设租寻租空间"①。再者,强化对权力的制约和监督。这一监督既包括狭义的体制内的监督,如人大监督、司法监督、政府内部监督,也包括广义的社会监督,比如群众监督、舆论监督等。中共十八大以后,在对公权力的监督上又有了一些新的发展,比如推进纪律监督、监察监督、派驻监督、巡视监督统筹衔接,强化了对权力的监督。

第二,组织层面。从国家治理的角度讲,组织层面涉及政府组织本身的优化和政府组织与外部社会组织关系的优化。政府组织本身的优化包括组织结构和运作以及公务员两个方面。组织结构和运作的优化包括如下三个方面。(1)优化政府职责体系。在厘清国家、社会、市场三者关系的基础上,确定政府的权力边界,明确政府的经济调节、市场监管、社会管理、公共服务、生态环境保护的基本职能,实行政府权责清单制度。进一步推进简政放权、放管结合、优化服务,进一步完善宏观调控制度体系、社会发展规划制定过程、预算制度和公共服务体系。(2)优化政府组织结构。结构涉及一系列与组织运作相关的关系,比如流程和功能之间的排列组合以及由此产生的体制架构问题。结构在很大程度上影响了组织效率的发挥。在官僚制结构目前还是作为一种主流结构的情况下,如何去发挥这一结构的优点,压抑这一结构具有的缺点是必须考虑的。在这里,保持纵向权力结构的流畅和横向职能结构的贯通以及职能、权限、程序、责任的法定化是重要的。此外,还必须善于运用其他的一些组织结构形式(如矩阵结构、网络结构、扁平结构、虚拟结构等)来达到组织的目

---

① 《中共中央关于坚持和完善中国特色社会主义制度 推进国家治理体系和治理能力现代化若干重大问题的决定》,人民出版社 2019 年版,第 41 页。

标。(3)组织运作的优化主要表现在运作流程的改善上。组织各种职能(决策、执行、监督、沟通、人事、指挥、财务等)的优化需要通过流程的方式表现出来。流程的优化受到两个因素的影响,一是组织结构(由此可以看到结构的重要性),二是信息技术的发展。今天,信息技术的发展给组织运作流程的改善提供了最好的工具。无缝隙政府、网格化运作、一网统管等运作流程的变化都得益于信息技术的发展。

政府组织本身的优化涉及的第二个方面是公务员能力的提升。人是组织众多构成要素中的一个最重要的因素,尽管作为组织的人,其行动受到了组织制度规则的制约,但人的自主性并不因此而完全被抹杀。政府组织是由公务员组成的,事情都是由公务员干的。因此,提高公务员的做事能力对于提升政府质量、提升政府作为一个组织的能力显然是很重要的。做成一件事情需要两个因素:激情和能力,两者缺一不可。有激情没能力,做不了事情。同样,有能力没激情也做不了事情。因此,对公务员能力的提升可以从两个方面进行。一是激发他们做事的激情,包含两个方面的内容。(1)激发对职业的热情。政府工作是一种为民众谋福利的工作,这是一种很崇高的职业,要使公务员从心底里热爱公务员的工作,并自觉自愿地为这一职业贡献自己的力量。(2)在一些制度的设计上要考虑如何才能激发他们的激情,比如公务员的职业发展、薪酬制度、激励制度、绩效评估制度,简言之,就是如何创造一个使公务员心情舒畅、乐于奉献的环境。二是加强公务员工作能力的培养,这里很重要的一点就是对他们进行培训。之所以如此,是因为变化的行政生态不断地在理念、知识和能力方面对公务员提出新的要求。行政生态中出现的诸如合作治理、创造公共价值、信息技术、政府职能外包等已经超越了传统公共行政时期对公务员的要求。培训可以使公务员跟上变化的需求,并在这一过程中引领一些变化。

组织层面涉及的第二个问题是优化政府组织与外部社会组织之间的关系。在国家、社会、市场共存的今天,毋庸讳言,政府在这三者中占据了主导地位。中国的市场和社会的形成和成长在很大程度上是政府推动的产物。从政府的角度讲,这一推动是为了减少国家治理社会的交易成本。因此,推是为了退,也就是在市场和社会成熟的过程中政府要逐步退出原本不属于它的领域,但对政府来说这是一个不容易的过程。因此,就优化政府组织与外部组织的关系方面而言,政府还面临着两项重要的任务。一是厘清国家、社会、市场三者之间的关系,促进市场和社会的成长。我们看到,行政审批制度的改革所涉及的权力清单正在进行这样的努力,尽管时间已经拖了很久(这表明了改革的难度)。二是如何在以政府职能外包形式出现的公共服务中以平等的身份与社会组织进行合作,共治共享。这对于加速社会和市场的成长具有重要的意义。

第三,价值层面。从国家治理的角度讲,价值层面涉及两个问题,一是如何使治理成为一种建立在社会共同价值之上的管理。登哈特认为今天的公共行政的领导是一种建立在"共同价值"基础上的领导,他强调一种建立在"公民对话和公共利益基础上"①的公共服务。其所以如此,是因为市场经济带来了利益的分化,社会团体有各自不同的利益追求,如何在这些众多的利益中寻找最大的公约数,这是国家治理面临的一个大的问题。建立共同价值是寻求最大公约数的一个途径,这样做的好处是可以把社会矛盾和冲突降低到最低程度。中共十九届四中全会的《决定》在讲到作为国家治理一个重要方面的社会治理时指出,"必须加强和创新社会治理,完善党委领导、政府负责、民主协商、社会协同、公众参与、法治保障、科技支撑的社会治理体系,建设人人有责、人人尽责、人人享有的社会治理共同体"②。人人有责、人人尽责、人人享有的社会治理共同体是建立在共同的价值基础之上的,没有这样的一种共同价值,这样的共同体是建立不起来的。《决定》事实上还提出了一些建立这样的共同体的途径,比如畅通和规范群众诉求表达、利益协调、权益保障通道,完善信访制度,完善人民调解、行政调解、司法调解联动工作体系,健全社会心理服务体系和危机干预机制,完善社会矛盾纠纷多元预防调处化解综合机制。

二是建立一种价值共享的文化。从国家治理的角度讲,这种价值共享文化的一个重要方面就是如何建立一种官民互信的文化。官民是社会的两个阶层。中国历史上一直呈现的是一种官高民低的状况。共和国第一次将官定位为人民的服务员。尽管如此,官员的合法性主要不是来自民众的选举(有种说法说选贤任能是中国体制的一个优势),而是官员的政绩和自身的品行。建设

---

① [美]珍妮特·登哈特、[美]罗伯特·登哈特:《新公共服务:服务,而不是掌舵》,丁煌译,中国人民大学出版社 2004 年版,第 168 页。
② 《中共中央关于坚持和完善中国特色社会主义制度 推进国家治理体系和治理能力现代化若干重大问题的决定》,人民出版社 2019 年版,第 28 页。

人民满意的政府的重要性在于，人民满意，政府就获得了合法性，政府就会得到支持。从政府的角度讲，建立官民互信，首先必须让公权力在阳光下运行，人民对公权力的行使具有充分的知情权，鼓励民众对国家事务的参与。其次是建立有效的民众对政府的监督体系，这不仅体现了人民作为国家主人的一面，也是政府本身的一种纠错机制。最后就是公务员队伍的建设。公务员个人的绩效和品行影响了整个政府的形象，从而也影响了人民对政府的评价，影响了政府的合法性。因此，政府内部的行政伦理和道德建设对于建立一种官民互信的文化也是不可或缺的。

Administrative Ecology and State Governance Capacity：
An Analysis from a Political-administrative Perspective

Abstract：The basic positioning of traditional public administration to the state capacity is the extraction capacity, regulation capacity, legalization capacity and coercive capacity, which is a partial political view, emphasizing the political function of the government. With the change of public administration ecology, these capabilities can no longer cover the new requirements for state governance capabilities. In today's background of emphasizing on government social management functions, this paper argues, from the angle of political-administrative analysis, that the government's ability to maintain social order, the ability of cooperation governance, public service ability, and the ability of creating public value should form the main part of state governance, and improving the capacity of state governance can be proceeded by way of institution, organization, and value.

第三编
西方国家的公共行政改革

论撒切尔的政府改革*

摘要：撒切尔就任英国首相后,在经济领域进行了一系列大刀阔斧的改革。当人们在数年之后对其新经济改革政策带来的某些成就啧啧称道时,往往忽略了经济政策改革背后的政府因素。从某种程度上说,正是撒切尔给政府注入了一种新的因素,才使她的新的经济政策得以贯彻和执行,并取得成果。事实上,撒切尔一就任首相,就对政府进行了改革。尽管改革没大肆声张,但它无论对英国政府管理的哲学思想,还是对英国行政体制的结构格局,都产生了深刻的影响。

一

撒切尔是怀着一种重振大不列颠的雄心壮志,在国家发展处于低谷状态时就任政府首相的。撒切尔清醒地认识到,要使不列颠在疲惫、困倦和疾病中振作起来,首先要使政府在困境中有所作为,以获得人民的信任。而要做到这一点,政府核心,即首相职位和内阁必须首先有所作为。可以说,建立一个能干而有声誉的中央政府核心构成了撒切尔整个政府改革的第一步。其思路和做法如下。

(一) 提高首相职位的行动能力

首相职位的行动能力,在某种程度上取决于首相身边的高级官员。这些官员应当是出类拔萃的人物。他们不仅在政治上应当支持首相的政策,而且在实际工作中要表现出超人一等的才干。撒切尔深知政府高级官员的重要性,在她上台后,一改以往的文官任用制度,大胆提拔重用那些她认为具有才

---

* 本文原发表于《世界经济与政治》1989年第6期,第44—49、53页,编入本书时注释被还原为英文。

干并忠于其政策的人,并将他们安排到关键岗位。例如,她将其私人秘书克利佛·惠特摩提拔为国防部常务次官;参与中期财政战略和金融政策的专家庇特·密得莱顿被提拔为财政部首脑;曾在内阁合作参与欧洲共同体事务的戴维·汉考克被任命为教育科学部的常务次官。撒切尔此举旨在形成一个强有力的政府核心班子,但她这种有违常规的做法遭到了非议,非议之一是将文官政治化了。英国文官的传统是在政治上保持其独立性,首相在一般情况下不干预文官的人事调动。但撒切尔反其道而行之,她任命政府高级官员的标准是:忠于并坚持贯彻政府政策;胜任专职工作的能力。事实上,符合这两条的,即便是反对党人士或无党派人士,撒切尔也照用不误。例如,泰勒·崩斯在35岁时被任命为政府的首席经济顾问。这一任命并不在于崩斯的党派背景,而在于他的实际才干。

(二) 提高首相职位和内阁的思维能力

政府的行动能力在某种程度上取决于其思维能力。撒切尔深知在现代政府管理中,政府头脑的思考常得益于"外脑"的帮助。为此,她建立了中央政策小组这一智囊机构,其中聚集了一批对国有化工业和公共部门的工资状况素有研究的专家。此外,从20世纪60年代起,哈罗德·威尔逊政府开创了在政府内由大臣任命一些政策专家或私人助手的先例。以后希思政府和卡拉汉政府也都加以效仿。撒切尔认为这不失为一种提高内阁思维能力的做法,因而延续前任的做法。但撒切尔在建立顾问班子时也有她自己的特点,具体如下。(1)顾问人数相对较少。原因是撒切尔上台时英国经济拮据,政府要减少支出,提高效率。据统计,撒切尔政府内共有20个这样的专家,[1]其中有的本身就曾是政府重要官员。(2)重视政府外主张自由市场经济的专家的意见,通过政策小组的一些顾问与他们保持联系。此举使政府外的经济、政治研究机构与研究人员为撒切尔的私营化提供了不少她认为可取的意见。撒切尔对这些意见甚至对顾问人员或顾问机构的取舍都以其意识形态为标准。凡是符合其意识形态框架的,就采用;反之就摒弃。例如,当她后来发觉中央政策小组与

---

[1] Christopher Hood and Maurice Wright, *Big Government in Hard Times*, Oxford: Martin Roberston, 1987, p.21.

她的需要无关,甚至与其思想背道而驰时,就果断地将它解散。(3)采用总统制管理的制衡方式对顾问机构和顾问人员加以管理和控制。中央政策小组成立后,撒切尔当即将两位高级文官安插到该小组,以此作为一种取得独立于其他部门的消息来源或建议的方法。众所周知,美国总统富兰克林·罗斯福就以运用这一方法而著称。

(三)建立"大臣管理"制度

撒切尔上台时正是英国经济的困难时期,撒切尔政府的一个目标是减少公共支出和提高效率。为此,撒切尔建立了"大臣管理"机制,即大臣本人在减少部门的公共支出中带头。首先,由大臣负责形成政府活动的组织形式,以及监督有关政府活动的规章制度。其次,由大臣创议来减少公共支出或削减公共服务。"大臣管理"制度旨在改变以往行政首脑只满足于发指示、下命令的传统做法。这无疑给英国的官僚文化注入了一种新的因素。

二

在建立强有力的中央领导核心的同时,撒切尔着手对政府机构进行改革,这一改革主要涉及人员裁减和机构重组。人员裁减首先是同政府削减公共支出和提高效率的目标联系在一起的。英国的文官制度在1968年改革后建立了公开机构(即常务次官帮办、副常务次官和常务次官三个最高等级机构,所有进入这些机构的人员可以在不同的岗位上流动)和相应的工资制度。根据规定,所有以前担任相应工作,但未被划入这些公开机构的人都属公开机构这一等级之列。这样,最高三层的人数就得到了急剧的增长。据统计,这些人数从1971年的417人增长到1972年的718人。到1980年,人数超过了800人。1971年有20个常务次官和79个副常务次官,而到了1980年,常务次官和副常务次官的人数分别为39人和156人。[①] 此外,文官的总数也逐年增长,而效率并不见提高。因此,撒切尔对文官进行了较大幅度的裁减(见表1)。从表

---

① Christopher Hood and Maurice Wright, *Big Government in Hard Times*, Oxford: Martin Roberston, 1987, p.40.

1 中我们可以看出,撒切尔的裁减文官举措呈现出以下几个特点。(1)对非工业文官的公开机构、行政类、科学类、专业技术类人员都实行了裁减,不存在某一类人员不减甚至增长的状况。这样,文官总数从 1979 年到 1982 年下降了 6.7%。(2)在各类人员的裁减中,高级文官的裁减占了相当的比例。公开机构的最高三层人员减少了 9.7%,助理常务官和高级主管分别减少了 12.9% 和 14.5%。撒切尔对高级文官进行这样的大手术,需要有一定的胆略和勇气。(3)在所有文官中,高级科学官员总管的人数削减幅度最小。这反映了自 1968 年文官制度改革以来对科技专家在政府工作中的重要性的认识。专业化的政府管理需要各类专家,这部分人的比例的相对增加表明撒切尔政府旨在改变英国文官历来是通才的格局。

表 1　撒切尔裁减文官的数据表

	1970.4.1（人）	1979.4.1（人）	1982.4.1（人）	1970—1979 年的增长(%)	1979—1982 年的减少(%)
非工业文官	493 000	565 815	527 970	14.8	6.7
公开机构	664	823	743	23.9	9.7
行政类	243 879	299 882	284 155	23.0	5.2
助理常务官	1 048	1 245	1 084	18.8	12.9
高级主管	502	812	694	61.8	14.5
主管	3 195	4 608	4 146	40.2	10.0
高级执行官	5 789	8 489	7 676	46.6	9.5
高等执行官	16 866	25 198	23 941	49.4	5.0
执行官(包括地方一等官员)	46 305	62 479	61 538	34.9	1.5
书记官/书记助理(包括地方二等官员)	170 174	197 051	185 076	15.8	6.1
科学类及有关等级	1 790	17 284	15 784	3.8	8.7
副主任科学官员	177	205	191	15.8	6.8

（续表）

	1970.4.1（人）	1979.4.1（人）	1982.4.1（人）	1970—1979年的增长(%)	1979—1982年的减少(%)
高级科学官员总管	579	716	706	23.7	1.4
科学官员总管	1 898	2 477	2 303	20.5	7.0
高级科学官员	3 485	3 734	3 421	7.1	8.4
高等科学官员	4 179	4 072	3 750	−2.6	7.9
科学官员/科技官助理	7 652	6 080	5 413	−20.5	11.0
专业技术类及有关等级	40 235	41 114	36 728	2.2	10.7
主任B(1972年4月1日建立)	—	164	143	—	12.8
高级主管	485	676	628	39.4	7.1
专业技术主官	1 956	2 515	2 359	28.6	6.2
一等专业技术官	4 818	5 865	5 483	21.7	8.5
二等专业技术官	7 688	8 690	7 967	13.0	8.3
三等专业技术官	1 153	11 836	10 477	2.6	11.5
四等专业技术官	13 755	11 368	9 671	−17.4	14.9

资料来源：IDCS公报，1983年8月，p.1。

除了较大规模地削减文官人数之外，撒切尔还对政府的组织机构进行了改革。这一改革在如下三个方面表现得较为突出。

一是逐步取消超级部。所谓超级部就是几个功能类似的部合并成一个部，这一做法在20世纪六七十年代较为盛行。例如，1964年将兵役部划入国防部、1968年将外交部与共同体事务办公室合并为一体等。希思执政期间，在国防、外交与共同体、卫生与社会保险部三个超级大部之外又设立了贸易工业部和环境部，其设想是大部的存在可以使内阁缩小，并使内阁的组织得到加强。此外，随着大臣直接负责某些工作，工作节奏将加快，因为可能会发生的分歧本来要在几个机构之间进行协调，而现在只需在一个部内就可得到解决。

但是,部的实际运转状况并非像设想的那样。在希思任期结束前,超级部的问题接踵而来。例如,功能整合的程度并不像原来想象得那样高,这使得超级部的控制能力受到了极大的削弱。例如,当时的贸易工业部就感到难以控制内部事务。此外,功能的扩大以及超级部承担的工作并未加强大臣与文官的直接联系,相反倒失去了政治控制。再者,随着超级部职能的增多,大臣不可能比较详细地了解其部的整个情况。有鉴于此,撒切尔上台不久,就把卡拉汉执政时的贸易工业部再一分为二,以使部的功能相对集中,并有效地发挥大臣在部内的作用。

二是撤销文官部。文官部是1968年英国文官制度改革的产物,主要管辖文官的具体事务。撒切尔上台后不久,就在1981年将其撤销,将其功能分别划给财政部和管理与人事局。撒切尔此举在于提高文官的工作效率。她认为将管理的责任集中于文官部,就很难协调并监督文官的效率,文官部实际上成了文官利益的捍卫者,而不是贯彻中央政府指示的工具。撒切尔把文官部的部分功能划给管理与人事局,原因就在于此。文官部的取消必然导致内阁办公处和财政部的重新安排,因为文官部在1968年成立后已经导致了内阁办公处和财政部的功能变化。例如在1972年,与共同体有关的外交事务交由国内文官处理,其结果是内阁办公处要发挥更大的协调作用。随着文官部的取消,文官部原先的职能一分为二:由财政部负责文官的人数、工资方面的事务,监督雇佣条件,以及同文官工会进行谈判;由管理与人事局承担一般管理和提高效率的责任。

三是推行建立"大臣管理信息系统"和"财政管理创议系统",以进行组织机构的内部改革。首先提出建立"大臣管理信息系统"的是环境部。这一管理信息系统旨在使环境部的领导人得出对其部门活动的总的看法,并通过这一看法,对人事、部门组织管理作出信息充分的决定,旨在发现部门的所有活动及其代价,提高对部门的控制能力,并准确地指出部门的政策目标。撒切尔对这一信息系统印象颇深,曾召集内阁大臣对此进行讨论,并加以推广。虽然撒切尔在推行此系统时遭到了不少大臣的冷遇,但她努力的结果之一是,除了个别部认为情况与环境部类似而采用这一系统外,还在大多数部建立了一种更新的"财政管理创议系统"来节省开支和提高效率。这一系统激励各部特别关注财政管理,并通过这一管理,使各级管理者不仅对目标和计划具有明确的观点,而且明确最佳使用其资源的责任。此外,这一系统扩大了财政部的权力。财政部长期以来被认为工作不力,而事实是在原先的结构下,各部都通过分离的系统来规划和控制支出并管理其活动,财政部对此无能为力。随着文官部的撤销以及职责的重新组合,财政部在这一系统中获得了较大的权力。从管理角度讲,这一系统旨在使各级管理者对其目标以及同这些目标有关的可能的措施(比如,输出或执行)有明确的了解并承担明确的责任,使他们了解有关支出的信息、得到训练,并取得他们所需专家的协助。文官首脑贝利·赫哈在评价这一系统的实质时指出,这一系统意味着"实行较高程度的分权和授权,它对改变英国文官的文化将产生重要影响……招募、训练、按时以及实际工作都将受到它的影响"[1]。

三

撒切尔在改革政府组织机构时,并没有忽视对政府的功能以及文化进行改革,以打破传统的、不合时宜的管理方式。撒切尔在这方面的一个颇有特色的改革是建立瑞纳效率检查小组来取代"计划分析与评价"。

"计划分析与评价"出现在20世纪60年代。当时财政部在公共支出检查方面日益感到缺乏工作评价。随着计划的产生,中央规划和控制的需要也就产生了。由于缺少通常的机制来保证,因而产生了"计划分析与评价"这一工作项目。该项目的目标有三:(1)增强中央的战略管理能力;(2)加强大臣对部门活动的管理;(3)为公共支出检查小组提供一种评价机制。"计划分析与评价"以政策为取向,它注重目标,并检查改变政策的规范和需要,大臣可通过其结果坚持或改变其计划。

"计划分析与评价"进行的程序通常包括选择检查目标、进行分析和报告结果。目标选择通常由财政部提出,它询问部门的想法,目的在于了解部门根据开支和经济潜力所能做的工作。正因为如此,在谈判目标上,部门便要尽花头。不少官员把它看成对其部门和计划生存的一种威胁,有的则把它看成向有关的部门封锁其活动的一种机会。这样,"计划分析与评价"一开始就在选

---

[1] Jeffery Fry, *The Changing Civil Service*, London: Unwin Hyman, 1985, p.149.

择检查目标程序上遇到了麻烦。此外,在执行程序上也遇到了麻烦。通常部门将其报告提交给有关的内部委员会,但是,除非大臣感到结果有利于计划,否则计划就会被搁在一边。因此,在撒切尔上台之前,这一"计划分析与评价"差不多已经名存实亡。

撒切尔建立的瑞纳效率检查小组的形式与"计划分析与评价"不同,瑞纳效率检查小组不是以政策为取向的,而是以行动取向的,撒切尔认为英国的公共管理把太多的精力放在政策建议以及对这些建议的无休止的争论上。她在上台后不久就说:"本届政府必须是一个说了算的政府。作为首相,我不会在任何内部的争论中浪费时间。"①撒切尔建立瑞纳效率检查小组的一个想法是把政府官员改变成经理型的管理者,从而有效地提高政府的工作效率。

撒切尔的想法首先变现在对检查小组人员的选择上。她选择英国声誉卓著的麦克斯·斯宾塞公司总裁德莱克·瑞纳来领导该小组工作(该小组因而以他的名字来命名),目的在于引进私人公司的一套卓有成效的管理方法,从而使政府工作取得最大的效率。为了使该小组能有效地进行工作,撒切尔提高了该小组的政治地位,将其上升到内阁一级。

瑞纳效率检查小组的目的旨在:(1)继续文官的管理文化改革;(2)提供调查技术,使进行这一工作的人能得到较好的工作结果;(3)以行动取向代替政策分析、研究取向。效率检查通常由部门进行。但整个计划由检查小组协调。瑞纳本人认为,这一检查不是研究,而是行动。为了达到这些目的,检查目标有三:(1)检查一项具体的政策和活动,对通常被认为是理所当然的工作的所有方面提出疑问;(2)对问题提出解决方案,并提出节省开支、提高效率和有效性的建议和措施;(3)执行一致通过的方案。②

瑞纳效率检查小组的工作程序主要如下。(1)题目选择。检查的内容由部门和效率小组讨论决定。这一检查一般分两类:一是部门内部的检查;二是跨部门的检查。(2)从部门中选择检查官员,并在有限的时间(最初为60天,后来延长到90天)内完成这一检查。效率检查小组认为,选择优秀的检查官是最重要的,能力、个性比年龄、级别或现有职位更重要,检查官应有相应的处

---

① Peter Riddell, *The Thatcher Government*, Oxford: Martin Robertson, 1983, p.41.
② Andrew Gray and William Jenkins, *Administrative Politics in British Government*, New York: Wheatsheaf Books, p.118.

理权,他直接向大臣负责。(3)检查工作重点在为什么和如何。例如为什么这样做;怎样能以更小的代价来取得更大的效率和有效性;这一行动或程序具有什么价值等。工作的所有方面一般都在检查之列。(4)寻找解决的方案。报告至少要提出进行实际改革的提纲,不能回避问题或不作结论。最后必须向某一有关大臣提出建议,但建议属草案性质。(5)最后阶段是大臣根据可接受的建议作出决定,这就将效率检查小组的报告变成了行动的文件。

尽管效率检查小组建立以来在工作中并非一帆风顺,例如有时会遇到利益集团的强烈抵制,但从节省资金和人力这一角度来看,小组的工作是成功的。有关数据表明,由于推行了瑞纳效率检查小组的工作,政府每年节省了4亿5千万英镑(即每个工作日的节省超过了150万英镑),以及还有另外5千万英镑的一揽子节省。[1] 这显然是有助于实现撒切尔节省开支和提高效率这一目标的。

四

纵观撒切尔的政府改革,以下几个特点是显而易见的。

第一,撒切尔的管理哲学是崇尚私人工商企业的管理方式,而不喜欢甚至厌恶官场的管理方式。她的改革所要达到的一个目标是在官僚云集之地引入工商企业型的高效率。这是她进行政府改革的一个指导思想。正是在这一思想指导下,她不将政府改革的重任赋予政府部门,而是首先跳出政府圈子,然后回过头来对它施以手术。也正是这一不同寻常的做法,使她在政府改革中有所成就。

第二,改革的方向和目标始终围绕着"经济"和"效率"进行。无论是高级官员的选择,人员裁减或结构、功能重组,都旨在节省开支并提高效率。由于节省公共支出通常与效率相联,而且两者都可以进行量的分析和评价,因此,从某种程度上说,抓住"经济"与"效率",也就比较容易鉴别改革的实际进程和成果。

第三,改革较多地体现了撒切尔的个人色彩。撒切尔在采取改革行动时

---

[1] Andrew Gray and William Jenkins, *Administrative Politics in British Government*, New York: Wheatsheaf Books, p.118.

是坚定不移的,有时候甚至带有专横的味道。例如,她在一夜之间就将文官部撤销,将她认为不中用的人打发提前退休,重用坚定执行自己的政策并有能力的人,大幅度裁减高级文官人数等。所有这些,撒切尔在政治上是要担风险的。然而,她的铁腕作风却恰恰使她有所作为,这与她善于审时度势、善于抓住问题的关键,以及个人所具有的魅力是分不开的。

撒切尔在连任三届政府首相后,曾不无自豪地说,不列颠再度伟大了。作为撒切尔重振大不列颠战略的一部分,政府改革所具有的意义是明显的,具体如下。

首先,在政府,特别是中央政府在社会事务中扮演重要角色的英国,政府的活力与效率在很大程度上推动或阻碍着社会的进步。任何一项公共改革,特别是经济政策的推行,都需要有一个有声誉、有效率的政府。恢复政府的自信,恢复英国人民对政府的信心,事实上在撒切尔上台后成了她推行新经济政策的当务之急。从这个意义上说,撒切尔进行政府改革抓住了问题的核心。政府改革重新塑造了政府在人民心目中的形象,为争取民众对政府的支持奠定了基础。

其次,撒切尔政府改革的指导思想,以及一些打破常规的改革行动对英国的官僚体系是一次大胆的冲击。事实上,英国战后不少届政府对官僚体系也试图有所动作,但终因首相的魅力抑或坚固的文官文化传统而未能如愿。撒切尔的政府改革无疑动摇了这一文化传统,这对于英国官僚体系今后的发展势必产生重要影响。

再者,政府改革取得的成果极大地提高了首相职位和撒切尔本人的威望,撒切尔连任三届政府首相即为明证。英国是采用议会制政府的国家,与总统政府相比,议会制政府的效率通常略逊一筹,原因之一在于首相的权力与威望。在首相权力不能擅自变动的情况下,首相较高的个人威望便成了政府机器运转的润滑剂。撒切尔所赢得的个人威望无疑加重了首相职能的分量,提高了政府的威望。

当然,撒切尔在政府改革中也不时遇到困难,其中对改革构成最大阻力的是根深蒂固的英国官场文化。尽管撒切尔的改革对此进行了冲击,但那种按部就班、因循守旧、不思革新的官场作风仍不时顽强地显露出来。撒切尔热心推行"大臣管理信息系统"时遭到的冷遇就表明了这一点。尽管如此,撒切尔给英国政府部门管理输入的新思想和新做法必将会对英国未来的政府管理产生深刻的影响。

On Thatcher's Government Reform

Abstract:Margaret Thatcher made a series of sweeping reforms in economic field when she became Britain's prime minister. When people praised economic achievements brought by the reform after a few years, they usually ignored the contributions the government reform made to the economic success. To some extent, it is the government reform that made implementation of new economic policies possible. In fact, Thatcher carried on the reform of government as soon as she became prime minister. Although the reform of government was not publicized, it had a profound impact on the philosophy of British government management and the structure of British administrative system.

英美文官制度改革比较*

摘要： 20世纪60年代末和70年代末，英国和美国分别进行了自其现代文官制度建立以来规模最大的文官制度改革。尽管改革的帷幕已经落下，英美文官制度改革的过程和方式，两国改革留下的遗产以及提供的经验教训，在当今改革的年代，仍然给人以富有价值的启迪。

一

对官僚制度施以大手术，它本身就意味着这一制度面临的挑战的严重性。英国的现代文官制度自1854年建立以来，在一百多年里基本依旧；而美国的文官制度自1884年建立以来，除了几次局部革新，也未经重大改革。那么，当两国分别在1968年和1978年对各自的文官制度大动干戈时，两国的文官制度出现了一些什么问题呢？

英国在20世纪60年代中已经开始走下坡路。到60年代末，情况进一步恶化，政治经济危机迭出。经济增长受不连贯政策的影响而陷于停顿。在政治上，地区不平衡问题日趋严重。全国上下指责之声纷起，文官则首当其冲。文官的质量、他们的管理方式和能力、管理机构的效能成了众矢之的。调查文官状况的富尔顿小组在1966年应运而生。两年后，《富尔顿报告》问世并获两党政府通过，从而揭开了英国文官制度改革的帷幕。《富尔顿报告》对当时英国的文官制度作了如下诊断。(1)通才①占统治地位的管理哲学百年来一成不变。在科技革命兴起、政府工作日趋专门化的情况下，这一管理思想和由此产生的组织结构已经过时。(2)森严的品位制结构妨碍了文官制度的有效运

---

* 本文原发表于《世界经济与政治》1989年第10期，第56—60页，编入本书时注释被还原为英文。
① 通才，与专才或专家相对，指什么都拿得起，但不精于某一专业的文官。

行。(3)文官内专家的作用受到忽视,许多工程师、经济学家等专业人员无职无权或有职无权。(4)文官内管理人才匮乏。(5)人事管理水平低劣。(6)文官与社会缺乏充分的接触和了解。《富尔顿报告》认为,英国的文官制度已经到了非改不可的地步,改革的重点是打破长期来通才一统天下的局面,建立新的文官体系。

晚于英国十年进行的美国的文官制度改革,也起因于一系列严重的国内问题。20世纪70年代末,能源危机、经济恶化、越南战争以及水门事件等产生的影响造成美国国内政治程序运转不灵。"20世纪60年代那些社会计划体现出来的热情和理想主义精神已经被一种小心谨慎和怀疑一切的情绪所代替。这种情绪是对政府部门效率低下的官僚主义的一种反应。"[1]从文官方面来看,存在的主要问题如下。(1)机构设置混乱,造成工作重复、协调困难。(2)人浮于事、赏罚不明,平均主义严重。例如,1977年,50万联邦文官得到提升,未提升者仅700人,原因是领导怕未提升者上诉而造成麻烦,因而采取提升者多多益善的策略。(3)高级文官职位正在失去其对社会的吸引力,它造成文官上层人才不足,并最终导致决策失误、管理水平低下等问题。(4)文官权利时遭侵犯。正是体验到政府机构的低效引起人民的不满,卡特在竞选总统时强调进行机构改组和改善管理,以此来提高政府的工作效率。在他当选总统后,他在1978年1月所作的"国情咨文"中认为,文官制度的改革是"绝对的、极其重要的"。

二

一方面,任何官僚制度的改革,不外涉及结构重组、人员裁减、职能整合分解、程序变革之类的问题。这表明,两国改革具有某些相同的内容。另一方面,由于两国的具体情况和要解决的问题不同,因而它们采取的解决问题的策略和方法也不同。

英美两国的改革都以改革文官最高领导机构为其开端,但在改革方式上大相径庭。英国的文官改革从建立贯彻改革的执行机构——文官部开始,以

---

[1] Frederick Lane, *Current Issues in Public Administration*, New York: St. Martin's Press, 1982, p.294.

求改革首先得到组织上的保障。为了使这一机构更好地发挥作用,文官部隶属首相领导,并兼并财政部对文官的工资与管理职能和原文官委员会的招募职能。同时,改革者还试图在文官部领导成员中安插专才,以防文官部成为通才的王国。

后来的事实表明,文官部成立后的实际状况与改革者的愿望相去甚远。首先,文官部从未成为一个真正的,具有自己的等级结构、命令系统、权力位置和操作程序的部级机构,这使它在行使自己的职责、处理与其他部门的关系时软弱无力。其次,文官部集数种职能于一身,违背了专业分工的管理原则,造成事权不一、效率低下。更重要的是,专注于招募、管理之类的事务性职能,势必使文官部丧失对文官改革全局问题的思考,并不可避免地在许多问题上站在文官利益一边。再者,文官部将财政部的一些权力据为己有,加深了同财政部的矛盾,并造成职能上的混乱。例如,将财政部的公共支出职能部分划归文官部,造成了职能重复、管理困难。另外,专才进入文官部遭到了通才的有力阻拦,文官部同原文官委员会一样,仍然是通才的天下。最后,文官部的工作并未像预期那样得到后来几位首相的支持,它使文官部实际上处于政治失控之中,也使高级通才官员得以按自己的意志和兴趣办事。正是文官部越来越成了文官利益的捍卫者,而不是贯彻中央政府指示的工具,撒切尔上任后,在1981年下令将其取消。文官部的人事管理职能再度被划归财政部,而管理职能则由新成立的管理与人事局承担。有意思的是,撒切尔任命一家声誉卓著的私人公司总裁来领导管理文官的管理与人事局。文官部的解散标志着英国文官制度改革的终结。

同英国建立一个功能整合的领导机构的做法相反,美国采取的是功能分解的做法(英国文官部的解散或许在这点上受到了它的启发),即将原来的文官委员会一分为二,将其人事管理职能交给人事管理局,将功绩制监督职能交给新成立的功绩制保护委员会。改革前的文官委员会在某种程度上像英国的文官部一样,集数种职能于一身。它既是人事管理规划和政策的制定者和监督者,又是正确的人事管理的拥护者和顾问,也是上诉的裁决者和雇员权利的保护者,还是被控滥用功绩制的调查者。这种职能的紊乱一方面使文官委员会工作效率低下(例如,雇用一名新人需要17—610天,解雇一人,管理人员要花21个月来起草文件,并和人事部门磋商,然后立案),另一方面也使文官委员会很难顶住来自文官、议员以及各种特殊利益集团头面人物要求任人唯亲的压力。

对立职能的分解使新的机构得以事权集中,各机构任务的配置得以条理清楚。人事管理局作为总统管理联邦人事的主要机构,其职能是:(1)在人事管理方面向总统负责;(2)制定人事管理政策;(3)鉴定联邦各机构用人计划的成效,以保证这些计划符合法律、规章和政策。功绩制保护委员会作为一个独立机构,承担了由原属文官委员会的三级上诉组织所执行的管理上诉和行使准司法制裁权的职能。此外,功绩制保护委员会还设有一个特别顾问处,负责各项调查,调查结果交由功绩制保护委员会裁决。由于职能专门化,功绩制保护委员会成立后,处理申诉和控告的效率得到了提高。

三

英美两国在改革中都建立了高级文官制度。但两者打算解决的问题不同。英国旨在打破通才一统天下的局面,美国则旨在调动高级文官的积极性,使高级文官职位具有社会吸引力和竞争性。

政府工作和决策的日益复杂化和专门化要求有更多的专才进入政府并掌握一定的权力。英国的文官制度以通才一统天下著称。与通才相比,专才则:(1)人数少,20世纪60年代末,科技等专业类文官只占整个文官总数的25%;(2)通才在政府决策中唱主角,专才唱配角,专才很难介入决策过程;(3)高级职位多数为通才所占,例如,即使在专业人才荟萃的交通部公路局,绝大多数专才也听命于通才。为了使政府工作适应日益专门化的需要,英国文官制度改革的锋芒直指通才一统天下的局面。《富尔顿报告》指出,理想的行政官"一直被认为是那些具有天赋的外行,这些人在政府各部门转来转去,积累了不少的工作经验和知识,因此能以实际的眼光看待问题……这一崇尚在文官的所有部门和层次都已过时"[①]。

为了发挥专才的作用,改革在结构上作了调整。首先,通过淡化通才与专

[①] John Greenwood and David Wilson, *Public Administration in Britain*, London: Allen & Unwin, 1984, p.90.

才的区分来提高专才的地位,使他们在政策和管理上具有较大的权力。这一做法在某些部门取得了成功。例如,交通部公路局结构改革的一个结果是高级职位对专才开放,局长由能者担任,不管他是专才还是通才。其次,建立包括 800 多个文官最高三层官员(常务次官、副常务次官、助理常务次官)职位的公开结构,该结构对所有文官开放。这样,专才便有机会在同等的起跑线上与通才竞争。为了使专才有效地竞争这些职位,资深专业人员管理训练班于1972 年建立,旨在为专才提供管理方面的训练。改革后,公开机构中的专才总数达到 40%。在低一级层次,对一些职位的填补也采取了灵活的态度。另外,还建立了行政见习官制度。这批见习官从大学毕业生和具有数年实践经验的文官中招募,对他们的考试和训练结合专业和实际进行。这些人中的佼佼者通常较快地进入公开机构。

由于高级文官制度改革涉及根深蒂固的通才管理传统,因此,尽管改革使专才的地位有所提高,其人员比例有所增加,但变化仍不尽如人意。从整体上讲,通才一统天下的局面没有得到改观。例如,1976 年,环境部公开机构中的4 个常务次官职位都被通才独揽。① 此外,通才被提升的速度仍明显快于专才。

美国高级文官不存在通才和专才的矛盾。改革前,高级文官存在如下问题。(1)经济待遇相对较差,比如,高级文官的工资发放并不考虑生活费用的上涨,不少高级文官因此改行,即便留在政府部门,也难以安心工作。(2)高级文官同政务官很难协调彼此关系。改革前通行的做法是政务官制定政策,文官执行政策,比如,作为局长的文官要向部长或部长助理这类政务官负责。但具有讽刺意味的是,部长助理通常是一些年轻的外行,而局长倒是些年长的里手行家。外行领导内行,无疑导致工作效率下降。再者,由于部长助理属政务官,因而任期有限。政务官的频繁换马也造成上下关系不稳定。

改革的重点是提高高级文官的社会吸引力和工作效率。为此,改革采取的措施是在结构上建立一个由 7 500 人组成的"高级行政职务"系统,其特点是,10%的高级文官可以担任政治任命的职务,这使他们的地位不在政务官之下,政策制定和政策执行因而也不再泾渭分明。另一特点是将级别和官衔授

---

① Ronald Brown, *The Administrative Process in Britain*, London: Methuen, 1979, p.101.

予高级官员,而不像原来那样,高级文官分配到什么职位就有什么级别和官衔。此外,担任高级行政职务的文官需经一年试用,如在此期间表现不佳,那就另行分配。为了调动高级文官的积极性,并使这一职位更具吸引力,在待遇上采取从优政策。例如,除工资外,"高级行政职务"中50%的人可以得到奖金,奖金额高达本人基本工资的20%。另外,还设立了两种总统奖(优秀奖和卓越奖),对成绩斐然者加以奖励。获奖者可得到一笔丰厚的奖金。

"高级行政职务"对于稳定高级文官队伍,促使它们奋发向上起了积极的作用。但是,随着政府的换届,高级文官接受政治任命的改革未能得以继续。

四

英美两种文官制度改革的区别,在于前者注重体系的改革,后者则注重管理机制的改革。

英国文官制度历来采用品位制的结构形式。它在纵向上划分三个品级:一般职务品级(从上到下包括行政级、执行级和书记级三个等级,他们主要由通才构成)、部门品级和专家品级。在横向上,这三个品级又有高低之分。例如,专家品级的最高级人员只相当于一般品级中的执行级人员,且品级之间不能调动。这样,这一体制带来两个问题:一是职责不一,造成工作被动;二是压抑人们的积极性和进取心,例如在专家品级中干得再出色,充其量也只能得到一个只相当于一般品级中的执行级职务。因此,《富尔顿报告》指出,品位制严重阻碍文官制的运行。

体制的改革是将品位制改成美国式的、具有统一等级结构的等级制,把文官所有职务从上到下分成20个左右的等级。这一等级制结构由新组建的公开机构、行政类、专家类、秘书类构成。

等级制结构的建立使横向上的问题迎刃而解。由于每一类人员在等级上彼此相等,不像原来那样有高低之分,官员提升的品级限制因而也就不复存在。这给通才的优越地位带来了威胁,因为他们的提升(特别是原执行类人员)受到了专才的直接挑战。

但这一改革并未解决纵向上的问题。行政类、专家类、秘书类的划分在形式上仍然保留了原来的品级特征,这使新的类别之间的横向流动仍然不能得以实现(只有最高三层官员职位的公开机构除外),改革没有打破类别之间各自封闭的状况。

体制改革的另一重大措施是建立英国文官学院。长期以来,英国文官缺乏入职后的培训,它是造成工作效率低下的一个重要原因。文官学院的建立旨在通过短期专业培训来提高文官的管理水平和工作能力。它主要向文官提供三方面的技术:战略技术,即就政策形成以及就政策的规划和执行向大臣提供建议;管理技术,即管理人、物、财及其他资源的技术;专门技术,即一些具体领域中的专门技术,如会计、人事工作、计算机操作等。文官学院规划有致,培训课程实用,是争论最少的改革成果之一。

与英国不同,美国文官制度改革的锋芒指向管理机制,这一改革是围绕着完善功绩制而进行的,卡特在1978年1月的"国情咨文"中指出,改革的目的是:"使一个已经成为官僚主义迷宫的制度恢复功绩原则,这将为管理提供更大的灵活性,并在不损害就业保险的情况下,对成绩突出者给予更多的奖励。"[①]改革确定了一套新的功绩制原则,并以此作为整个文官管理的准则。新确立的功绩制原则包括:(1)录用人员通过公开竞争;(2)平等对待;(3)同工同酬,奖励优秀;(4)廉洁奉公;(5)讲求效益;(6)留优汰劣;(7)重视培训;(8)保护雇员;(9)保障批评权。

为了使新的功绩制原则得到贯彻,改革采取的措施具体有如下三方面。第一,推行新的功绩工资制,改变以往文官增加工资只取决于服务年限而非服务质量的状况。新的功绩工资制将文官原薪中的一部分作为基本工资,其余作为浮动工资,这部分工资视文官表现加以分配,优者多得。特别优秀者,在功绩工资之外还能得到现金奖励。第二,改革考核制度。原先的考核并不能真正反映文官的效绩,其原因在于考核标准笼统,大多数主管为了避免矛盾和纠纷,通常给下属以较好的考核成绩。新的考核制度要求以书面形式提出每项职务的主要考核内容,以及同职务有关的考核标准,在评价时要严格把关。此外,新的考核制度强调文官的培训、委派、提升、降级等均按考核成绩为准。第三,强调保护文官权益,功绩制保护委员会的建立表明了对这一问题的重视。此外,对文官的处分和申诉也作了一些新规定,以保护文官应享有的权利。

---

① Jimmy Carter, *The State of the Union Address*, January 19, 1978.

五

对英美文官制度改革的比较分析至少提供了以下几点启示。

启示之一,由文官来领导一场触犯主要文官阶层既得利益的改革是很难成功的。英国文官制度改革中遇到了来自通才的层层阻力的情况表明了这一点。不少改革措施因通才从中作梗而变得有头无尾,或半途而废。成立文官学院之举较为成功,主要原因在于它不涉及利益关系。撒切尔上任后进行政府改革时,采取的策略之一是跳出文官圈子对文官加以改革,这或许是吸取了这次改革教训的缘故。

启示之二,对根深蒂固的文官传统和文化采取四面出击、唯恐改革不够全面彻底的做法也是很难取得预期的效果的。英国的政策涉及整个文官制度的方方面面,范围不可谓不全,规模不可谓不大,但收效甚微。这显示了传统力量的强大。美国的做法是进行修修补补的渐进改革,抓住几个地方进行突破,尽管成绩并不很大,但毕竟较前有所进步。

启示之三,西方文官制度改革难以摆脱它的一个先天性缺陷,这就是政府的换届往往使改革的一些成果难以为继。这当中有的成果因物换星移、时过境迁而陈旧过时,因而需要加以抛弃或重新改造,但有的明明不失为明智之举,因党派偏见和集团利益而被弃若敝屣,这是很可惜的。美国高级文官班子中10%政治任命派官员的确立与否定即为一例。基于两党共识的改革措施或许命运要好一些。这些至少表明英美两国文官制度改革成果的确定性还存在问题。

Comparison of Civil Service System Reform in Britain and America

Abstract: In the late 1960s and late 1970s, the United Kingdom and the United States respectively carried out the largest civil service reform since the establishment of their modern civil service system. Although the curtain of reform has come down, the process and way of the reform, and the legacy of the reform, as well as the lessons it offers, remain a valuable source of inspiration in the age of reform.

美国官制考[*]

摘要：美国联邦政府的官制经历了从政务官与文官不分到两官分途、从官职私有到官职人人可当、从分赃制到功绩制、从注重通才到注重专才的变化。这里每一步的变化都反映了这个国家的发展和成长经历，反映了官制在这个过程中所起的重要作用。

一

美国第一届联邦政府组成于1789年，与此同时，也形成了联邦的第一支行政官员队伍。美国当时的官制并无严格的政务官和文官之分。[①] 1800年国务院一共只有14个人，包括国务卿、一个办事员、七个副办事员、五个邮差。[②]

掌握了政权的资产阶级，从开始就十分重视政府行政官员的阶级背景和素质，认为这直接影响到政府的稳固。从第一任总统华盛顿开始到杰佛逊以及以后几任总统，在任命行政官员时，[③]都注重这些人的才干、声望和能力。华盛顿说："以我所有最精确的眼光去观察一般的性质与情形，我只任用那般最有资格执行各部功能的人员。"[④]为此，他曾拒绝一些曾在他麾下为独立战争洒过鲜血的士兵请求他给予官职的要求，而任命具有行政管理才能的汉密尔顿为财政部长，任命擅长外交的杰佛逊为国务卿。

杰佛逊当总统时，也承袭了华盛顿的用人方针，他曾说："关于任用官吏，

---

[*] 本文原发表于《晋阳学刊》1982年第1期，第94—96页，编入本书时有修订。
[①] 政务官和文官的区别在于前者由选举或任命而产生，并与政府共进退，后者则是不与总统、政务官共进退的常任官员。
[②] 《国会与行政层》(纽约版)，第19页。
[③] 《美国宪法》规定总统有任命官员的权力，这些被任命的官员就是政务官。
[④] 龚祥瑞、楼邦彦：《欧美员吏制度》，世界书局1934年版，第171页。

我只问他是诚实可靠的吗？他是能干的吗？他是忠心宪法的吗？"[1]因此，正如有人所指出的那样，早期美国政府是"有教养的人，出身高贵的人，富豪和他们的追随者的政府，总之，是上等阶级的政府"[2]。

华盛顿第二任期时在任用官员政策上有点变化，即只任用政治主张与政府政策相一致的人。华盛顿认为任用一个政治主张与政府政策相冲突的人，那等于是政治上的自杀。他组织了第一次内阁会议，撤换不忠分子，开创了各部部长必须忠于总统政策的先例。

杰佛逊也不例外。18世纪90年代，美国已经出现了"联邦党"和"共和党"。这两个党之间的矛盾已经暴露得相当明显。1800年的总统选举，杰佛逊被指控为无神论者和法国雅各宾派的同路人，而亚当斯则被谴责为专制暴君和不列颠君主国奴颜媚骨的崇拜者。双方互相攻讦，各不相让。因此，杰佛逊在获胜后，就面临如何对待前政府的一帮联邦官员这样一个问题。党内要求更换这批人员的呼声很高。然而这帮联邦官员中不乏有真才实学之士。杰佛逊在这两者中陷入了矛盾，他认为撤换不是一个好的办法，但又不得不这样做。结果为了照顾双方，即既满足党内人士的要求，又考虑联邦行政机器的正常运转，杰佛逊搞了个妥协，采取大清洗的办法，在当时联邦443个官员中，更换了109个，占总数的22%。杰佛逊因此被人称为"分赃制"的创始者，事实上，这并不很公正。

二

安德鲁·杰克逊倡导的"轮流做官制"是美国官制发展史上的一个新阶段。杰克逊说："没有一个人享有任何比另一个人更多的当官固有权利。"[3]他认为官职长久地掌握在一些政客手中会产生官僚，引起政治腐化，使官员脱离人民，而大家轮流做官则可以防止这一弊病。还有一个原因就是杰克逊认为政府工作简单明了，每个有点常识的人都能做。

---

[1] 龚祥瑞、楼邦彦：《欧美员吏制度》，世界书局1934年版，第173页。
[2] 《美国文官史》(纽约版)，第17、91页。
[3] [美]莫里森：《美利坚共和国的成长》，南开大学历史系美国史研究室译，第548页。

这一带有民主主义思想的"轮流做官制"显然符合在美国当时作为一个农业社会里所盛行的平均主义思想,因而得到人民群众的欢迎。它也在一定程度上是对"官职私有"的否定,带有进步的内容。

但是,所谓"人人做官"在实际上是做不到的。杰克逊自己任命的官员大多是大学毕业生,在当时的美国来说,这些人还是寥寥可数的。更糟的是,"轮流做官制"带来了政党"分赃制",即把官职作为政党斗争的战利品来瓜分。杰克逊在任期间,更换了多数行政官员。这样,他就开创了一个打扫"奥吉亚斯的牛圈"的先例。从他以后,"分赃制"在美国流行了将近五十年。无论哪个政党,一上台就搞一次大清洗、大换班。在美国内战时,这种"分赃制"达到了高潮,林肯当总统时,90%的官员都是共和党人。①

"分赃制"带来的后果有三。其一,四年一次的大清洗大换班,搞掉了一批精于政府行政业务的官员,使联邦政府的工作效率受到影响。其二,形成了一批官职追逐者,这批人并无实际才干,却学会了善于观察风向、投机取巧的本事,以便在政党斗争中分一杯羹。其三,不可避免地使政治腐化起来,导致人民的强烈不满。一些随着政党胜利而得到官职的人组成清一色的党政府,有恃无恐地大搞非法活动,贪污、腐化、贿赂盛行。例如,杰克逊任期内声名狼藉的塞缪尔·斯沃特伍特得到了纽约税务官的肥缺,盗窃了一百多万美元。到了格兰特政府时期,贪污腐化贿赂之风更是越刮越猛,恩格斯对此曾辛辣地指出:"美国人早就向欧洲世界证明,资产阶级共和国就是资本主义生意人的共和国;在那里,政治同其他一切一样,只不过是一种买卖。"②

三

1881年,美国第二十任总统加菲尔德被刺而死,凶手是一位官职追逐者,因求官未遂而将总统刺死。这件事导致1883年美国国会通过《彭德莱顿文官法》。这是美国官制发展史上的又一个阶段,它确立了美国的文官制度以"功绩制"代替"分赃制",该法所确立的一些主要原则至今仍被沿用。这些原则

---

① 《国会与行政层》(纽约版),第22页。
② 《马克思恩格斯选集》第4卷,人民出版社1972年版,第497页。

是:(1)建立由三人组成的文官委员会,统管文官事务;(2)建立公开的竞争考试制来录取文官,取消"分赃制";(3)文官不得参与政治活动;(4)对文官进行分类。该法的主旨是要建立一支有效率的、常役的文官队伍,在政府发生更迭时,不使政府的行政机器停顿下来。

美国在进入帝国主义阶段之后,政府事务急剧扩大,众多部门相继建立,行政人员空前增加。据统计,1880年到1920年美国人口增长一倍多,而行政人员却增长了6倍。① 美国在1883年确立了文官制度后,对文官的管理工作并不重视,因而使得政府工作不能适应形势的需要。为此,1923年进行了一次较大的改革,建立了文官的工作考核制,对每一个职位都作一个扼要的说明,包括职务的名称、任务的性质与责任、工作方式、必要的学历和经历、薪俸、等级和升迁途径,同时对文官的业务考核做了比较细致的规定,它包括:(1)工作准备和有条理;(2)执行公务时的可信赖性和可靠性;(3)完成工作的速度;(4)工作的精密性;(5)适应力与奋发力;(6)履行职务的知识;(7)判断力;(8)个人品行获得的依赖和尊重;(9)与人合作的能力;(10)创造力、机智;(11)克服困难的能力;(12)组织能力;(13)领导才干;(14)指挥督策的能力,即启发雇员才智,领导工作的技能;(15)工作量;(16)体力。② 这16项由专门的表格列出,根据文官的工作表现进行考核和决定提升。工作考核制的确定,无疑有利于提高行政效率,同时也是对文官进行奖惩的依据。

然而,随着20世纪工业的迅速发展,特别是随着第二次世界大战后尖端科学的长足进步,美国垄断资本的规模越来越大,政府行政事务空前庞大和复杂。美国的文官状况面临着两个迫切需要解决的问题:首先,低级文官的知识水平不能适应日益专业化的政府工作的要求;其次,高级文官人数少,而且其中一部分有才干的行政官员被大公司高价聘用,在政府部门工作的都是一批二流的行政人员。这种状况,同国家在更大规模上干预社会经济这一趋势格格不入。为此,就解决以上问题的1947年胡佛委员会应运而生。胡佛认为现行官制不利于高级文官的选拔、任用和造就,要笼络高级文官,必须树立新观点,制定新政策,采用新步骤。为此他提议,首先,建立高级文官制,采用与普

---

① 《国会与行政层》(纽约版),第27页。
② 《现代政府理论与实践》(伦敦版),第1330页。

通官制不同的因人任官制,由高级文官委员会在机关部门首脑提名中甄选高级文官。其次,拉大高级文官同低级文官的工资待遇。在 18 个官级中,16—18 级为高级文官,他们的工资比低级(1—5 级)文官的高 8 倍,同时还规定大学毕业生一般从 5—7 级开始,如有学位和专门经验的人,从 7—11 级开始。

胡佛委员会提议对低级文官进行培训,培训达到三个目的:(1)使其了解职责和基本要求,行政政策和业务;(2)工作一段时间后,提供学习机会;(3)提升时,必须进一步了解政府的施政政策和计划。

胡佛委员会关于行政政策改革的报告显然同美国企图战后在世界称霸这一目标相符。一大批具有行政才干的高级官员是实现这一目标的一支举足轻重的力量。此外,在政府和垄断资本密切融合的情况下,这批有才干的行政官员对美国战后经济的发展不能不是一个有利的因素。从这个意义上说,高级文官制度的建立,很及时地满足了资产阶级统治的需要。

第二次世界大战后美国发生的第三次科技革命,深刻地影响了联邦政府的工作。这表现在大量的先进技术设施被引入政府工作,政府必须应付一些属于高精尖的相当专业化的行政工作,如核能、太空技术、环境保护等。这样,反映在美国官制上的显著变化,就是专家和科技人员的大批增长。他们的人数已占所有文官的 6%。这批高级文官具有政府工作所需要的专业知识,离开他们,行政工作就不能正常进行。这些人所具有的学历和经历为一般政务官所没有的。他们之中超过 2/3 的人至少获有硕士学位,1/4 的人获有博士学位。他们所受的教育不仅包括科学、工程、法律、生物、物理、社会科学和人事科学等,而且在进入政府工作前,很多都在私人企业、律师事务所、大公司等部门干过。[①] 由于具备这种条件,他们得以:(1)在各执行机关的日常工作中审查、研究建议和研究结果;(2)在较高层的委员会上制订各政府机构之间(主要是州政府)和政府以外的新的科技计划;(3)在政府最高决策阶层,对涉及科学的种种政府问题,如国防、经济、外交、卫生、教育问题等提供意见。

大批专家加入政府工作,一方面适应了由科技革命带来的政府工作复杂化的趋势,但也在一定程度上产生了这批人在一些问题上的自主倾向。因此,政务官的成分也发生了改变。总统为了控制这批人,就不得不任命专家担任

---

① 《国会与行政层》(纽约版),第 49 页。

政务官,通过他们控制文官(主要是高级文官)。人们曾把艾森豪威尔政府称为"富豪政府",而当尼克松执政时,人们称他执掌的政府为"教授政府",因为他所任命的政务官,如国务卿、财政部长、内务部长、农业部长、国防部长、劳工部长、联邦储备银行行长等都是教授出身。尽管"教授政府"同"富豪政府"在阶级实质上并无二致,但这毕竟反映了美国官制上的一个新变化,卡特政府也有"教授政府"这一特点。当然,"教授"最终还是为"富豪",即垄断资产阶级服务的。它的产生本身就是适应了整个资产阶级统治的需要。还应当指出的是,不少教授本身就是大富豪。

大批专家加入政府工作带来的另一个后果是迫使美国国会雇用专业人员。《美国宪法》规定行政部门的立法必须经国会批准才有效。政府工作日益现代化所带来的一些极其专门、极其复杂的立法,使得对这些东西一无所知的国会议员无所适从。这就迫使他们寻找专业人员,造成议员对专业人员的依赖,造成政府机构的庞大和政府开支的增长。20世纪70年代美国国会已经雇用了28 000名专业人员,联邦政府的五年开支比第二次世界大战前增加了11倍,目前远远超过1 000亿美元。① 列宁在半个多世纪前就谈到的帝国主义时期资产阶级官僚机构膨大的这一特点很明显地得到反映。

On the Official System of the United States

Abstract:The official system of the federal government in the United States has experienced such changes from government official as whole to the separation of political employee and civil servant, from private ownership of official position to the position opening to everyone, from spoil system to merit system, and from emphasizing on generalists to specialists. Every step of change here reflects the development and growth of this country and the important role played by the official system in this process.

---

① 《美日政治与政府》(香港版),第247、249、41页。

文官公共服务能力建设：
英国的经验及启示*

摘要：公共服务提供的日益社会化和市场化对公务员的公共服务能力提出了新的要求。本文分析了英国最新一轮文官公共服务能力建设的背景,介绍了英国在文官能力建设上的做法及其着重建设的四项能力：领导与管理变革；商业技能与行为；有效地提供项目和计划；重新设计服务和服务的数字化提供。本文在此基础上也探讨了英国的经验对我国在公务员公共服务能力建设上可能具有的启示。

一、公共服务能力建设的背景：面对变化的挑战

政府公共服务的提供,其核心在于有一支高质量的公务员队伍。高质量主要表现在两个方面,较高的道德水准和较强的工作能力。因此,除了公务员道德伦理建设外,公务员的能力建设通常构成了公务员制度改革的一个重要部分。英国自 1968 年文官制度改革(《富尔顿报告》)以来,文官制度的改革进行了 10 次(1968 年、1979 年、1983 年、1988 年、1999 年、2004 年、2005 年、2010 年、2011 年和 2012 年),其中涉及能力提高的有 6 次(1968 年、1983 年、1999 年、2004 年、2011 年和 2012 年)。2012 年最新的英国文官制度改革将文官的能力建设作为一项优先的行动选择,其原因在于尽管以往每次涉及能力建设方面的改革都取得了一些进展,但文官系统在提供现代政府服务所需的技术上还是存在着差距和问题。

具体来说,这些差距和问题表现在以下几个方面。(1)在商业关系和数字

---

* 本文原发表于《南京社会科学》2013 年第 10 期,第 67—74 页；人大复印报刊资料《管理科学》2014 年第 3 期全文转载；编入本书时有修订。

化运作方面,管理并监督物有所值的服务需要专业技术,但文官系统还没有采取战略方法来获得这些技术。运作以及项目和计划管理的高级文官有四分之一不是相关领域里的专家。由于在一些核心领域不掌握重要的技术,这使得一些部门在计划、项目管理和信息技术上过分依赖外部咨询。(2)各部门的能力战略无法确保建立他们所需要的能力,糟糕的数据限制了部门对已有能力以及能力发展的理解。此外,信息的缺乏阻碍了对项目的早期管理。由于人员精简,部门无法确认它们留下的人是否具有它们所需的技术。(3)项目管理存在的一大问题是公共部门如何留住有技术的人,并保证他们有足够长的时间在岗位上,直至项目完成。(4)商业技能缺乏。文官系统需要具备聪明地同私人部门打交道以及最佳地利用纳税人的钱的技能。但文官系统缺乏对项目严格的、有数据指导的监督,无法保证合约一方提供货真价实的东西。由于文官系统的规模在缩减,政府的服务会更多地通过与私人部门和第三部门的合同来提供,因此这方面的能力显得愈加重要。(5)整个文官系统(不仅仅是财务部门)的财务管理技能对于政府提供物有所值的服务是至关重要的。尽管这方面有进步,但在如何加强财务管理并使部门和机构拥有更大的财务权方面还要做出努力。①

能力的不足是与变化的环境相关的。

首先,这一变化的环境表现在英国经济面临的挑战上。众所周知,导致新公共管理最早在英国拉开帷幕的一个直接的原因是经济上的拮据,改革中的私有化取向以及政府服务与运作的市场和企业取向无一不反映了力图应对这一挑战的努力。2008年的经济危机再次导致了英国经济的下滑,这一势头并未得到有效的制止。根据预算责任办公室估计,如果下滑的势头不变,那么到2016年,经济规模将缩小11%,而财政赤字将达到GDP的6.4%。② 经济的下滑导致政府财政收入的减少。作为对经济拮据的一种回应,政府首先是精简人员。英国文官从2004年来一直在减少,现有文官45.9万人,占公共

---

① National Audit Office, *Memorandum on the 2012 Civil Service Reform Plan*, available at www.nao.org.uk/wp-content/uploads/2013/03/Civil-Service-reform-plan-Full-report.pdf, retrieved August 14, 2020.

② *The Civil Service Reform Plan*, June 2012, https://assets.publishing.service.gov.uk/government/uploads/system/uploads/attachment_data/file/305148/Civil-Service-Reform-Plan-final.pdf, retrieved November 6, 2020.

部门人数570万的8%。这已经是自1939年来最小的规模,但是精简还会进行,估计到2015年,将减少到38万。① 另一个原因是,政府采购、外包等愈来愈成为政府公共服务提供的主要方式,这背后的原理就是以较少的开支提供较多的服务。英国政府在这方面进行了大刀阔斧的改革,比如减少由中央集中提供的服务,让服务的使用者和社区承担更多的责任。同时,政府将外包作为提升价值、精简成本这一目标的重要部分,外包的规模也越来越大。

其次,是技术上的挑战。新的运作需要借助新的技术和方法,随着信息技术的发展,数字化运作愈来愈成为一种主流的运作方式。事实上,英国在1994年就开始了大规模的政府信息化建设,政府那一年在互联网上建立自己的网络地址——"英国政府信息中心"。1998年,英国政府率先提出"信息时代政府"的建设目标,旨在通过开发信息与通信技术来改善公共服务,具体措施包括:确立政府电子采购目标、制定政府电子商务计划、加强政府服务与信息电子化。为指导政府实现电子采购,政府在2000年成立了商务办公室,具体负责政府采购电子化事务,以确保在2002年实现100%的政府采购电子化。英国政府在《现代化政府》《21世纪政府电子政务》和《电子政府协同框架》等一系列的文件中,提出了"电子政府计划"这一项全面改革政府和公共服务机构运作方式的专项计划,明确提出到2008年,政府所有公共服务都要实现在线提供,做到所有公共服务全天候24小时在线提供。2009年12月,英国又开启了"智慧政府战略",要求政府给予公民所需要的工具来帮助政府提供良好的服务,以"提高政府的透明度和责任"。随后,英国政府在2010年发布了ICT战略,着重阐述了英国电子政务在未来十年如何运用科技改变政府运作方式,并强调政府会以更智慧、更经济、更环保的方式转型。尽管英国的电子政务建设取得了不凡的成绩,内阁部长弗朗西斯·穆德强调,2012年的改革计划"旨在帮助政府赶上数字时代,因为这方面政府还是大大落后了"。② 这一落后的

---

① National Audit Office, "Memorandum on the 2012 Civil Service Reform Plan"(January 21, 2013), https://www.nao.org.uk/wp-content/uploads/2013/03/Civil-Service-reform-plan-Full-report.pdf, retrieved November 6, 2020.

② *The Civil Service Reform Plan*, June 2012, "Foreword by the Rt Hon Francis Maude", https://assets.publishing.service.gov.uk/government/uploads/system/uploads/attachment_data/file/305148/Civil-Service-Reform-Plan-final.pdf, retrieved November 6, 2020.

一个表现就是："英国的电子治理主要集中在信息提供和服务传递两个方面，尤其是服务传递被大力发展，而作为电子治理发展的第三个阶段，即电子协商和电子决策则基本上没有发展起来，只是在个别案例中有所体现，但远没有达到全面渗透到国家决策过程的阶段。"①

经济和技术上的挑战对政府的公共服务来说意味着什么？政府采购和外包以及数字化运作方式等带来了组织形态和文官角色的改变。首先，从组织形态上讲，政府运作发生了一个从官僚的等级运作向网络状运作的变化，这一形态的变化使得原有的自上而下的命令服从式的官僚等级运作开始逐步转变为平行的以磋商、谈判、合作等形式出现的网络状的运作。这使得政府在公共服务的提供中以合同的一方的身份出现，政府从原有的公共服务的垄断提供者开始主要变为服务提供的监督者，从而改写了政府运作的生态。其次，这一运作方式的变化带来了文官角色的变化，其结果是文官的身份也发生了一个从纯粹的、以政治原则、公务执行作为安身立命基础的政府官僚向讲求经济、理性、追求实际效果和价值的半商人角色的变化。

组织形态和文官角色的变化在某种程度上对文官系统来说产生的影响是史无前例的，因为它需要文官去适应一种新的运作方式和文化，掌握一种新的知识和具备一种新的能力。如果文官系统不具备这样一种新的知识和能力，那么政府在新的历史条件下以较少的代价对民众提供物有所值的服务只能流于空谈。正如英国文官部部长鲍勃·克斯雷克指出的，文官系统"正在面临着前所未有的挑战，这些挑战要求进行根本的变革。未来的文官看上去必须大不一样"②。正是在这一意义上，英国尤其自20世纪80年代以来几乎不间断地进行文官制度的改革，也正是在这一意义上，英国政府在2012年出台的《文官制度改革计划》把文官的能力建设作为一种需要优先采取的行动。这是英国政府第一次对整个文官系统提出了一个五年的能力建设计划，其对文官能力建设的重视由此可见。

---

① 刘作奎：《英国的电子治理》(2012年5月21日)，中国社会科学院欧洲研究所网站，http://ies.cssn.cn/wz/yjcg/ozkj/201207/t20120731_2458484.shtml，最后浏览日期：2020年11月6日。
② *The Civil Service Reform Plan*, June 2012, "Foreword by Sir Bob Kerslake", https://assets.publishing.service.gov.uk/government/uploads/system/uploads/attachment_data/file/305148/Civil-Service-Reform-Plan-final.pdf, retrieved November 6, 2020.

二、公共服务能力建设:计划与实施

2012 年开始的能力建设是围绕提高文官公共服务的能力进行的。正如前面指出的,公共服务提供的形态已经发生了一个从政府垄断提供到外包提供的变化,也就是政府的运作方式更多地转向了市场化和企业化运作的方式。向企业学习仍然是文官制度改革的一个取向,正如首相卡梅伦在 2012 年《文官制度改革计划》的前言中所说的:"文官制度改革的核心是利用文官队伍中世界一流的人才,并保证他们不受一种僵硬的、死气沉沉的体制的羁绊。这意味着向私人部门学习它们最好的东西。当然,提供好的公共服务与办企业不同。但是,最好的企业在减少开支的同时培养人才,扁平管理结构和改进服务的方法都是公共部门可以学习的。企业的生死系于它们提供服务的能力,这给了它们紧迫感,而这正是政府可以向它们学习的。"[1]正是在这一指导思想下,计划提出了需要着力加强的四项能力。四项能力的提出首先想改变英国政府各个部门长期来的一种各自为政的做法,这种做法表现在以部门划线,因而减少了各部门共享专业技能资源的有效性,限制了在各个技术方面进行组织的能力。为了改变这种状况和在 21 世纪提供更好的公共服务,英国政府计划第一次为整个文官系统建构了至关重要的四种能力。[2] 这四项能力具体如下。

1. 领导与管理变革

变化是现代公共服务的常态,它不断地对公共服务提供的理念和方式提出挑战。因此,需要通过不断的变革来应付这些挑战。领导与管理这些变革的能力对于有效地提供物有所值的公共服务是非常重要的。在这里,领导人的作用显得更加重要。有关的调查表明,文官认为管理变革是否成功在很大程度上受到了直接领导者的影响。改革的有关对策是确立一种新的战略,用一种统一的、与各部门最高领导人分享的方法来识别、培训和管理那些明天会

---

[1] The Civil Service Reform Plan, June 2012, "Foreword by the Rt Hon David Cameron", https://assets. publishing. service. gov. uk/government/uploads/system/uploads/attachment _ data/file/305148/Civil-Service-Reform-Plan-final.pdf, retrieved November 6, 2020.

[2] "Meeting the Challenge of Change: A Capabilities Plan for the Civil Service"(April 2013), pp.3-4, https://assets.publishing.service.gov.uk/government/uploads/system/uploads/attachment_data/file/307250/Civil_Service_Capabilities_Plan_2013.pdf, retrieved November 6, 2020.

成为文官领导人的人才。通过学习和培训计划(包括送到私人企业和高校学习)对顶尖人才进行投资,确保他们获得领导项目变革所需的能力。此外,管理变革不仅仅是领导人的职责,同时也是每一个提供公共服务的文官会面临的问题。因此,另外一个做法就是通过"文官学习计划"向各级人员提供一种新的学习和培训机会,以管理变革。

2. 商业技能与行为

公共服务的市场化和企业化提供的规模在英国已经变得很大,英国政府每年花在一些服务和物品上的资金多达450亿英镑。要做到提供的服务物有所值,就需要有良好的财务知识和商业知识,尤其是在服务提供市场化和企业化的情况下。这意味着需要提高采购技能,更好地了解需要购买什么,如何做计划以及与市场接触,以取得最多的选择和创新;如何聪明地购买和签约;如何管理物品和服务的提供,以满足政府的目标。尽管英国已经在文官系统中建立了一些商业技能中心[如内阁办公室中的商业关系小组和政府采购服务中心,商务部的股东主管(shareholder executive),财政部的创新、技能与基本建设],但文官系统的商业能力还有待进一步提高。

2012年的改革对文官的采购方面的能力给予了特别的关注。改革计划认为,公共服务的价值是从商业接触的三个阶段——采购前、采购中和签约后获得的。英国目前的问题是过分注重采购阶段,而忽略了采购前和签约后的阶段。针对这种情况,改革要求所有的文官(不管是政策制定者还是服务提供者)需要做到以下几点:采购前,建立更好的技能来明确简洁地指出具体需要,不要在开始正式采购前做过分的规定,以有助于与整个市场进行有意义的、有计划的和有竞争性的接触。理解供应商的经济考虑和价格战略,以及一些基本的合同术语如合同变化,知识产权及其终止等。知道如何谈个好价钱。签约后,为了得到最好的价值,需要运用一些商业技巧来保证供应商提供货真价实的东西。

为了提升文官系统的商业能力,改革采取的措施主要有如下几项。(1)建立一个代表整个政府进行物品和服务采购的统一的系统,各部门的采购都纳入这一系统。(2)在内阁办公室建立一个新的单位——交易团队,这一团队由商业专家组成(这些人可以从私人部门招收),在购买和管理商业性的服务时提供帮助。(3)在部门采购主任与内阁办公室的采购主任之间建立一条直通线。由负总责的主任确定年度目标,根据这些目标评估绩效,并确定部门商业高级职位的录用和待遇。(4)与"文官学习计划"项目合作,首先从文官高层开始提高其商业技巧。(5)把一些进入"快速通道"(意指培养对象)的人送到私人部门,提高其商业技能。(6)建立一个商业专才的数据中心,记录每一个人的经历和能力。部门要保持记录的更新。(7)"文官人才团队计划"将发起一个与私人部门交流的项目,以使更多部门的文官具备商业技能。

3. 有效地提供项目和计划

英国政府目前有价值4 140亿英镑的185个大项目,但事实上只有三分之一的重大项目是准时并按预算提供的。提供的失败既浪费纳税人的钱,也影响公共服务的品质。为此,英国在2011年建立了重大项目管理局(Major Project Authority)来改进政府主要项目的提供,以及提高政府各部门项目提供的能力。建立重大项目管理局的另一个目标是培养一支具有世界级水准的项目领导人队伍,并激励他们承担一些最重要的项目。

为了成功地提供项目和计划,文官系统还进行了以下努力。(1)在市场上购买一些特别项目所需的人才。(2)同牛津大学的赛德商学院一起建立了"重要项目领导研究班"来培养世界级的项目领导人。研究班的对象是350个高级领导人,他们将对政府的一些最高级的优先项目负责。研究班25%的课程集中在建立商业认识上,使毕业生具备与私人部门人员一起工作的能力。(3)支持并扩大文官的"项目领导"网络,这一网络提供并分享项目领导和管理的最好经验。(4)在重大项目管理局建立一个项目专家的储备库,这些专家可以跨部门流动,以被安置到一些优先的项目上。

4. 重新设计服务和服务的数字化提供

随着信息技术的不断发展,如何采用电子方式来提供迅速的、使人满意的公共服务并降低服务的成本已成为政府必须考虑的一个问题。据统计,英国有82%成年人上网,并日益在生活中运用数字技术。然而,只有50%多一点的人在网上使用政府的服务或网上信息。因此,网上提供公共服务就涉及了两个方面的问题:一是如何进一步改进提供服务的技术;二是如何使更多的人运用数字技术。

公共服务的重新设计需要围绕"以使用者为中心的网上服务"进行,并使这样的网上服务成为一种规范,提供简单、迅速、安全和高质量的服务。2012年出版的《政府数字战略》提出了一些具体的设想。比如,在2014年建立新设计的网上服务标准,这些标准同时配有获得成功所需的程序、技能和工具;在 2015 年要求一些主要的部门指出进行重新设计可借鉴的"样板服务",这一做法的考虑是建立转向重新设计的公共服务所需要的可持续的数字技术、知识和经验;指出一些政府网上服务所需专业知识支持的领域,比如为具有数字技术潜力的高级文官进行培训,以改进服务和政策制定,帮助采购部门的领导人进行网上服务。

政府的"数字服务中心"有一支专家服务改进团队,这一团队同部门一起对被选择出来的改进项目提供支持,比如提供相关技术技能支持、商业分析建议、项目评估和管理等。2012 年的改革计划要求每个部门都有它们的数字化战略,包括如何建立所需的数字能力以对服务进行重新设计。部门要有专门的领导人来负责执行数字化战略和文化变革。部门将较多地使用数字工具来更好地与民众接触,提高决策能力,确保决策考虑数字化的因素。从 2013 年开始,部门要保证所有新的和重新设计的服务由服务经理来领导,服务经理对重新设计和持续改进服务提供负全责。2013 年夏,已有 20 名左右的服务经理参加相关的培训。

公共服务的四项能力建设针对的是整个文官系统,因此,这一能力的建设势必与文官的专业能力联系在一起的。英国文官就其从事的工作而言,基本上可以分三种类型:一是一线的运作人员,这些人差不多占了整个文官人数的 70%,主要从事从发放养老金和福利到管理监狱等不同的工作;二是政策建议提供人员,其功能主要是向领导人提供政策建议;三是项目和计划执行人员。在每一个领域,每个文官都有其专业知识和需要具备的专业能力。这些专业知识通常涉及以下 24 种:沟通与经营、公司财务、经济学、财政学、人力资源、信息技术、内部审计、知识管理与信息管理、法律、医学、服务提供实务、运筹学、计划、政策建议、采购、项目提供、资产评估管理、心理学、学校监督、科学与工程、社会研究、统计学、税务、兽医。[①] 如何在提升公共服务能力的同时提升文官的专业知识?

2012 年的改革要求文官将专业至上(professionalism)、专家技能(expert

---

① "Meeting the Challenge of Change: A capabilities plan for the Civil Service"(April 2013), p.10, https://assets.publishing.service.gov.uk/government/uploads/system/uploads/attachment_data/file/307250/Civil_Service_Capabilities_Plan_2013.pdf, retrieved November 6, 2020.

skills)和专项技能(subject matter expertise)进行平衡,将专业知识纳入政府的能力建设中。采取的一些措施有:在组织各个层次招募有技能的人;通过"文官学习计划"创造培训机会,确立培训专业技能的课程,包括这些技能如何同四项能力建设联系起来;提供职业发展计划来吸引和留住有能力和专业技能的人;创新部门间人员和资源流动的模式,共享各部门所需的专家技能;挑选和培养人才,提供培养未来领导人的通道;为了支持专业主管发挥其作用,将建立一个新的文官专业委员会。这是一个协调部门,其职能是将各种专业形成一种整合的力量,最大程度地对能力建设作出贡献。

为了使四项能力的建设得到有力的贯彻,英国文官系统从如下三个方面来加以保证。

1. 制订详细的执行计划

这一行动计划具体指出了在能力建设中要执行什么样的行动,哪个部门来执行,执行的范围和规模如何以及何时执行。四项能力中,"领导与管理变革"要执行的行动有 13 项,"商业技能与行为"有 4 项,"有效地提供项目和计划"有 5 项,"重新设计服务和服务的数字化提供"有 6 项。

以"领导与管理变革"的 13 项行动中的一项为例。

行动:建立一个新的专业能力委员会来协调能力建设中 24 种专业的作用。

执行部门:文官部部长。

所涉范围:所有与 24 种专业相关的部门。

执行日期:2013 年 9 月。

再以"商业技能与行为"为例。

行动:转向一种新的采购体制,即以政府而非各个部门的名义进行一般物品和服务的采购。政府采购局对所有部门提供全程的采购服务。

执行部门:采购局局长,各个部门及其相关机构。

所涉范围:所有的一般物品和服务。

执行日期:2013 年 12 月。[①]

把执行计划具体落实到人和部门以及确定完成计划的时间表,这样就使

[①] "Meeting the Challenge of Change: A Capabilities Plan for the Civil Service"(April 2013), pp.20-23, https://assets.publishing.service.gov.uk/government/uploads/system/uploads/attachment_data/file/307250/Civil_Service_Capabilities_Plan_2013.pdf, retrieved November 6, 2020.

能力建设得到了充分的保障。

2. 建立统一的文官胜任力框架(见图1)

文官胜任力框架提出了文官行事的核心价值,这就是中立、客观、无偏私和廉洁。胜任力框架对能力建设的意义在于:(1)这是第一个所有部门都要执行的框架;(2)它提出了三项与能力建设结合起来的重要的领导行为(确定方向、接触公众和提供结果);(3)它为绩效管理和培训计划程序提供了基础,使部门管理者根据相关的程序给予建设性的反馈,帮助团队成员提高其技能;(4)它把四种能力融入文官系统各级未来所需的技能和行为中。此外,常务次官(permanent secretaries)被要求负责保证其所在部门执行新的管理程序。他们将提供领导,并帮助管理者和一般文官改进表现。部门负责制定如何在本部门执行这些计划,负责评估它们所需的技能,以及与其他部门(包括"文官学习计划"和其他的一些专业)的合作伙伴关系,并通过这些合作伙伴关系来发展这些技能。高级文官和部门在这方面的表现通过绩效评估进行。

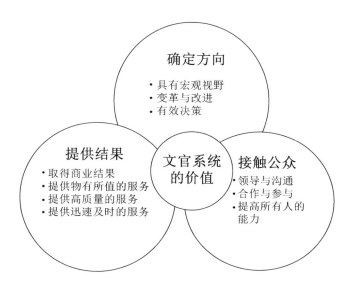

图1　文官胜任力框架

资料来源　"Meeting the Challenge of Change: A Capabilities Plan for the Civil Service" (April 2013), p.12, https://assets.publishing.service.gov.uk/government/uploads/system/uploads/attachment_data/file/307250/Civil_Service_Capabilities_Plan_2013.pdf, retrieved November 6, 2020。

3. 对能力建设进行绩效评估

改革计划还建立了一个绩效评估框架,以对能力建设的结果进行评估。能力建设的成功与否对照标准或承诺从以下几个方面来衡量:是否按照计划采取了行动?能力增长的证据和表现在哪里?这种能力增长在改进了的组织表现中是如何得到反映的?评估不仅仅局限于搜集相关的数据,更重要的是通过评估来理解这一进步的意义何在,对于启示未来的行动有何作用。另外,在方法上,通常采用以下的做法来进行衡量。(1)员工调查,检查人事方面的措施,以及具体的指标,包括技能、学习与培训、领导与变革管理。(2)管理信息搜集。从管理信息中加以了解,因为能力强意味着做同样的事更有效率,这些可以在管理信息中找到。(3)有关学习与培训的数量和质量数据,如完成培训的次数,以及对质量的评估。(4)从人力资源部门获取信息,包括人力规划、招募、留人等方面的信息。(5)通过各专业收集信息,这些信息可以表明专业技能的水平,包括具有相当资格或经历的人员的数量。评估的形式有年度技能检查以及独立的外部评估等。

三、启　　示

政府的一个基本职能是提供公共服务。今天,政府在提供公共服务方面面临的一个共同的困境是,政府有限的财政资源导致的公共服务供给不足和民众无限的公共服务需求之间的不平衡,这一点中外都如此。西方国家应付这一困境的做法就是通过公共服务的市场化和企业化方式来降低公共服务提供的成本和提高公共服务的质量。中国新一届政府也提出了相同的对策。不久前召开的国务院常务会议研究的一个主题就是如何推进政府向社会力量购买公共服务。会议指出要创新方式,提供更好的公共服务。"要放开市场准入,释放改革红利,凡社会能办好的,尽可能交给社会力量承担,加快形成改善公共服务的合力,有效解决一些领域公共服务产品短缺、质量和效率不高等问题,使群众得到更多便利和实惠。"[①]这样,中国政府就面临了一个与英国政府

---

① 《国务院研究推进政府向社会力量购买公共服务》(2013 年 7 月 31 日),新华网,http://news.sina.com.cn/c/2013-07-31/212527825952.shtml,最后浏览日期:2020 年 8 月 7 日。

相同的问题:如何提升公务员提供公共服务的能力?由于政府运作形态的变化,无论是政策的制定者,还是服务的提供者,也都面临了一个新的变化:需要适应一个新的环境,需要学习和掌握一些新的知识和新的技能。

英国的经验可以在以下方面给我们提供启示。

首先是对公共服务中人的能力的重视。能力通常被理解为一种产出结果的结构、技能和过程的集合。公共服务的过程至少也涉及这三个方面,公共服务提供的好坏或成功与失败是这三者互动的结果,在这里技能是一个不可或缺的因素。正因为如此,英国2012年的《文官制度改革计划》把提升文官公共服务能力的建设作为改革的几个优先行动之一,其目的在于创造一些新的方法,使文官具备更有效的提供服务所需的品质和能力。

而我们可能现在还将更多的注意力放在结构和程序上。比如,国务院会议在谈到将适合市场化方式提供的公共服务事项交由具备条件、信誉良好的社会组织、机构和企业等承担时,提出了五个具体的做法:"一是各地要在准确把握公众需求的基础上,制定政府购买服务指导性目录,明确政府购买服务的种类、性质和内容,并试点推广。二是政府可通过委托、承包、采购等方式购买公共服务。要按照公开、公平、公正原则,严格程序,竞争择优,确定承接主体,并严禁转包。三是严格政府购买服务资金管理,在既有预算中统筹安排,以事定费,规范透明,强化审计,把有限的资金用到群众最需要的地方,用到刀刃上。四是建立严格的监督评价机制,全面公开购买服务的信息,建立由购买主体、服务对象及第三方组成的评审机制,评价结果向社会公布。五是对购买服务项目进行动态调整,对承接主体实行优胜劣汰,使群众享受到丰富优质高效的公共服务。"[①]五个做法显然没有涉及如何提高公务员的公共服务能力的问题。结构和程序的设计固然重要,但公务员的能力不应被忽视,应当把提升公务员公共服务能力的建设同时提上日程。

其次是采取多种手段培养文官以提高公共服务能力。主要的手段具体如下。(1)对急需的、内部缺乏的人才进行外部购买,以解燃眉之急。(2)培训。2011年英国有1.78亿英镑或平均每人425英镑投在了文官的培训上。除了

---

① 《国务院研究推进政府向社会力量购买公共服务》(2013年7月31日),新华网,http://news.sina.com.cn/c/2013-07-31/212527825952.shtml,最后浏览日期:2020年8月7日。

上面提到的一些培训措施外，改革计划规定每人每年都可以获得 5 天的学习和培训时间。此外，"文官学习计划"还在网上提供大量的学习培训机会，比如可以直接在网上预订 130 多门课程和培训项目，课程包括了一些核心的技能如顾客服务、财务、信息技术、人和事的管理，以及一些与政府内部相关的技能，如分析与政策制定、简报写作和提交等。对人才储备库的人或要担当新的角色的人提供为期较长的培训项目，并通过培训给他们指出一些发展机会。(3)对高级文官的培训除了课程的培训(比如为期一天的变革性领导的讨论；短期的领导力提升班——内容涉及项目提供、数字化服务提供、商业技能、政策能力等)外，还强调部门流动，因为一些主要的服务提供部门的高级领导人具有多部门工作经历对于取得外部的支持和发展变得越来越重要了。为了全面提高领导人的能力，新的晋升标准规定，提升主任一级以上职位的候选人需要有较广的经历。任命担任主要的提供部门的常务次官至少要有 2 年的商业或运作经验。① (4)重视对有潜力的后备领导人的培养。改革计划认为，在政府各级培养和培训具有领导才能的人是成功的文官制度的核心。为此，英国在"快速通道"(吸收优秀毕业生进入文官队伍)计划中实施了一个"2 加 2"的项目，即 4 个每期为 6 个月的在不同部门工作的项目中，表现优异的文官，在未来两年里会被提升一个等级。此外，"未来领导人计划"将在中层发现和培养最有才能的人，它对从"快速通道"毕业的人和一些优异表现者开放，其目的是保证那些没有运作管理经验的人在这一阶段有所收获。

最后，改进评估。能力建设的进展需要有好的评估体系来加以保障。历史上，英国的文官系统是以联邦模式运作的，即各个组织自成一体。这一做法的好处是部门可自主地决定其重点并迅速有效地采取相应的行动。坏处是整个文官系统太分散。改革计划的一个最根本的变革是走向一个统一的文官系统，用同一个最好的标准来评估所有文官的运作，包括人才管理和能力建设。评估从两个方面进行：(1)完成了什么？确定的标准如服务提供、财务、效率、人事和能力是否完成，完成的程度如何？(2)如何完成的？完成过程中展示了什么样的行为特征？这些行为是否体现了文官系统的价值？在能力建设的评

---

① "Meeting the Challenge of Change: A capabilities plan for the Civil Service"(April 2013), p.10, https://assets.publishing.service.gov.uk/government/uploads/system/uploads/attachment_data/file/307250/Civil_Service_Capabilities_Plan_2013.pdf, retrieved November 6, 2020.

估中,"每个组织必须重新评估什么是它干得好的,什么它能干得更好"并在评估中坚持"文官制度的核心价值——中立、客观、无偏私和廉洁"。[1]

Civilian Public Service Ability: British Experience and Enlightenment

Abstract: Public service provided by the increasing socialization and marketization of civil servant's public service ability put forward new requirements. This paper firstly analyzes the new round of the background of the civilian public service capacity building. Then, it introduces the practice in the civilian capacity building and its focus on construction of the four skills (leading and managing change, commercial skills and behaviors, effectively providing projects and programs, and redesigning services and delivering them digitally) in Britian. On this basis, also, the paper discusses the British experience on our country civil servants public service capacity building may have enlightenment.

---

[1] "Future of the Civil Service", written evidence submitted by Cabinet Office on Second Call for Evidence, http://www.publications.parliament.uk/pa/cm201213/cmselect/cmpubadm/writev/csr/m29.htm, retrieved June 16, 2013.

新公共管理与文官制度改革*

摘要：西方国家的文官制度改革是新公共管理改革的一部分，它在许多方面反映了新公共管理改革的特点。但其以市场化和企业化为取向的改革举措在顺应新的公共管理模式的同时，也带来了自身的问题。文官制度未来还会不断调适，为适应管理模式创新，它必须关注结构和行政价值层面的改革，完成从传统行政文化到新的行政文化的转化。

一、新公共管理：文官制度改革的背景

西方文官制度的改革是与新公共管理运动联系在一起的，也可以说是新公共管理改革的一部分。新公共管理改革的锋芒直指传统的公共行政模式，直指这一模式的两个最显著的特征：政治与行政两分和官僚制组织。其第一个特征确立了文官的基本身份，即他们是行政官员而不是政治官员，他们从事的是技术性的执行工作。伍德罗·威尔逊在他著名的《行政学研究》中写道，需要注意的最重要的一点是文官制度改革家全力支持的一条真理，即行政管理置身于政治所特有的范围之外。行政管理问题不是政治问题，虽然政治为行政管理确定任务，但政治无须自找麻烦地去操纵行政管理机构。威尔逊引用德国学者的话说，政治是在一些重大且带普遍性的事项方面的国家活动，而行政管理则是国家在个别和细微事项上的活动，因此，政治是政治家的特有领域，而行政管理则是技术性职员的事情。①古德诺用一句经典的话表明了政治与行政两者之间的关系：政治是政策的制定，行政是政策的执行。正是在这一

---

* 本文原发表于《江苏行政学院学报》2013年第4期，第91—97页。人大复印报刊资料《管理科学》2013年第10期全文转载。

① [美]伍德罗·威尔逊：《行政学研究》，载[美]理查德·斯蒂尔曼二世编：《公共行政学：概念与案例》，竺乾威等译，中国人民大学出版社2004年版，第14页。

意义上,政务官和文官被区分开来,文官制度的三个原则(竞争考试,择优录用;政治中立;终身职业)自确立以来一直得到了坚持。

其第二个特征确立了文官行政运作的基本方式。行政运作需要借助一种组织形式,而这一组织形式在马克斯·韦伯看来非官僚制莫属,因为这一组织纯粹的技术上的优越性,使得它在"精密性、速度、明确性、对公文档案的了解、连续性、自由裁量权、统一性、严格的隶属关系、减少摩擦和人力物力开支"①等方面都优于其他组织形式。这是一种最理性、能最有效地达成社会目标和经济目标的组织形式。韦伯指出了官僚组织的几个最显著的特点:(1)等级结构;(2)分工;(3)记录在案的工作决定;(4)行政权与立法权分离;(5)行政人员经过特殊训练,有特殊才能;(6)非人格化管理。韦伯接着对与官僚制组织相连的文官制度做了描述:(1)文官是一种职业,要求有严格规定的训练过程,胜任工作的能力,雇佣必须经过一般和专门的考试;(2)典型的官僚制机构的官僚是由上级任命的,由民众选举产生的官员不是纯粹意义上的官僚制机构的官员;(3)官员的职位是终身的,它可以保护官员的独立性,是一种保障;(4)官员拿固定薪水和养老金;(5)等级制为官员设置了一个职业,有一个从高到低的地位。②

这两个特征使得传统公共行政在运作过程中表现出了以下几个方面特点。(1)由官僚组成的政府构成了公共管理活动的中心。政府是公共资源唯一的调配者,也是公共产品和服务唯一的提供者。简言之,公共事务由政府一手包办。(2)政府与市场和社会三者之间有明确的边界,三者各行其是,行政手段通常被用来解决三者之间的矛盾和问题。(3)政府以及公务员的行为属公法管辖范畴,这在一定程度上使得文官享有其他部门人员无法享受的特权,比如终身制、公务活动不得受到妨碍和干扰,等等。(4)官僚制组织内部是一个封闭的系统,从上到下的等级结构决定了组织内部人员的基本关系和活动准则。奉命办事、服从上级是基本的行为准则。(5)行政运作注重的是过程而非结果,按程序和规章制度办事是必须遵循的原则,即便有时与结果不符。比如明知一些政府采购导致浪费也要去做,因为程序做了这样的规定,必须服

---

① [德]马克斯·韦伯:《官僚制》,载[美]理查德·斯蒂尔曼二世编:《公共行政学:概念与案例》,竺乾威等译,中国人民大学出版社2004年版,第86页。
② 同上书,第82—86页。

从。(6)对效率的追求主要通过良好的组织结构获得,公务员忠于职守就是有效率的表现,职务晋升差不多是对公务员唯一的褒奖。

传统的公共行政模式在 20 世纪 80 年代开始受到新公共管理改革的挑战。之所以如此,是因为西方国家的社会、政治、经济状况发生了深刻的变化。这一变化又主要可以从国际、国内两个背景加以分析。从国际背景看,出现了一个经济全球化的过程,这一过程把国家竞争力提上了议程。国家竞争力在相当程度上是与政府的能力相连的。传统的行政模式缺乏竞争力。从国内背景看,出现了从生产者社会向消费者社会的转变。这一转变要求政府改变以往的管理模式,也就是从以往官僚式的、以作为公共产品生产者的政府为主的管理模式转向服务于作为消费者的公众的管理模式。这样,与传统模式相连的官僚制无疑成了改革的对象。

戴维·奥斯本对官僚制批评道,在官僚体制走过的岁月里,它的确起过重要作用,但在最近 20 年里,官僚体制已经面临土崩瓦解。当今世界瞬息万变,技术革命、全球范围内的经济竞争、市场的日益分化、从业者受过良好的教育使得自上而下的垄断专权显得过于老态龙钟、反应迟钝,在变革和创新方面显得无能为力。① 麦克尔·巴泽雷则指出了官僚制受到挑战的原因。在他看来,政府组织应该是"以用户为驱动"并且应该是服务性的,因而要把公共部门转变成更贴近客户、方便用户、有活力、有价值并具有竞争力的服务提供者。在巴泽雷看来,越来越多出现的诸如顾客、质量、服务、价值、创新、授权和灵活性等,表明官僚体制已经不是美国政府官僚中唯一主要的观点和论据了。②

新公共管理开创了一个新的管理模式,其取向是企业化和市场化。企业的方法、手段和技术被运用到行政运作中,如注重结果而不再注重过程,公共服务的提供从原有的政府垄断走向多元提供,等级的运作开始走向网络的运作,企业的用人制度和绩效评估制度被引入,对顾客做出承诺,保证服务的质量,平衡计分卡开始在公共部门运用,等等。所有这些改革,对文官制度有什么含义呢?

---

① [美]戴维·奥斯本、[美]彼得·普拉斯特里克:《摒弃官僚制:政府再造的五项战略》,谭功荣、刘霞译,中国人民大学出版社 2002 版,第 18 页。
② [美]麦克尔·巴泽雷:《突破官僚制》,孔宪遂等译,中国人民大学出版社 2002 年版,第 9 页。

改革要提高政府的竞争能力。"政府能力建设是提升公共行政质量的基础保障"[①],而政府的能力是与文官和文官的管理联系在一起的。文官的素质、能力、道德水准以及文官管理的效率和有效性在相当程度上决定了政府的能力,因而也在相当程度上影响了国家的竞争力。毫无疑问,文官制度的改革是整个公共管理改革的一个必然选项。此外,新的管理模式对文官的组成方式、思想方法、行为习惯、运作方式以及文官的管理模式提出了新的要求。比如,随着公共服务外包的推进,文官必须去学习一些有关竞标、合同签订之类的知识;随着寻租空间的扩大,文官必须考虑如何增强抵御外部诱惑的能力;等等。

作为传统模式另一个基础的两分法则呈现了另外一种状况。尽管有很多人甚至认为两分法在现实中并不存在,但在罗伯特·登哈特看来,对两分法有两种理解:一种观点认为,公共行政由于其与政治过程的关系而独具特色,这种关系要求公共行政更多地关注正义、自由和责任等规范性问题;另一观点认为,在以民主的方式做出决定后,行政执行有赖于与私人企业管理相同的技术和方法。罗伯特·登哈特本人和约翰·纳班丹对此进行了超越。他们认为,公共管理者处在政治领域和行政领域的连接点上,因而他既不是一个独立的行动者,也不是政治系统中的一个工具。由于这种独特的地位,公共管理者会接受、诠释并影响一些指导公共管理者的知识和技术应用的价值。[②] 如果一定要说两分,那么新公共管理的改革更多的是从流程和技术层面影响文官制度改革的。

二、企业化与市场化:文官制度改革的取向

西方文官制度的改革鲜明地体现了新公共管理改革的基本取向——企业化和市场化,即以最少的代价来提高政府的工作效率和服务质量。这一改革取向可以从组织、运作以及提高文官自身素质等几个方面采取的改革措施反映出来。

---

① 吴江:《直面公共行政的思想危机和能力挑战——国际行政科学学会第 28 届大会观点综述》,《行政论坛》2011 年第 1 期,第 4 页。
② [美]罗伯特·登哈特:《公共组织理论》(第五版),扶松茂、丁力译,中国人民大学出版社 2011 年版,第 14 页。

(一) 组织方面的改革

围绕组织进行的改革可以归纳为以下几个方面。

第一,机构和人员精简。导致精简的原因主要有两个。首先是政府财政状况的拮据,无法支撑一个庞大的政府,精简便成了应有之义。其次,新公共管理改革中出现的政府公共产品和服务的外包,使政府原有大量的服务提供开始由社会其他组织接手,政府不需要原来这么多的机构和人员,精简势在必行。因此,20世纪80年代以来,西方国家文官的精简是一个比较普遍的做法。美国在克林顿政府时期联邦政府的公务员就精简了20%。许多经合国家也进行了精简。英国布朗政府在2006年将三个部门的政府人员减少了40 500个。精简通常有两种不同的方法:一是减少公共服务职位,比如德国每年减少1%—1.5%;二是通过私有化或改变公共机构的身份地位来精简。当一些政府职能通过私有化转到私人部门时,也就相应地减少了公共部门的职位。在精简过程中,西方政府还使用了其他各种削减的方法,如自然减员、自愿离职、重新安置、提早退休和物质激励等。

第二,职业制开始与雇佣制(以职位为基础)合一。西方文官制度建立在功绩制基础之上。尽管西方国家的文官制度因国情不同而具有自身的特点,但就组织系统而言,功绩制一般可以分成雇佣制和职业制两类。在职业制中,文官通过考试进入,竞争者一般具有大学以上学历。这些人进入后,其在系统内的发展由法律和规则来调整,职业有保障,不受一些经济因素变化的影响。在雇佣制中,组织中的职位是根据所需资格、所需完成任务和工资等级来分类的。文官通常是根据具体的职位招募的,他们的任职取决于这些职位的存在和变化,雇佣是不稳定和没保障的。今天,雇佣制的优点在西方国家受到了更多关注。改革的一个趋势是两者的合一,并更多地向雇佣制靠拢。

第三,职业保障开始受到挑战,终身制逐渐被打破。终身雇佣是文官制度的基本规范之一,改革以来,曾作为公共部门特权的职业保障面临了严峻挑战。在加拿大、澳大利亚、美国等国家,原有的终身合同正在逐渐被固定期限的合同所取代。在澳大利亚,1997年5月,公务员委员会颁布了合同协议的指导性政策,除15%的老公务员是固定制的,其他均实行合同制,一般公务员一年一签。① 美国在克林顿政府时期,联邦政府的合同制官员差不多占了总数的25%。一些国家开始将公开和期限固定的雇佣合同用于高级职位。例如,在新西兰,所有的高层管理者都在合同的基础上被雇用。通常主管以固定期限合同被雇用,高级管理者以期限灵活合同被雇用,大约有23%的高级管理者被雇用的最长期限是五年。这方面走得最极端的是美国的佐治亚州。20世纪90年代末,该州立法取消了文官的终身制。到2006年,不再享受终身制的官员在州政府总人数中占了76%。美国很多其他的州后来纷纷效仿。据统计,到2006年,美国50个州中有28个采取了同样的做法,占了州总数的56%。②

第四,公私部门的劳动关系趋于一体化。长期以来,西方很多国家公共与私人部门的劳动关系是不一样的,前者属公法系统管理,享有某些私人部门所没有的特权。比如,经合国家的一个传统是,公共雇员应当由特殊的立法来管理(如文官法等)。改革以来,这一点发生了很大变化。在一些国家,公共和私人部门在雇佣地位上的差别开始消失。比如,在新西兰,人事方面的立法条款开始同时针对公共部门和私人部门,不再有区分。公私部门的雇员受到同等对待。瑞典也有了类似的法。在瑞典,中央政府在20世纪80年代就明确地表示应该有一种同等的一般雇佣条件。原先雇员的雇佣条件由中央政府说了算,改革后则通过集体谈判来决定。

第五,市场化改革将官僚机构内的等级关系改变为市场式的委托-代理关系,这主要表现在英国和新西兰实行的"执行机构"的改革上。这一改革将政治任务和日常的行政和管理任务做一区分,前者由部长掌握,后者由一些自主的机构执行,这样就将决策权和执行权做了分离。这些机构根据与发起的部或相关机构确立的合同进行运作。每一个这样的执行机构由执行长负责,此人或许是文官,或许根据合同而被雇用。这样,合同关系取代了原有的等级关系。

---

① 杨妍、吴玉宗:《新公共管理视域下的公务员制度创新》,《中共四川省委省级机关党校学报》2012年第3期,第82页。
② Stephen E. Condrey and Paul Battaglio, Jr., "A Return to Spoils? Revisiting Radical Civil Service Reform in the United States", *Public Administration Review*, 2007(3), p.428.

(二) 运作方面的改革

运作方面的改革包括如下三个方面。

一是分权管理,增加部门和机构在人事管理方面的自由裁量权。文官制度改革的一个方式是权力往下走。美国在 20 世纪 70 年代末就撤销了文官委员会,其职能由三个机构分享。英国在撒切尔政府时期撤销了文官部,将中央政府机构的人力资源管理责任下放到直线部门,然后再下放到直线部门的管理者。这一做法的基本设想是通过授权管理者进行管理来提高管理绩效。在上面提到的美国 28 个开始废除文官终身制的州中,有 25 个同时将人事管理权下放到了一线的管理者。在新西兰、澳大利亚和瑞典,中央人事机构对部门人事活动的干预度被降到了最低,部门和机构在人事管理方面获得了大量的自由裁量权。新西兰政府机构和部门可以自行决定人员录用,不再有统一的标准。瑞典也一样,机构领导人负责其员工的招募、评价和解雇。对他们要雇用什么人没有任何限制,职位有空缺就在报纸上登广告,所有合格的人在招聘中都被同等对待,不存在全国统一的文官制度。

二是结果取向的管理将文官的报酬与绩效联系起来。在改革中,结果取向的管理方式代替了以往以过程为中心的管理方式。与这一做法相连的是在政府部门引入绩效管理系统。这样,绩效就成了文官管理的一个重要方面,因为绩效或结果与工资联系了起来。瑞士和英国执行了一种灵活的支付结构来奖励优秀表现。美国已有不少的州政府开始采用绩效支付的形式来分配工资。早在 2000 年,已经有 64% 的州采用了个人绩效奖。日本改变了以往注重资历的做法,使文官的提升和对文官的支付建立在能力和表现上。

三是私有化和公共服务外包改变了政府的运作流程,在原有的等级官僚制结构上,又多了一个平行的组织网络。正如菲利普·库珀指出的,今天的"公共管理者是在垂直的权威模式和平行的协商模式相互交叉的情况下运作的。垂直模式的权威、资源和影响力来自治理核心的宪政过程。平行关系建立在合同概念之上"[①]。文官对前者的运作是熟悉的,而对后者是陌生的。运

---

① [美]菲利普·库珀:《合同制治理》,竺乾威、卢毅、陈卓霞译,复旦大学出版社 2007 年版,第 12 页。

作方式的改变导致了文官行政运作技术和知识的改变,这样,能力问题就被提了出来。文官必须掌握新的运作技术和知识,以进行有效的运作。英国在1999年就制定了中高级文官的能力标准体系。2006年,英国在对文官制度改革进行四次检讨后发现,有四个主题是共通的:提高每个部门领导机构的领导能力;改进部门提供服务的方式;更有效地回应公众的需求;提高文官的技术和能力。在2012年的《文官制度改革计划》中,英国再次强调了提高文官能力的重要性。文官的培训因而得到了加强,有各种形式的培训可供文官选择。

(三)文官道德伦理方面的改革

文官制度改革的另一个方面发生在伦理道德层面。引发这方面改革的背景是新的公私合伙、外包或公共服务购买等市场化、企业化的运作方式在提高效率的同时,也在公共服务部门以及它们与竞争性的私人部门的关系中产生了前所未有的腐败。一些被报道的丑闻(从文官的一些"不恰当"行为到腐败行为)加剧了公众信心的跌落。文官制度的主要美德在削弱,这使得道德和公共生活中的行为标准成了公共辩论的重要话题。西方国家对此采取了一系列改革措施。总的来说,政府运用两种提高公共部门道德的方法。一是"以服从为基础"的道德管理,它强调服从规定的行政程序、控制机制以及有关文官应当做什么、不应当做什么和如何做的具体的规定。二是"以正直、诚实为基础"的方法,这一方法建立在原则和目标之上,依赖强有力的职业社会化来激励以及鼓励良好的行为表现。提高公共部门道德的具体做法如下。

其一,提高文官的道德标准。由于分权以及文官在工作中获得了大量的自由裁量权,权力滥用的状况会增多,而道德标准则是防止滥用公共权力的一种重要制约力量。通常有三种方法用来提高职业道德。一是确立法律框架,许多国家把道德价值纳入了现存的规则体系中,如增加新的修正条款,或进行新的立法。比如,美国在1993年颁布了《美国行政部门雇员道德行为准则》。一些国家则立法增加透明度,如日本和意大利要求高级公务员公布财产。二是通过教育培训等进行职业社会化,丹麦政府向公务员发送道德书籍,日本在2000年实施了《国家公共事业道德法》,对公务员的不良行为确定了严格和公正的程序。三是创造一种雇员尊重道德标准并充分发挥潜力的环境。①

其二,更新一些重要的公共服务价值。经合国家在更新过程中,在强调诸如无偏私、正直、法制这样一些传统价值的同时,增加了一些反映公共管理新的变化(比如日益增长的以结果为取向的公共服务)的内容和新的价值,如透明度、效率、问责、回应性等。

其三,通过立法来制定行为标准。通常可以把文官的行为模式分成三类:(1)非法行为,即违反刑法的行为;(2)不道德的行为,即违反伦理准则、原则和价值的行为;(3)不恰当的行为,即与常规和通行的实践相悖的行为。这三种行为中,非法行为如接受非法好处、贪污、挪用公共资金等比较容易辨识和处理,不道德和不恰当行为就比较含糊,也不易采取什么措施。几乎所有经合国家在对文官制定行为标准的同时,也对行为准则尤其是对一些涉及潜在利益冲突情况下(如使用正式信息和公共服务、接受礼物与好处、在公共部门外兼职等)的行为准则做了详细说明。比如,英国在1996年为文官确立了道德准则。它建立了一个框架,在这一框架中,公共官员的角色、责任、行为标准以及价值必须符合正直、诚实、无偏私和客观的原则。该准则禁止对议会和公众不敬,禁止滥用权力以及不经授权公布信息。

其四,强调预防。预防可以减少执行的需要,从长远来看是一种成本较低的投资。预防的一个举措是职业社会化机制。职业社会化是一个过程,在这个过程中,文官通过学习以及价值、道德和行为准则的灌输来提高对道德问题的认识。职业社会化的主要机制是教育和培训。此外,在一些国家(如美国),政府部门中设有专门的道德官,当文官不清楚自己的行为是否有违相关的伦理道德时,可以向道德官咨询。

三、问题与前景

西方文官制度改革也存在一些问题。首先,由于新公共管理改革的企业化、市场化取向,文官制度在改革中与私人部门越来越接近。在改革过程中,

---

① Mills Alexandra, "Ethics Goes Global: The OECD Council Recommendation on Improving Ethical Conduct in the Public Sectors", *Australian Journal of Public Administration*, 1999, Vol.58, Iss. 2, p.61.

文官在职业保障、工作条件和地位方面失去了原有的一些特权,但他们的工资与私人部门相比则没增加多少。物质待遇缺乏竞争力使得文官的招募以及在政府内留住高素质人才成了一大问题。一些高素质人才离开政府到了私人部门就职。政府在雇用人方面正在失去竞争力。联合国的一份报告指出,有竞争力的公务员制度应该具有五个特征:(1)以功绩制为基础,政治中立;(2)结构良好、规模恰当、待遇优渥;(3)负责任、专业、不腐败;(4)相对独立、具有回应性和代表性;(5)人员训练有素、功绩取向、相对公开。① 待遇优渥就是其中之一。

其次,分权管理在改进激励和绩效、提升公共服务的整体质量方面取得了成绩,但另一方面,分权导致的破碎化也在一定程度上破坏了文官的聚合力和政策的一致性,导致公共部门失去整体性,失去服务于一个共同目标的统一议程和一种共同的精神。英国后来正是在这一背景下,提出了"整体性政府"的概念。

再次,绩效工资以绩效评估为前提,忽略精神因素,有很大局限性。绩效评估标准和评估程序的确立是一个非常有难度的问题。标准和程序的设计不仅影响到评估的质量,也涉及士气问题。此外,由于绩效评估建立在物质刺激和奖金之上,因而忽略了其他的一些激励因素,尤其是精神层面上一些被人珍视的激励因素。经合组织对5个国家(澳大利亚、英国、美国、丹麦、爱尔兰)11个部门管理者的调查发现,大多数管理者没有把绩效支付看得比其他激励因素(如具有挑战性的工作机会、成就感、承认个人贡献、公平对待等)更有价值。只有1/3的人认为这样的奖励是公平的。② 这表明,私人部门的一些管理工具在公共部门的运用还存在局限性。

最后,随着职业制向雇佣制靠拢,文官录用中的一些弊端开始出现。职业制文官是根据竞争考试、资格以及测试进入的,它的优点是保证人人平等进入,以及在候选人选择中的无偏私。而在雇佣制系统中,文官录用的基础是面试、各种不同的技术测试,以及对他们与某一具体职位相关的能力和技能的评估。由于采用面试方法,就很难排除在录用过程中的其他考虑,比如党派考

---

① www.unpanl.un.org/intradoc/groups/public/documents/un/unpan001183.pdf., retrieved March 11, 2013.

② www.un.org/intradoc/groups/public/documents/un/unpan001183.pdf., retrieved March 11, 2013.

虑,尤其是一些重要职位的招募。这样,招募的公正性就受到了损害。

西方文官制度未来的发展应该是与新的公共管理模式联系在一起的。新公共管理改革确立的一些企业化和市场化的做法已经被制度化,因此,西方文官制度未来的发展和改革很难摆脱这一基本的取向。以英国为例,从20世纪80年代起,英国政府在其文官制度中就进行了新公共管理式的改革。"下一步"改革被引入文官制度,这一改革导致形成了一种基于八项原则的管理风格。这八项原则是:行政单位的分散化;竞争;员工责任个人化;引进绩效评估工具;监视结果;企业化的人事管理;资源分配要节省;为使用者服务。英国2012年最新颁布的《文官制度改革计划》明显地反映了这一管理趋势。《文官制度改革计划》包括的行动要点具体如下。(1)更严格的绩效管理。通过在政府部门建立标准化的胜任力框架来加强绩效管理,执行更严格的评估系统。优秀的绩效将得到承认,差的表现会受到处理。(2)提高能力。由于外包服务的增多,熟悉委托代理、签订合同以及数字技术的人才奇缺,因此将首次确立全面的人才制度,以使部门中有才干的人能满足部门的需要。(3)用一种更加统一的方法来开发人才和进行能力建设。(4)采用更多新的提供服务的方法,这些方法将取代以往不是垄断的政府提供就是全面私有化提供的做法。(5)为政府工作人员提供良好的雇佣条件。每个部门都将审视雇佣条件,以确定一个现代的优秀雇主还能提供的东西。计划要求采取行动确保员工获得信息技术,提供他们想要得到的培训。(6)决策过程公开,政策制定建立在接触最广泛的外部专家和未来的政策执行者之上。[1] 英国首相卡梅伦认为,《文官制度改革计划》的核心是,"充分利用文官系统内的一流人才,确保他们不被一种僵硬的、死气沉沉的系统限制住。这意味着向企业学习最好的东西。当然,提供优质的公共服务不同于企业运作。但是,最好的企业培育人才、扁平管理结构、减少不必要的文牍、降低成本改进服务,所有这些做法,都是公共部门可以学习的"[2]。

然而,这一未来的发展如何去克服行政文化和价值问题将是它面临的最

---

[1] 参见 Martin Stanley, *How to be a Civil Servant*, London: Politico's Publishing, 2000。
[2] *The Civil Service Reform Plan*, June 2012, "Foreword by the Rt Hon David Cameron", https://assets. publishing. service. gov. uk/government/uploads/system/uploads/attachment _ data/file/305148/Civil-Service-Reform-Plan-final.pdf, retrieved November 6, 2020。

大挑战。与新公共管理改革相连的文官制度改革的一个最大的问题在于,改革只致力于提高文官制度的效率和能力,但它并没有对文官制度的结构、文化、价值或激励进行根本性的变革。新公共管理改革产生了有别于传统行政的不同的价值导向,这使得长期浸淫于等级行政文化中的文官现在必须接受一种建立在技能和绩效基础之上的行政价值,因为新公共管理要求文官——根据戴维·奥斯本和特德·盖布勒在《改革政府:企业精神如何改革着公营部门》这本著作的说法——成为一个企业家而不再是韦伯式的官僚;一个对顾客更友好而不是埋首案牍的文职人员;更具个性化的人而不是匿名的、非人格化的职能人员。然而,这一转换不是一下子就能跨越的。比如,在德国,传统的行政文化认为文官的工资是发给职位而不是发给绩效的,它不是支付给所做的工作的,而是一种与政府部门联系起来的媒介。工资旨在使人承诺服务于国家。绩效来自人的责任感,而不是工资。这与以物质刺激为基础的绩效显然不可同日而语。此外,对于西方国家来说,新的管理模式如何保留传统行政文化中一些有价值的东西(比如政治中立原则,它意味着公务必须无偏私地进行,公务不是服务于某一政党,而是服务于公民和国家的一般利益。也就是说,中立性意味着文官不能根据服务对象的政治观点、宗教倾向、种族、性别等而有差别地对待)也是值得考虑的。

New Public Administration and Civil Service Reform

Abstract: The civil service reform in Western countries has been a part of the new public administration reform, which in many ways reflects the characteristics of the reform. However, its reform measures oriented towards market and business can respond to new mode of public administration, also bring their own problems. Civil service system will be readjusted in the future. In order to adapt to the innovations in administrative mode, it must focus on reforms on the level of structure and administrative value, and complete the shift from the traditional administrative culture to the new administrative culture.

第四编
公共行政研究

美国的行政学研究及其特点*

摘要：美国的行政学研究在经历了早期注重对行政现象的"政治-行政两分"的解释到后来企业管理因素在研究中的引入，在经历了早期规范方法的运用到后来实证方法的流行这样一种发展后，在20世纪70年代和80年代形成了学派林立、观点纷呈、新学说不断涌现的学界景象。

一

美国的公共行政研究可以追溯到开国之前。在围绕着合众国是否应当按照三权分立的原则建立的大辩论中，联邦党人的著名代表，后被誉为"行政天才""华盛顿政府机器直接操纵者"的汉密尔顿曾就公共行政发表过一些论述。例如，他认为："决定行政管理是否完善的首要因素就是行政部门强而有力"；"使行政部门能够强而有力所需要的因素是：第一，统一；第二，稳定；第三，充分的法律支持；第四，足够的权力"。① 汉密尔顿的一些见解虽不失精当，但他的看法总是零敲碎打的，未形成一个理论体系，从严格意义上讲还不能说是一种研究。美利坚合众国成立后，在相当长的一段时间里，对公共行政的研究未提上日程。这显然同美国当时作为一个农业社会的历史背景、同美国政府的构成分不开。美国政府的规模小，政府行政人员也少。例如，第一届政府只有三个部，1800年的国务院一共才14人。联邦政府所管辖的地域也不大，很多行政事务都由州政府来承担。

南北战争后，资本主义在美国得到了极其迅速的发展。从1860年至1894年，美国在工业品生产方面由世界第四位跃居第一位。马克思曾指出过

---

* 本文原发表于《国外社会科学》1983年第4期，第68—72页，编入本书时有修订。
① ［美］汉密尔顿等：《联邦党人文集》，程逢如等译，商务印书馆1980年版，第356页。

没有任何地方资本主义集中所引起的变动是以如此巨大的速度进行的。疆界的扩大,大公司的建立,工商业的迅速发展,州界的消除,同世界多国关系的日益密切,这一切使得政府规模急剧扩大,行政事务日益庞大。为了适应资本主义的急剧发展,美国在 1884 年建立了文官制度。尽管这一文官制度基本上是沿袭英国的,尽管它的建立没有行政学原理的指导,但它至少在行政机构和人事行政方面为今后行政学的形成与研究提供了一个基础,也预示着有系统的行政研究即将来临。

1887 年,曾任普林斯顿大学校长和美国第 28 届总统的威尔逊在《政治学季刊》上发表了《行政学研究》。这篇文章被认为是美国行政学研究的开山之作。其时,美国社会正在向帝国主义阶段过渡。正如列宁所指出的,帝国主义的一个特点是政府权力的集中。威尔逊显然看到一个权力分散的政府有碍于资本主义的发展,因而提出不要畏惧权力,权力越大越好。为了政府的行政效率,不能不相当地牺牲民主。正是基于这一思想,威尔逊认为,从政治思想和宪法角度来研究政府事务的传统做法已经落伍。研究的重点应当改变,应当像欧洲国家那样培训文官和对行政进行科学研究。"应当有一门行政科学。它将为政府工作铺平道路,使它像企业那样行事,加强和精干政府组织并赋以责任。"①

威尔逊的《行政学研究》标志着行政学研究在美国的兴起。继他之后,美国的另一个著名行政学者、霍普金斯大学校长弗兰克·古德诺在 1900 年写了《政治与行政》一书。古德诺在这本书中扬弃了政治学传统上立法、司法和行政的三分法,主张政治与行政的两分法,并提出"政治是决定政策,行政是执行政策"的这一著名论点。他们的贡献在于开创了一个新的研究领域。

二

行政学作为一门独立的学科出现,则是在 20 世纪 20 年代中期,一般以罗纳德·怀特在 1926 年出版美国第一本大学教科书《行政学导论》和威罗福毕在 1927 年出版另一本大学教科书《公共行政原理》为标志。怀特采用理论研

---

① Woodrow Wilson, "The Study of Administration", *Political Science Quarterly*, June 1887, p.201.

究的方法来研究行政学,认为在错综复杂的行政事务中,必须运用科学方法从中得出一些规律性的东西,以建立知识系统以及一般的原则和法则。他把行政要素划分为四大部分:(1)组织原理;(2)人事行政;(3)财务行政;(4)行政法规。除了一般公共行政原理的探讨外,着重研究组织结构。怀特同时强调了在日益复杂和互相依赖的社会里公共行政的重要性,提高政府工作效率的必要性,并指出了科学行政工作的可能性。威罗福毕的主要贡献是发现政府机构中活动的一些基本原则。他认为国家本质上是一个"伦理企业",而这些原则至少部分具有规范性的特点。他在研究一般公共行政原理的同时,将重点放在公共行政的财务和预算上,注重宪法权力。例如,他认为总统等行政官员是通过接受宪法赋予的权力来进行公共管理的。

怀特和威罗福毕的著作勾画了行政学研究的大致范围,包括研究对象、内容和研究方法,使得行政学作为一个开始为人接受的新的研究领域从政治学中独立出来,并进入大学课堂。1939年,美国成立全国行政学会,该学会通过交流、发展、传播公共行政的知识与资料增进公共行政的研究。至此,公共行政学作为政治学中一门独立的分支而被确立了下来。

行政学作为一门学科的形成并不偶然,它显然有以下两个主要的背景。(1)其时美国已经进入帝国主义阶段,政府对社会经济和世界事务的干预和插手,使得它的机构急剧膨大。例如,1880—1920年美国人口增长一倍多,而行政人员却增长了六倍。由于政府工作的效率不高,机构运转不灵,使得美国政府在1923年进行了一次规模较大的文官制度的改革。因此,如何研究出一套切实有效的原则和法规以提高行政效率,已经客观地被提上日程。怀特的《行政学导论》的第一章就是"行政与现代国家"。正如沃尔多指出的,公共行政学的兴起在于通过对政府问题的科学的、有系统的研究以及对政府公职人员的训练,以及在新的和需要的条件下推动政府的工作。(2)被后人称为近代科学管理创始人的泰罗在1911年发表了名著《科学管理的原理》,"泰罗制"当时风行于美国的私人企业。泰罗在强调通过研究时间与动作以获得人与机器的最高效能时,提供了管理的一般性原则。例如,他提出了经理与工人的职能划分,将工作所需的规章、法则和共识加以浓缩以便利工人作业等。泰罗的科学管理不久就波及政府的公共管理,他的管理思想影响了一代的行政学者。

概言之,上述的这些早期美国行政学者的研究目标是提高政府工作效率和节省政府开支,即"效率和经济"的目标。他们的指导思想是"政治与行政的分离",研究的重点放在行政部门的功能上。例如,怀特和威罗福毕的著作在阐述政府的行政组织的同时,把重点放在人事、财政的管理,同时也注意联邦政府与地方政府之间的关系和协调功能、行政首脑的作用、行政部门与立法者和一般公众之间的关系。他们所采用的研究方法主要是理论性的研究方法,即通过对复杂的行政现象进行抽象并通过自己的思考和推理,以建立他们认为是适应于一切行政工作的普遍原理、原则或定律。这在很大程度上受到泰罗的科学管理思想的影响。

三

第二次世界大战后,早期行政学者的理论体系和方法论受到了挑战。产生这一挑战的直接原因是战争开阔了人们的视野,战争期间所使用的如运筹学等一系列新的科学技术从军事单位转向民间和政府部门,从而使人们在认识上发生了一些较大的变化。用传统的观点和方法来研究行政已显得捉襟见肘。一批新的行政学者应运而生。

首先,作为早期行政学者研究指导思想的"政治与行政分离"的论点遭到否定。新起的学者认为,"纯行政领域"的研究是不现实的,政治和行政不能脱离,两者必须密切联系、相互配合。因为行政是政策的执行,而政策的决定乃是政治活动,有效的执行则基于对政策的透彻了解。健全的政策必须适合实际需要,而实际需要则有赖于执行者。因此,政治和行政两者是相辅相成的。这一时期出现的马歇尔·狄莫克的《行政学》就是对"分离"思想的否定。他的《行政学》包括:(1)政府做些什么,包括政治的影响、权力的基础、工作范围、行政目标、政策计划的决定;(2)政府如何进行组织,如何用人、用钱;(3)行政人员如何合作与协调;(4)如何使行政人员负责和相互督策等。

其次,早期行政学者受泰罗科学管理思想的影响。在这个阶段,注重对组织结构的研究而忽视对人的研究的做法遭到了非议。人是整个机构中最有活力的部分,人的行为在很大程度上影响行政的效率,因此对人的行为的研究是非常必要、不能忽视的。罗伯特·达尔在《公共行政科学:三个问题》一文中提出的第二个问题就是:"公共行政科学必须是研究人类行为一些方面的不可避免的事实。"他对构成有组织的人类或多或少是"物质"的这一传统看法表示异议,认为行政研究的对象必须包括所有具有心理活动的人,不能仅仅假设人只是一部简单的机器。应当说,达尔指出这一问题还是比较早的,后来形成的行为主义学派只是在20世纪70年代才达到了它的鼎盛时期。

再次,传统的理论研究方法受到了批评。新起的一些行政学者认为,政府的规模是如此之大,所要解决的行政事务是如此包罗万象和错综复杂,因此不存在解决这些问题的一些通用的原理或原则。他们认为要有效地解决这些问题,必须从问题的特殊性,从经验性、实证性的角度来进行研究,以直接的或间接的证据和验证来建立行政学中的"工作假定"。例如,达尔认为:"公共行政研究必须更广泛地建立在学科的基础上,建立在不同的历史、社会、经济条件的基础上,而不是建立在技术和程序这一狭隘定义的知识上。"伴随着这种思想而来的是,用实证的研究方法代替传统的理论研究方法。实证的研究方法注重案例的研究,这点无可非议,但是往往从一个极端走向另一个极端,过分注重支离破碎的局部,因而失去了对全局性的考察,一个明显的结果就是以偏概全。

艾伯特·西蒙在其20世纪40年代最负盛名的著作《行政行为:行政组织中决策程序的研究》中,也对传统的研究方法提出了异议。他认为一些所谓的原理充其量不过是民间智慧的精华罢了,事实上被赋予了一种不严谨、不科学的东西,因而表现出事实和价值之间的冲突和混乱。但是西蒙并不全盘否定早期行政学者的贡献。当对行政学采取虚无主义态度的思潮出现时,西蒙认为,行政现象如同其他社会现象一样,无疑是科学研究的对象。

西蒙本人的贡献在于将社会科学中的决策概念引入公共行政,从而开创了一个崭新的"决策学派"。西蒙认为:"如果把所有的理论都考虑进去,那么决策是行政的中心。"[1]在西蒙看来,管理就是决策。西蒙的决策理论综合了自然科学的定量分析,社会心理学、人类学、逻辑学、社会学、政治学等多方面的成果,将它们熔于一炉,在整个管理学中独树一帜。西蒙把决策分为程序性决策和非程序性决策两类。如果情况是经常发生的,那么解决的办法通常是制定一个例行程序。如果不是经常发生的,那么解决的步骤依次是建立具体目

---

[1] 《行政行为:行政组织中决策程序的研究》,1947年,第14页。

标,测验结果,证实结果,反馈,拟定备选解法,确定风险条件、确定性条件和非确定性条件,选择备选方案,贯彻决策,控制和评价。由于西蒙建立了一个较为完整的决策理论,因而使得整个管理,包括公共行政的管理由科学管理阶段开始走向管理科学阶段,发生了一个从定性到定量的转变过程。

四

战后美国的行政学研究可以说是跟在企业管理学研究的后面亦步亦趋。本来管理学的研究就是由工商界进入公共行政界的,这一现象在战后变得更为显著了,两者之间的差别变得越来越小,此其一。其二,战后美国行政学研究呈现出学派林立的现象,新观点层出不穷,没有一个占压倒优势的学派,八仙过海,各显神通。其三,除了以下提及的几个学派外,出现了一些类似大杂烩式的拼盘研究著作,他们把不同学派的观点糅合在一起,但未形成独立的学派。

战后活跃在美国行政学研究领域中的主要学派如下。

(1) 管理程序学派。这一学派基本上承袭了早期行政学者的观点和研究方法,把"效率和经济"作为研究的出发点和主要目标,重视行政程序、组织结构和行政原理的研究。他们的研究范围基本上限于规划、组织、人事、指挥、控制这五个功能或五项程序之中。著名行政学者林德尔·厄威尔集早期行政研究理论大成的《行政管理原理》,曾指出该理论的实质在于所有的管理原则相配合于一个相互平衡和相互关联的总体之中。管理程序学派不脱该窠臼。

(2) 系统管理学派。该学派的代表人物切斯特·巴纳德是第一个把组织特性与人类特性相互结合起来的代表人物。巴纳德强调交往是实现协同的手段,主张权力来自接受这一理论,认为社会的各组织都是一个协作系统,都包括三个因素:协作的意愿、共同的目标、信息联系。该学派曾对决策学派的形成产生过影响。

(3) 决策学派。这是影响较大的一个学派。该派认为政治现象和决策数量从上层到下层都存在,特别在高级领导阶层,它们是非常重要的。但该学派内对这一问题的研究方法各有不同。例如上文提到过的西蒙的决策论旨在包括评估的和事实的方面;保罗·阿卜莱比的重点则在民主政体中政治和行政的互相影响;纳登·朗格则集中在行政中的政治、行政中的权力因素诸方面;爱默特·莱德福特则集中在如何使伦理和公共政策部分对技术部分产生影响。

(4) 行为科学学派。该学派经历了一个从"人际关系"到人类行为科学的发展过程。20世纪30年代美国著名的霍桑实验显示了人类因素和社会因素的重要性,在很大程度上弥补了泰罗管理方法的不足。50年代马斯洛的人类需要层次论,60年代麦格雷戈的 x·y 理论以及赫茨伯格的双因素模式都为行为科学学派的形成作出了贡献。行为科学是社会学、心理学和人类学的综合成果。该学派的研究以说明、理解和预见为目的,所采用的方法是客观的、系统的、可控的,以使人们相信研究成果。该学派注重调查,具体采用试验、抽样检查和案例研究的方法。

(5) 经验主义学派。经验主义学派认为早期行政学者阐述的行政原埋作为一种教条不能解决行政事务中的所有问题。他们立足于分析以往的行政案例,以使人们懂得今后遇到类似事件的时候如何进行处理。这也可以说是一种实用的技术。例如,哈佛大学的管理学院每年要更新500个案例,把这些案例送往其他院校、工矿企业、行政部门,以供人们学习研究。案例的重点归结于人与人的关系,最终落实到决策。该学派的特点是只注重管理的艺术性,而往往忽视管理的科学性。

(6) 新公共行政学派。这是20世纪60年代后兴起的比较标新立异的一个学派,其中大多数为青年学者。他们提出用一种"新公共行政"来研究同后工业社会出现的需要有关的政府实践。认为以往的公共行政忽视了同政府的社会目标有关的价值问题:在执行立法和提出计划中,常常以牺牲社会的平等来强调效率和节约,"与其说它照顾一般利益,不如说它照顾特殊利益。它以现身于争取公众福利和民众的面貌出现,但行动起来却反其道而行之"[①]。该学派强调社会平等的原则,认为这些原则的实现应当是公共行政的目标。

以上几个学派孰优孰劣,很难比较,很难定论。有一点可以肯定,各个学派至少在某一点上对于公共行政的研究是有贡献的,尽管在某些方面失之偏

---

① James Elden, "Radical Politics and the Future of Public Administration in the Post-industrial Era", in Dwight Waldo, *Public Administration in a Time of Turbulence*, San Francisco: Chanlder Publishing Company, 1971, p.135.

颇,并具有不少唯心主义的成分。各个学派都有自己的长处,也有自己的短处。把几个学派统一于一家,也不见得是好事。人们尽可以从各个学派中博采众长,为己所用。

The Study of Administration in the United States and its Characteristics

Abstract: American administrative studies shift from early notice of administrative phenomenon in the perspective of "political and administrative dichotomy" to later evolvement of concepts of enterprise management, and from early focus on normal method to later empirical method. Such development leads to a prosperous situation in the 1970s and beginning of 1980s.

组织理论及其发展[*]

摘要：组织理论的研究从20世纪初至今，大致经历了传统的组织理论、非正式组织理论和现代组织理论三个阶段。组织理论作为一种边际学科的研究为设计和管理组织、帮助管理者了解活动及其运行、分离决策过程中的重要消息、确立决策和工作评价标准等方面提供了一系列非常有价值的知识。

一

传统的组织理论研究开始于20世纪初，这同资本主义政治经济的发展有关。资本主义工商企业科学管理的起步以及垄断资本主义时期政府职能的扩大，客观上提出了对组织进行研究的要求。现代组织究竟在什么程度上不同于先前的组织？它具有什么特点？什么样的组织形态是最佳的组织形态？现代组织应当具有什么样的功能？如何发挥组织的最高效能？著名的德国政治学家和社会学家马克斯·韦伯在他著名的官僚理论中（官僚常被赋予一种贬义，韦伯这里所指的官僚实际上是一种以管理为目标的社会组织的特定形式）第一次系统地论述了现代组织的特点，分析了它在西方工业社会中的作用。韦伯认为工业社会的首要特点之一是走向"理性"的社会和经济的过程。这一理性是手段和目标的适当联系并以最大的效率来实现社会和经济目标。为此，他设计了所谓的官僚组织模式，并将这一模式的特点归纳如下：(1)层级制结构中的每一职位是构成一个完整的组织形态的不可缺少的因素；(2)在此结构中有明确的分工制度，为完成工作目标，每一职位都具有相当的法定权力；(3)各种工作规定以及法规都有一定的、记录在案的法定公式；(4)行政权

---

[*] 本文原发表于《国外社会科学》1987年第2期，第65—69页。

和立法权分离,行政人员是精通管理的管理者,但并非立法者;(5)每一层级的管理人员必须具有特殊的才能和经过特殊的训练;(6)人员的选拔通过公开竞争考试进行;(7)每一职位都必须有明确规定的职责范围;(8)职位不属私人所有。马克斯·韦伯的这一模式勾勒了现代组织的基本特点,这一特点体现在公共机构的组织中,也体现在私人组织如企业、商业组织中。

与马克斯·韦伯同时代的著名法国管理学家亨利·法约尔也认为,管理与其说仅仅是高层的责任,不如说是贯穿于整个组织的程序。这一程序的主要因素是计划、组织、指挥、协调和控制,他同时提出了组织管理的14项原则,即分工、权力、纪律、命令一致、指挥统一、公利先于私利、报酬、集权、层级制、程序、公正、安定、主动、集体精神。在美国,组织研究和工业管理是著名的泰罗提倡的。泰罗在研究时间与动作以获得人与机器的最高效能时,组织是他的基本出发点。组织是首要的因素,管理结构的设计即组织的解剖必须首先被加以考虑,因为这一结构从某种程度上决定了整个组织工作效率的高低。他提出的经理同工人职能的划分,以及制定一系列工作所需的规章制度等,也正是力图从组织结构上保证效率的实现。泰罗之后的一些美国早期行政学家基本上也是这个路子。

早期组织理论研究的特点是注重分析静态的组织结构和组织管理原理的研究。威廉·司各特认为,传统的组织理论建立在四个支柱之上,即分工、等级程序和功能程序、结构以及控制幅度。分工是起点,例如等级和功能需要专业化,以及功能的部门化。组织结构建构于专业活动的方向之上,控制幅度也来源于管理者管辖之下的数种专业功能。等级程序和功能程序分别处理组织的纵向和横向发展。等级程序指的是指挥链的发展、授权和指挥统一,以及汇报情况的义务。功能程序指的是组织分成几个专业部分,以及将这些部分重新组合成合适的单位。这一程序的重点旨在保证正式组织中直线结构和功能结构的平行演进。结构是组织中各种功能的逻辑关系,结构的安排在于有效地完成组织的目标。结构指系统与形式,传统的组织理论通常在两种基本的结构即直线结构和功能结构中得以施展。控制幅度指的是一个管理者能有效地监督多少下级人员,它对组织的形成具有一定的意义。其一,大幅度产生横的结构、小幅度产生竖的结构。其二,幅度概念引导人们注意组织中人和功能互相关系的复杂性。

传统的组织理论为确立现代组织的特点、结构及功能作出了贡献,但它忽略了行为科学的成果,同时也忽视了对组织之间的冲突,人与人、人与组织之间的互相作用,以及正式结构中的决策程序等方面的研究。例如,厄威克在他的《作为技术问题的组织》中坚持人是组织的原始材料这一观点,认为与其说个人应当适应健全的组织原则的要求,不如说组织应当按个人的气质建立与调节。德怀特·沃尔多在他的著名的《行政国家》一书中对此作了嘲讽,认为这种想法的愚蠢正如不按机械科学,而按一个厨娘的异想天开来设计引擎一样。

二

为补充传统的组织理论的不足,非正式组织理论应运而生。它的产生同人际关系的研究密切有关。20世纪30年代著名的霍桑实验奠定了这一理论产生的基础。约翰·菲费纳称霍桑实验"标志着组织理论中意识形态革命的开始"。霍桑实验通过对两组被置于不同环境中工作的工人的工作效果的分析和研究,指出组织不仅仅是一个经济和技术的结构,而且还是一个社会结构,是"一张用感情方式罗织成的人类关系的复杂的网"。只有在组织中找到了非正式组织,才能使整个组织的情形和逻辑性趋于明了。这样,这项研究就引出了非正式组织(即人们凭兴趣、爱好等自发形成的团体或组织,其目的主要是为了满足人们不同的心理需要)这一概念。如何维持正式组织和非正式组织之间的和谐是霍桑研究的基本出发点。这一研究认为,必须在组织上创造和维持一种均衡。这种均衡基本上是一种社会关系和感情的结构。组织行为的逻辑根源与其说是合理的、经济的,不如说是社会的和心理的。同样,管理必须发展一种诊断技巧和能力,以便有效地对待非正式组织的动力和工人的感情。

均衡理论的一个突出代表是切斯特·巴纳德,他是首先将组织特性和人的特性联系起来的研究学者之一。他在1938年写的《执行者的功能》中指出,组织是"两个或更多的人有意识地合作活动的体系"。他的研究内容是一个组织在什么样的情况下能诱使其成员参与,以保证组织的生存。他认为,组织通过贡献与引诱这两者之间的"平衡"进行活动。贡献是组织成员的努力,引诱则是组织提供的刺激或满足。为了得到必要的贡献,组织必须诱使其成员感到他们能从组织中得到满足。这样,执行者的一个主要功能是"进行刺激"。巴纳德认为,社会与心理刺激是第一位的,经济刺激是重要的,但只是第二位的。在巴纳德看来,组织若要生存与发展,必须同时提出特殊的和一般的引诱。特殊的引诱包括:(1)物质刺激;(2)人们的非物质满足,如权力和威望等;(3)理想的满足,如自豪感、贡献于有价值的事业等。一般的引诱同社会心理环境联系起来,如个人工作环境与他的习惯方法、态度的一致,组织成员的参与感等。巴纳德认为,非正式组织对于正式组织的效率是至关重要的。它至少有三种积极的功能:(1)有助于组织沟通;(2)维持组织的社会心理内聚力;(3)非正式活动满足了人们的自我归属感。

一些非正式组织理论在导致非正式组织形成的几个因素上具有较一致的看法,具体如下。(1)地点决定因素。为了使人们自然组成一个团体或组织,面对面的接触是必需的。这样,无论在工厂或是办公室,心理位置的区域性是预测谁将在哪一类非正式组织中的重要因素。(2)职业是个关键因素。相同的职业使人们在很大程度上具有相同的语言和兴趣。(3)利益又是一个因素。虽然人们相聚同一地点,从事某些相同的职业,但人们的利益有所不同。这可以解释为什么非正式组织的规模是小的,而不是大的。(4)一些具体问题常常导致产生非正式组织。在这种情况下,利益不同、职业不同、居处不同的人会为达到共同目标而暂时走到一起。一旦问题解决,又恢复原状。

非正式组织理论的研究重点放在人与人的关系,以及正式组织和非正式组织的关系上。在人际关系问题上,它采用社会度量分析方法,即鉴别非正式结构中人际关系在哪些方面不同于正式组织中的逻辑前提之上的复杂的人际关系。此外,非正式组织的生存需要人们维持一种持续的稳固的关系。因此,非正式组织反对变动。非正式组织理论的一个重要论题是如何克服对变动的非正式反抗。另一个重要的研究领域是对非正式领导的研究,即非正式领导是一种什么领导,领导者承担什么样的作用等。在如何对待非正式组织的问题上,产生了"管理中心"和"管理导向"两种不同的研究方法。前者认为,管理必须承认非正式组织的存在,任何力量也无法将这一非正式结构摧毁。作为一个管理者,必须与之处理好关系,包括倾听非正式领导的意见,让他们参与一些决策过程,适当地透露一些准确消息来控制小道新闻等。后者则认为,正式组织与非正式组织泾渭分明,互不相容,不可调和。

非正式组织理论填补了组织理论研究中的一个缺陷,但由于它过分注意非正式关系的和谐而忽视了正式结构的作用和功能。这一偏颇导致一些学者从更广阔的领域和从更高的层次上去了解正式组织和非正式组织之间的关系。约翰·菲费纳和福兰克·谢瓦特在《行政组织》一书中认为,组织是一系列在正式结构之上的"覆盖物",包括权力关系、沟通网络、非正式组织结构和决策程序。他们力图用生物学观点来理解组织和限定一个范围。在这范围中,管理可以有效地提高技术的、社会的和心理的能力。这些研究预示着组织理论的研究开始进入一个新的阶段。

三

现代组织理论的特点是用系统的方法来研究组织现象。这一方法注重组织的社会因素和技术因素之间的互相关系和互相依赖,把组织视为一种互相依赖的变量系统,其中一个变量发生变化就会影响到其他变量。组织作为一种系统,还同外部发生关系,因为它只是社会系统中的一个部分。社会系统构成的各个层次及其中心点和运用如表1所示。

表1　社会系统的层次、中心点及其运用

体系层次	中心点	运用
全球	国际社会经济政治体系	国际关系、多国组织
社会	国家社会经济政治体系	机构和政策的分析、评估、设计
组织之间	一系列组织	组织间的关系与变化,对待其他组织的战略
组织	内部的社会和技术结构组织的程序	生产与管理的体系、组织、设计与发展
小组之间	组织内外正式和非正式小组之间的关系	沟通、协调、控制、权利、冲突、决策
小组内部	正式-非正式小组的社会-心理动力	领导、沟通、冲突、决策、角色
人际	两个或更多的人之间的社会心理的互相作用	人际效能、看法、冲突、动机

组织作为一种系统,其活动是建立在其各个子系统的有效功能之上的。每个子系统虽各具功能,但它们是从属于整个组织系统的。罗伯特·凯兹和丹尼尔·卡恩认为组织具有以下几个子系统:(1)生产与技术子系统——这一程序同把输入(人力、物力、规范、目标、标准等)变为输出(产品、服务等)这一过程直接有关;(2)辅助性子系统——这一子系统可分两类,一是取得资源和安排输出,二是发展和保持与外界有利可图的关系(如通过市场研究、咨询、公共关系等);(3)维持性子系统——保证必需的人力输入,通过对人员的选择、训练、激励等来维持组织中人的活动的稳定性和可预见性;(4)适应性子系统——帮助组织预料并回答变化中的环境条件和需要(如计划、研究等);(5)管理性子系统——其作用是协调和控制其他子系统,解决各部分之间的冲突,分配人力物力,把外界的变动因素与内部的目标和需要联系起来。

司各特则把组织系统内的部分分成如下五个方面。(1)个体。个体的主要因素是动机与态度,它决定了个体在加入系统后对系统所抱的期望。(2)功能的正式排列,即一般所谓的正式结构。(3)非正式组织。必须注意存在于个人和非正式结构中的互相作用形式,这一形式通常被称为期望的双方修正,以达到个人和非正式组织双方的满足。(4)地位和角色。这一概念来自社会心理研究的发现,它要解决的问题是如何将各种不同的角色期望融合到一起,即保持组织的完整。(5)工作的物质条件。在复杂的人-机系统中,必须注意回答逻辑的、有秩序的生产功能的要求,以减少系统中的错误。

存在于组织系统中的各个子系统或各部分的功能各异,如何使它们有机地结合起来,在政体中发挥其应有的作用?现代组织理论家指出,这一结合的程序包括沟通、平衡和决策。传统的组织理论也提到沟通,但它的重点在描述沟通活动的形式,而现代组织理论则将沟通作为一种方法。通过它,行动才从系统各部分中演示出来。沟通不仅是导致行动的促进因素,而且也是在系统中联结决策中心的控制和合作的机制。平衡也是一种机制,它使各子系统在一种和谐的组织结构中互相作用。不能设想在组织中缺乏这样一种稳定和调节的机制。平衡以两种形式出现,即准自动形式和变革形式。这两种形式使系统在变化的环境中保持其整合性。准自动指的是系统的"体内平衡"性,即系统有种天生的维持平衡的特点。如军人类组织是公开的自我维持的系统,那么控制和调节程序是必要的,问题在系统中对变化进行自动调节的稳定程度如何。系统中有行动程序,当变化被察觉到时,这一程序就有效。如变化较小,或变化只出现在行动程序的范围之内,那么可预测的系统的适应将是准自动的。变革是一种创造性的平衡。当对变化的调节超越了保持系统平衡的程序范围之外,就需要变革。为了保持系统内部的和谐,新的选择程序就出现了。这一选择程序取决于系统输出的可能范围,或系统提供信息的能力,取决于系统中控制信息分析和信息流量的作业规程以及系统对变化的问题采取灵活应变的能力。

现代组织理论同一般的系统理论有相似部分,这表现在两者都研究个体在系统内外的作用,个体与环境的互相作用,系统中个体之间的互相作用,以及系统的一般发展和稳定问题。不同之处在于现代组织理论的重点在人类组织。

现代组织理论吸取了传统的组织理论、非正式组织理论以及现代科学的有价值的成果,因而使它得以从较高的角度来剖析人类组织。尽管如此,现代组织理论还缺乏本身的一些概念框架和分析工具。随着时间的推移,现代组织理论将会日益充实,因为作为一种边际的研究,其潜力是巨大的。

Organization Theory and Its Development

Abstract: Since the beginning of this century, the study of organizational theory has roughly experienced three stages: traditional organizational theory, informal organizational theory and modern organizational theory. The study of organizational theory as a marginal discipline provides a series of valuable knowledge for designing and managing organizations, helping managers understand the activities and operations, separating the important messages in the decision-making process, and establishing decision-making and job evaluation criteria.

分层系统理论——一种新的组织理论*

摘要：分层结构理论指出组织结构由两大块(即集群和雇佣等级)组成,从而打破了长期以来组织结构的设计与描述只注意雇佣结构的状况。分层结构同时指出了职位层并不等于一般意义上的等级,职位层的划分应按集群的目标和任务而定,而等级的划分则应根据职位层权限行使来规定和描述。这一组织理论对传统的官僚制组织理论做了新的解释。

一

众所周知,组织是人类最伟大的发明之一。人类正是凭借组织的力量战胜了并正在战胜各种挑战。作为一种合乎逻辑的结果,组织本身也成了人们研究的对象。自20世纪以来,组织理论的研究方兴未艾,各种组织理论层出不穷。笔者曾在《国外社会科学》1987年第2期撰文阐述了西方的组织理论及其发展,指出了组织理论的三个发展阶段,即传统的组织理论、非正式组织理论以及现代组织理论。

本文简要阐述的分层系统理论,由艾立特·杰奎斯及其同仁筚路蓝缕,尽数十年之功逐步形成。该理论在整体上给人以耳目一新之感,而且实践意义则更为人重视——美国国防部以及联邦政府人事署最近正在对该理论加以检验,以发现其是否可以用来指导组织设计和文官改革。本文对该理论先作介绍,然后将其与其他组织理论作比较。

二

分层系统理论在四个方面较引人注目。

---

* 本文原发表于《国外社会科学》1993年第5期,第47—50页。

(一) 组织结构分析的创新

在分析组织结构时,杰奎斯打破了原有的分析框架,提出了集群与雇佣等级两个概念。所谓集群,指的是一个由走到一起的一些集团所构成,并使其形成一个具有明确的规章制度来管理成员的结构。例如,公司是一些股份持有者组成的集群,工会是由工人组成的集群,政府是由民众组成的集群等,所有组织都可以此类推。在这样的集群中,成员是平等的,每人都有平等的一票,在公司,多一份就多一张选票。当然,由于智力、组织能力、财政状况不同,一个人的影响要超过另一个人。集群通过共识、投票、辩论以及说服来运行。成员选举一些人来代表其行事。这些代表决定集群的政策,产生管理机构等。而当管理机构雇用一个执行主任来执行并实现集群的目标时,雇佣等级便形成了。

集群的执行主任(如公司总裁、经理等)在集群的目标、预算、人事和政策范围内雇用他人。他既对上负责(如总裁、经理等对董事会负责),也对下属工作负责——这是管理的最基本定义。雇佣机构具有从属性,其功能是代表录用机构完成任务。这样就决定了两者的不同。杰奎斯认为,如不作这样的区分,就会在理论上和实践上导致混乱。

(二) 职位及职位层

在雇佣等级中,人们希望雇员依法工作,遵守社会习俗,以及执行集群的政策。雇佣等级受到目标、资源及期限的限制。不过,在这些限制中,人们也希望他们在权限范围内找到一条通道来完成既定目标。这样,"雇佣工作"就被定义为在规定的时间、资源、政策等限制下完成任务。随着等级的提升,工作会变得复杂。干3个月以下的事与干3个月以上的事就不同,干1年以上的事与1年以下的事也不同。这里关键的跳跃点是3个月、1年、2年、5年、10年、20年和50年,它们构成了7个职位层。

所谓职位层,指的是组织中任务属同一类型的层次。第一层的工作是程序性的,目标具体,可以在限定时间内一步步完成任务,其时间跨度不超过3个月。第二层,在确定问题的性质时必须指出特定的状况,以及寻找与之有关的资料,其时间跨度不超过1年。第三层,对第二层中有重要意义的资料必须加以分类,假设各种达到目标的方式,并选择其中一个,其时间跨度不超过 2 年。第四层和第五层是一般管理层次。在第四层,产品开发、生产和销售者要有 2—5 年在第三层的工作经历。这一层的工作必须理解和比较第三层中的各种方式和规章,并使其继续互相适应。不仅要考虑是什么,而且还要考虑可能是什么。在第五层,整个组织必须在理论而非原则的指引下活动,该层是商业赢利或失败的关键,其复杂性要求既注重在内部创造一种工作条件,又要注重适应外部环境。第五层是统一指挥的最高层,战略指挥的最低层。第六层和第七层通常被描述为战略的、概念的和政治的。第六层的时间跨度为 20 年,其工作需要解释和修正环境中的政治、经济、社会、技术和智力的变数,以为第五层提供稳定的环境。第七层,则必须理解促成环境变化的一些根本力量,以使公司及单位对这些力量加以定位。其工作包括第五层的创立、运作和发挥,使时间跨度与工作复杂性一致等。

(三) 人类能力的发展

这些工作复杂性的形式是杰奎斯假设雇佣等级中时间跨度的增长在某些方面反映了从事工作的不同能力。有的学者发现了一个时间跨度与职位层以及能力之间的联系。一个人的时间框架相应于他在一个最长时间跨度里能有效工作的程度。这样,"当干一件简单的体力活(在最直接的监督下)时,一个人一天的时间框架将是很舒适的"。在分层理论中,一个人当前的能力通过其在追求目标的时间中经历的方式在其时间框架中表现出来。因此,一个人的时间框架界定了其判断和行动领域的范围。

(四) 雇佣等级的深层机构

对于人类为什么创造等级制组织,人们有很多假设。许多人认为等级制是不自然的,它反映了少数人对多数人的统治。杰奎斯的解释是,等级制反映了人们必须适应的环境的不同复杂性,以及要解决这些问题的人类的不同能力。而在环境稳定的情况下,就不需要等级制。这与当代的观点正相反:等级制需要有个稳定的环境。组织为在迅速变化的环境中生存,就要变成矩阵。

当集群创造了雇佣等级来达到其目标时,雇佣等级必须在物质、经济、政治、技术和社会环境中操作。越是复杂的工作,所需层次就越多。在今天,最大组织的等级不超过7个,即7个职位层。

当然,等级也可以少到2个到3个,它取决于要完成的任务。理解了目标以及要完成的工作,就能开始构造一个有效的等级。在这样一个等级中,每一职位层解决其层次内的问题,并为下一层创造一个稳定的环境。为下属创造环境是管理工作的一部分。对一个被下属视为经理的人来说,他必须涉及与下属复杂性不同的工作,并在一个较长的时间跨度内工作。较高的复杂性和较长的时间跨度的结合使经理得以高瞻远瞩,使得他能为其下属确立背景。如果经理与下属的工作无很大不同,他就不能通过安排下属的工作环境而增加有意义的价值,也没什么差异来证明其权力。如相差太大,也会产生困难,因为下属不能理解管理者的看法,经理反过来也会责怪其下属。无论差异太大或太小,其结果都是一个无秩序的工作环境。管理必须减少不确定性和焦虑,不能使下属对一些因素有一种摸不准的感觉。

要做到这一点,就必须寻找一个平衡点,使两者之间的差异既不大也不小。职位层的差异能使每个人既了解上面,又对自己所属层的工作负责,并能联结下一层次。如果环境提出的问题的复杂性超过了等级最高层的人的理解能力,那么组织就会失败。如果较复杂的问题无人在适当的层次中能加以解决,组织也会失败。因此,适当地构筑起来的每一层(从总裁到操作员)都是至关重要的,因为每一层次都对整体作出贡献。

从组织结构的角度来说,尽管职位层的丧失会导致失败,但创建过多的职位层也会导致失败。在指挥链中,每一职位层只需一位经理就行了。如果太多,如有两个或两个以上,就会造成指挥上的混乱,并使下属难以接受。但如果太少,也会因幅度的过宽而造成控制的困难。

杰奎斯等人曾提出过一种关于组织深度结构的看法。在他们看来,工作就是行使权限。行使权限的复杂性在可以用时间指出的关键点上会发生质变。因此他们认为,不管雇佣结构是属于政府集群还是公司集群,它们都必须采用一个建立在工作发生复杂性质变基础上的、为完成集群目标所需的工作形式(即必要的管理距离)。这样一个结构没有多余集群目标所要求的职位层,将不会阻碍有效功能的发挥。

此外,对理解组织深度结构来说很重要的一点是,专家、专业可能是所有职位层都需要的。就管理工作而言,除了第一层,所有层次都需要这方面的工作。杰奎斯认为,深度结构的概念是一种跨文化现象,并存在了许多世纪。运用这一理论框架,就可以解决诸如行政与政治、政策与权限行使、雇佣与雇佣系统、权力中心或工具、公共服务中的专业、组织设计等一系列问题。

三

杰奎斯的分层理论有几个有价值的地方。

(一) 组织结构由集群和雇佣等级组成,打破了传统设计的局限

分层系统理论提出组织结构由两大块(即集群和雇佣等级)组成,从而打破了长期以来组织结构的设计与描述只注意雇佣结构的状况。区分两大块的意义如下。

(1) 改变了传统的金字塔形的等级制组织结构的概念,把组织权力的最终来源也纳入组织结构。在传统的等级组织观念中,上级对下级发号施令,下级对上级负责,仅此而已。而在杰奎斯的理论中,可以追问一下,上级向谁负责?在分层结构中,人们看到的是在集群中的组织成员,他们构成了管理权力的来源。这样在实践中可能产生的一个好处是:让处于雇佣等级最顶端的掌权者(不管是政府的,还是企业、商业的)清醒地认识到自己并非处在整个组织的顶端(而在传统的组织结构中,就像雇佣等级展示的那样,处于顶端的头头可能有一种至高无上和君临一切的感觉),因而得小心谨慎地使用权力并对集群负责。这样,整个组织便构成一种辩证的运动——被管理者恰恰是最终意义上的管理者。如果这一点能在实践中很好地加以体现的话,那么等级制(尽管是一种有效的结构形式)的痼疾,如上级的专横跋扈、少数人对多数人的统治、僵化等就可以在某种程度上得以缓解。

(2) 两大块的结构形式可适用于多种类型的组织结构,包括商业的、工业的、军事的、政府的,等等。这样,不管是哪个组织,当它在处理组织关系时,就不仅仅只在雇佣等级间互动(而这恰恰是传统的组织理论所强调的),而且还表现为雇佣等级与集群之间的互动。这两种互动构成了对整个组织活动的较为准确和全面的描述。而以往人们注重的只是雇佣等级间的互动。

(二)职位层以及时间跨度与人的能力之间的关系的论述也给人以启示

职位层(作者认为大组织通常有七个)并不等于一般意义上的等级(例如,一个职位层内可以有好几个等级)。职位层的划分应按集群的目标和任务而定,而等级的划分则应根据职位层权限行使来规定和描述。例如,对第七层最高层的描述为:"理解国际、国内的一些促成变革的根本力量,并在这一理解上建立一个预测性假设,为公司或政府部门等考虑这些根本力量定位,包括创立新的第五层和解散现有第五层结构。"这样,不同组织的等级的确立(尤其是统一或参照)就有了一个依据。这有些类似于美国联邦政府文官职位分类中的职等与职级之间的关系。它为科学地确立等级以及两等级间换算提供了一个基础。

(三)时间对一个人的能力增长所起的作用在分层系统理论中被强调

换言之,不到一定的年纪、没有一定时间的有关工作经历,就很难担负一些复杂的工作。没有10年的工作经历,似乎就很难胜任一家大公司的总经理。居高位者大多数是在长时间的跌打滚爬中锻炼出来的。实践在这里具有最重要的意义。这给组织中人事的管理(如晋升)提供了这样一条原则:人的能力的增长一般是渐进式的,而不是跳跃式的。对人的任用也应采用渐进而非(除非在极特殊的情况下)跳跃式(用中国的话来说是火箭式提升)的方式。把职位层中第一层、第二层中的人一下子提到第六层、第七层,这种人就非失败不可,因为他至少没有经历过必要时间的磨炼。当然,也只有经历这一磨炼中的佼佼者才能进入第六、七层。

杰奎斯的分层理论注重的是组织内部的结构,较少涉及组织的互动,特别是较少涉及组织与环境的互动。就结构而言,职位层的设想固然不错,但从操作角度来看,层与层之间的界限的划分似有难度。不过,分层理论的思路是新颖的,尽管其中不乏值得进一步探讨的地方。

Stratum Structure — A New Organizational Theory

Abstract: The stratum structure theory points out that the organizational structure is composed of two blocks (namely, the group level and the employee level), thus breaking the long-standing design and description of the organizational structure that only pays attention to the employment structure. At the same time, the stratum structure theory points out that the position layer is not equal to the hierarchy in the general sense. The position layer should be divided according to the objectives and tasks of the group, while the hierarchy should be defined and described according to the authority of the position layer. This organization theory makes a new explanation to the traditional bureaucratic organization theory.

后现代政府理论述评*

摘要：后现代政府理论是伴随着20世纪70年代由丹尼尔·贝尔开创的对后工业社会的研究而发展起来的。从更广的意义上说，该理论也可以作为整个后工业社会研究的一部分。后现代政府理论认为后工业社会的挑战不仅在变革现代政府组织形式，也在变革着政府的行为方式。政府组织的结构从纵向的权力结构向平行的网络过渡，要求政府的行为方式也必须一改传统的发号施令方式，代之以一种"顾客取向"的"伙伴关系"行为方式。后现代政府理论是一个庞大的体系，而目前的探讨只是搭起了一个很简单的框架，许多方面有待继续探讨和补充。尽管如此，后现代政府理论对于在新的条件下政府及其作用以及政府公共行政的改革的探讨，向人们提供了一些富有启发性的思考结果。

一

后现代政府理论是西方正在兴起和形成中的理论，它旨在探讨后工业社会中政府的结构形式和行为方式，以及如何同迅速变化发展的国内外政治、经济、文化环境相吻合。

在一些学者看来，后现代政府理论源于当代三场对人类发生重大影响的革命。首先是民主革命。与以往的西方民主革命和政治权利革命不同，这一民主革命的基本背景特征有二。一是世界范围内教育水平的提高，因为统计指出，世界上有阅读能力的人在20世纪80年代首次超过了文盲。二是科技革命提供的现代通信和信息技术，使人们得以方便自如地获得信息和共享信息。例如，卫星天线转播的电视节目使人们得以在全球各地同时了解世界上

---

* 本文原发表于《国外社会科学》1993年第10期，第57—61页，编入本书时有修订。

发生的重大事件及其影响,美国有线电视新闻网(CNN)的出现和成功就是一个很好的例子。这两个特征的结合,使得人们日益想参与影响其生活和工作的决策。人们正在前所未有的高度上要求掌握自己的命运。其次是西方自由经济制度的演变发展。自由经济制度在西方的确立实际上是工业革命时代的产物。在当今后工业时代重提自由经济制度作为影响后现代政府理论的一场革命背景,主要是指明自由经济制度尽管在以往经历了磨难和挫折,但这一制度仍保持着活力。再次是在一些实行中央集权计划经济的国家中,自由市场的力量迫使人们思考如何重新确立政府的位置。它也使西方国家在坚持自由经济制度的成效同时,清醒地看到并更好地应付竞争的后果,以保持社会和政治的稳定。

前两个革命带动的刚刚兴起的政府管理革命的一种结果,使民族国家不再是至高无上的。哈兰·克利夫兰曾指出,主权国家政府的权力正在同时向三个方面流失。国家的权力首当其冲,因为较多的国际功能需要以合作形式出现的主权。其次,多国公司正在处理越来越多的世界商务。再者,少数民族等正在控制自身的命运。简言之,在一个已经变得互相依赖的世界里,政府的对外作用受到了制约。在人类面临的一些共同问题上(如环境保护、反国际恐怖、移民、反吸毒和防止艾滋病等),合作或压力已经跨越了国界。这使得国家怎样恰当地起作用以及应具有什么样的手段对付企业挑战,再次成为一个根本的问题,政府的传统作用也受外部力量的入侵而发生变化。

在内部层面,首先,这一压力直接来自民主革命的影响,即后工业社会使得非政府集团和各种特殊利益集团更趋活跃。随着较多地获取信息,人们也就希望更多地参与政府的决策,人们对政府的期望值也越来越高。其次,这一压力也来自经济自由竞争的影响。当代西方政府面临的一个严重挑战是如何在缩小公共部门规模(这是经济不景气的后果之一)和扩大社会服务之间作选择。这要求政府进行一系列的改革,如精简官僚机构、将一些传统上属政府的项目转交给私人公司(因为这样更易于减少开支和采用新技术)等。

所有这些变化和挑战,迫使人们对后工业社会中政府的作用进行重新思考。用麦赛尔·马斯的话来说,"迫使我们的思维方式产生一种哥白尼式的革命"。之所以如此,是因为变化的速度。1519年,麦哲伦环游地球花3年17天。400多年后,霍华德·休斯只花了3天16小时56分,快了300多倍。

41 年后,即 1980 年,宇航员环游地球只花了 90 分钟,快了 17 792 倍。如果说胡佛的速度已经带有质的变化的话,那么 90 分钟环游地球的速度是革命性的突破。人们面对的是一个崭新的世界,这一世界要求人们的思维突破原有的框架。

二

如何给这一世界中的政府定位,显然是一桩极其庞大而又复杂的工作,后现代政府理论力图在此问题上作一阐述。尽管这一理论探索进程还刚刚开始,但它已从政府的组织形式和行为方式方面构筑了一个大致的认识框架。

后现代政府的组织形式将产生一个由垂直向平行的发展过程。长期以来,金字塔式的等级制是政府采用的传统的组织形式。约翰·奈斯比特在《大趋势》中指出,等级制度目前仍然存在,但人们对它的信心却已经消失了。原因何在? 在于这是一种落后过时的从上到下的权力结构。奈斯比特认为,等级制度无法解决社会的种种问题,这就迫使人们互相进行交谈,而这就是网络组织的发端。就政府制度而言,网络组织可以提供一种官僚制度永远无法提供的东西——横向联系。而后现代政府理论则强调,内外的压力迫使后现代政府的结构向平行方向发展,这是趋势,其原因可以从几个方面来看。

首先,就政府的管理对象而言,随着教育水平的提高和信息技术的发达,政府面对的是一大批信息灵通和教育良好的公众,而这样的公众是不会轻易接受来自上面的一些影响其生活和工作的命令、指示和政策的。此外,这样的公众通常会以较大的热情并在较高程度上参与和介入那些对他们产生影响的决策过程。换言之,在传统的从上到下的权力结构中,下对上的权力的接受产生了抗阻。这就迫使统治者在作出一些重大决策前与被统治者进行沟通和磋商。也意味着决策者作出能被接受的决定之前,要花更多的时间来解释有关情况,确定各种选择和说服参与者。也就是说,要进行横向的交流,而这种横向的交流在传统的等级制权力结构中是不存在的。

其次,就政府本身而言,越来越多的事务超越了政府部门的界限,甚至可以说,没有一个政府的部可以在完全独立的意义上解决其事务。它要解决的问题通常涉及一系列部的活动,尽管各部从本质上来说是纵向结构的。工业组织也不例外。摩斯·肯特曾指出:"在越来越多的公司中,平行联系已在取代作为流动和沟通渠道的纵向联系。公司要求公司集团的人事和功能部门在跨部门的合作中发挥一种战略作用。"IBM公司等已经在组织结构上出现了这样一种趋势。

在这种情况下,就有必要在政府结构中发现一种平行合作的新机制。当前,部际的横向联系机制,即就政策讨论、执行的平行联系已成为不少西方国家公共行政改革的一个重要内容。加拿大政府在这方面已经跨出了一步。加拿大政府正在从事的"公务员制度2000年"的改革,对副部长在政府领导和管理中的作用给予了特别的重视,甚至认为副部长是整个改革进程的关键。这里,副部长的集体行事方式又是最主要的。一种横向沟通和合作的制度规定,副部长定期交换看法(每周一次的会面以及半年一次的大会),讨论政府工作的重点和方向,互相学习,树立有效管理的精神。

再次,在一个日趋互相依赖的世界里,一个国家的政府也被纳入了一个更大的网络之中。如前所述,一些国际性的活动已经超越了意识形态的束缚,超越了国家的疆界而具有全球性。国家主权面临的这些新情况在某种意义上意味着政府必须以一种新的方式处理国际事务,进行国际合作和竞争。

这种内外压力在变革现代政府组织形式的同时,也在变革着政府的行为方式。后现代政府理论认为,与政府组织的结构从纵向的权力结构向平行的网络过渡相吻合,政府的行为方式也必须一改传统的发号施令方式,代之以一种"顾客取向"的"伙伴关系"行为方式。

"顾客取向"本是一种人所共知的企业行为。顾客决定着企业的生存。在一个充满竞争的世界中,"顾客是上帝"绝非一句空洞的、矫揉造作的话。"顾客是上帝"可以说是所有处于自由经济制度中的企业的首要取向。这一取向在很大程度上决定了企业的效率和其他的行为准则和方式。与企业相比,官僚机构在官民关系上首先经历的是一种官贵民贱的官本位论。资产阶级革命后又经历了一种官民平等论。而顾客取向实际上是一种更高形态的、中国历史上所出现过的官轻民贵的"民本"思想。就政府而言,其顾客就是社会大众,"顾客取向"表明了政府的服务性质。

与传统的服务不同,后现代政府是以"伙伴关系"作为其行为方式的。等级制度的衰弱和平行结构的兴起决定了后现代政府必须扮演"伙伴"而非发号施令者的角色。这一"伙伴关系"的行为方式主要表现在磋商、解释、谈判和说服上,而等级制下的传统行为方式的主要特征则是命令、指挥、强制,因为等级制允许居高位者居高临下。

后现代政府的这种"伙伴关系"可以表现在外部和内部两个层面上。

就外部而言,后现代政府的"伙伴关系"表现在如下两方面。

一是表现在对社会公众的关系上。平行结构使政府趋向于用磋商、解释、谈判和说服的方式来解决与社会大众之间的关系和社会问题,因为后现代政府的理论之一是,社会变革的管理必须有有关的伙伴和利益相关者参加。因此,有必要在较高程度上让作为伙伴的社会大众介入政府的决策过程。这样有助于一个处于飞速发展的多元社会中的国家在竞争中找到自己的位置,跟上变化的步伐。斯堪的纳维亚国家在这方面已经开了一个先例,即政府、工商企业界和劳工三方合作来就一些主要的经济政策作出决定。这种机制在德国、日本也能看到。

二是表现在对其他国和政府的关系上。伙伴关系要求在处理国际事务时也奉行磋商、解释、谈判和说服的方式,武力和强制的传统方式不应当再作为处理国际关系的准则。另一方面,国际竞争又是一种严酷的现实。参与国际事务,在某种程度上就是参与国际竞争,竞争会有输赢。因此,后现代政府理论认为,一个希望稳定的社会不能满足于全球结构调整游戏中的胜者,它必须设计出一些帮助败者调整的方法。平等和同情应当是重要的社会价值观念。既是竞争对手,有合作有冲突;又是伙伴,而所谓伙伴的最根本点之一,在于不会在对方被击倒后再踏上一只脚,而是搀扶他起来,再进行竞争,这就像竞技场上良好的体育道德所体现的那样。

就内部而言,后现代政府的"伙伴关系"表现在如下两方面。

第一,政务官和文官的关系。这一关系首先要求政务官在有关政府事务上与文官进行密切的合作,其次要求高级文官必须明确其作为政治领导人的顾问的角色。在这里,传统的两分法,即政务官制定政策、文官执行政策已被扬弃。政务官和文官之间是一种伙伴和合作关系。以上提到的加拿大的副部长的作用本身就是一个耐人寻味的例子。副部长是从文官中挑选的,是文官,理论上不得干预政治,但挑选者是作为政务官的总理,这使任命又带有政治色彩,且副部长又参与重大的政府政策制定活动,这一副部长的职位已经突破了原来意义上的文官的框架。

第二,这种内部的"伙伴"关系还表现在团队建设上。团队建设是20世纪70年代管理理论提出的一种提高工作效率的方法。受行为科学思想的影响,团队的建立旨在使组织成员有效地完成组织目标和实现自我需要。它采用合作、激励的方式组成团队,并以这种方式激发团队的关系。团队里的人是一种伙伴和合作的关系,从某种意义上说,这也是一种突破等级制结构的做法。

政府的对内对外关系显然是互相联系的。外部压力会迫使政府对内部结构和行为方式作出变革。反过来,政府内部的结构和行为方式也可以有效地应付各种挑战。从这种意义上说,有效地改革政府内部的结构和作业方式是很关键的。

以顾客为取向的伙伴行为方式是内外部压力迫使后现代政府采取的。这种新行为方式以及与这一行为方式相适应的向平行结构过渡的方式并不影响后现代政府工作的一个重要目标——效率。在这个充满竞争的世界里,效率永远是重要的,而效率长期以来一直是官僚结构的一个弱点,在同私人企业相比较时尤其如此。在这方面,后现代政府理论认为,目前一些西方国家的政府的两个动作是有意义的。

首先,某些政府公共项目的私人化。这里有两层含义。一是私人的占有,即政府将一些公共企业和事业出售给私人企业,原有的一些公营公司不复存在,这在日本、英国、加拿大、法国等都可找到这方面的例子,比如不少传统上属公营的航空、铁路,甚至煤气、水电都转变为私人企业。二是与私人公司签订合同,由私人公司来具体承包和执行一些政府的公共项目。这里的公共项目不仅仅指传统上的诸如军事设施由私人公司中标承包等,还指私人部门承包政府的一些公共管理业务,如在边远地区由私人公司代行政府的某些职能,以做到既省钱,又有效率。私有化从根本上反映了政府官僚机构在效率上仍不能与私人公司匹敌,也反映了政府旨在引进私人公司的方法来促进公共管理效率的努力。

其次,后现代政府的组织要求是一种以知识为基础的组织。从计划到政策,从注重经济发展到注重整个社会的发展,从垂直结构走向平行结构,从命令的行为方式转向说服的方式,私人部门竞争的挑战,新技术、方法产生的压力,所有这些对政府工作人员提出了一种新的要求。

丹尼尔·贝尔在《后工业社会的来临：社会预测初探》中曾指出,后工业社会的特征,在于知识占据了重要地位。乔治·吉尔德以下一段话更反映了知识在信息社会中的作用："20世纪最重要的事件是物质不再居于支配地位。在各国的技术、经济和政治活动中,作为有形资源存在的财富的价值和意义不断下降,心灵智慧的力量处处都在战胜物质的蛮力……今天,占支配地位的国家和公司不是土地和物质资源的主人,而是思想和技术的主人。"①后工业社会的这一重要特征对政府的高级文官而言,正如麦赛尔·马斯所指出的,他们将从看不见的(传统的文官通常是在幕后工作的)到成为磋商、解释、谈判和说服的专家,从做事的变为掌舵的和筹划的。对一般公务员而言,也要求他们成为精通政府业务的专家。与这一转变相适应,政府工作人员的培训合乎逻辑地被提到了重要议程上,通过实行最好的教育和培训,设计能充分发挥他们才智的、团队方法所需的职位,可以使整个政府的工作能跟上迅速变化的时代。

三

后现代政府理论是伴随着20世纪70年代由丹尼尔·贝尔开创的对后工业社会的研究而发展起来的。从更广的意义上说,该理论也可以作为整个后工业社会(奈斯比特谓之信息社会)研究的一部分。尽管这一理论还在形成之中,但它首先填补了后工业社会研究和预测中对政府及其作用阐述甚少的缺陷。就两本有影响的著作——丹尼尔·贝尔的《后工业社会的来临：社会预测初探》和约翰·奈斯比特的《大趋势》而言,贝尔在论证知识在后工业社会中的力量和作用时,只是在涉及新的决策者和统治者时谈到了新的以技术为基础的统治人物在后工业社会中的崛起,并未涉及政府的机构及运作。奈斯比特在论述美国社会发展的十大趋势中,只是在第八个趋势,即从等级制度到网络组织中稍有涉及,也未作专门阐述。因此,对后现代政府,即后工业社会或信息社会中的政府作用的探讨是很有意义的,原因很简单,政府在后工业社会中依然存在,并依然在发挥重大作用,尽管其结构形式或行为方式可能或已经发生变化。

---

① George Gilder, "The World's Next Source of Wealth", *Happiness*, 1989, Vol.120, No.5.

后现代政府理论在很大程度上反映了管理思想上的一个变化趋势,即从对物的注重到对人的注重。管理思想史上就有过从传统学派思想到行为学派思想的一个变化发展过程,用奈斯比特的话来说,就是一个从高技术到高技术和高情感并重的变化发展过程。后工业社会为这一变化过程提供了所需的技术,但似乎没有提供相应的人文条件。后现代政府理论对人文方面的强调显然也是很有意义的。

不过,后现代政府理论是一个庞大的体系,而目前的探讨只是搭起了一个很简单的框架,许多方面有待继续探讨和补充。尽管已有的一些探讨不乏真知灼见,但可提的问题仍然很多。例如,等级制结构通常是与效率合在一起的。马克斯·韦伯在这方面有过较好的阐述。当政府结构从等级向平行过渡时,如何保证效率?理论上的论证可能不难,但这方面的实证材料并不多。再如,至少到目前,在向平行结构的过渡中,等级结构依然存在。那么在过渡情况下,等级结构的运作与原有状况有何不同?它同趋向平行的结构之间是一种什么关系?权力结构会不会消失,如消失,会以怎样的形式消失?等等。不过,尽管如此,后现代政府理论对于当前条件下政府及其作用的探讨以及政府公共行政的改革,向人们提供了一些富有启发性的思考结果。

A Review of Postmodern Government Theory

Abstract: The theory of post-modern government developed with the research on post-industrial society initiated by Daniel Bell in the 1970s. In a broader sense, the theory can also be used as part of the study of post-industrial society as a whole. The theory of post-modern government holds that the challenge of post-industrial society is not only to change the form of modern government organization, but also to change the way of government behavior. The structure of government organization is transitioning from a vertical power structure to a parallel network, which requires the government to change the traditional command mode and replace it with a "customer-oriented" mode of "partnership". The theory of postmodern government is a huge system, but the current discussion only sets up a very simple framework, and many aspects need to be further discussed and supplemented. Nevertheless, the post-modern theory of government provides some enlightening thinking results for the discussion of government and its role under the new conditions and the reform of government public administration.

西方公共政策研究述评*

摘要： 公共政策研究通常以20世纪50年代初美国著名政治学家哈罗德·拉斯韦尔和丹尼尔·勒纳的《政策科学》为起点，并在20世纪70年代得到了极大的发展。尽管西方的公共政策研究的历史不长，但已经出现了一些有影响的理论和模式，比如，将立足点放在权威决策之上的理性决策理论或模式，注重决策过程动态关系的团体理论和精英理论，强调作为政治系统过程的决策理论，强调维持社会稳定的渐进决策理论等。公共政策的研究正在吸引越来越多的研究者，从这个角度讲，这一研究的潜力是巨大的。

一

公共政策研究在西方是一门年轻的学科，通常以20世纪50年代初美国著名政治学家哈罗德·拉斯韦尔和丹尼尔·勒纳的《政策科学》为起点。公共政策研究之所以在50年代形成，并在70年代得到极大的发展，其原因之一在于，首先，政府部门自两次世界大战后，对社会各领域的活动的干预日益增多，政府部门所涉及的公共管理的决策也日益增多，而一项重大决策的成败在很大程度上影响到国家的发展，这在客观上导致政府部门和学术界对此问题的注重。其次，战后政府制定公共政策所涉及的知识带有跨学科的特点，战后出现的一些新的研究技术和方法对此提供了可能，而这一点是20世纪初所不具备的。原因之二在于，社会科学的各个有关学科逐步形成了这一共识：必须找出使个人通过社会机制最大限度地达到预期目标的条件。这一共识使得一些学科之间的交叉得以顺利进行。此外，20世纪40年代末在美国社会科学界产

---

* 本文原发表于《国外社会科学》1989年第4期，第62—67页。

生的行为主义革命在研究方法上实现了新的突破,它给在更广阔的领域内进行这一研究提供了可能。原因之三,政府部门将某些问题的抉择交由学术机构研究,政府为这种研究提供资金,这也促进了公共政策学的蓬勃发展。

在今天,公共政策学已经发展成一门具有多种学科知识的学科,其中特别重要的有政治学、行政学、经济学、哲学、社会心理学、数学、历史学等。它的研究重点是公共政策的形成。围绕着这一主题,学者在以下几个方面进行了深入的研究和探讨。

(1) 政策输入。顾名思义,研究重点是在输入部门。输入的内容包括政党、利益集团、决策者、决策辅助机构和人员、环境等。输入研究的重点因学者对这一问题的理解而异。有的注重多种输入因素之间的互相关系,认为西方社会是一个多元的民主社会,政策的产生是各种政治力量互相作用的结果。例如,著名政治学家查尔斯·林德布洛姆的《决策过程》就代表了这一看法。也有的强调输入的个别部分,例如强调决策者,即精英人物的作用。有的则强调制度、规章、机构和规范的作用。

(2) 政策过程。其研究焦点是政策制定与执行。在政策制定研究中,出现了许多有影响的理论或模式。例如,拉斯韦尔的"决策七阶段论";多尔的"最佳决策模式";林德布洛姆的"渐进决策模式";本特利的"团体理论";达维克的"精英模式";等等。在偏重对决策过程的技术性分析中,这一分析主要包括的内容有:问题的确定,信息的获得与取舍,标准的建立,成本效益分析,如何进行选择,决策的环境影响,决策的组织工作,决策者的地位、作用及其需要掌握的知识,决策者与执行者之间的关系等。

(3) 政策影响。这是20世纪70年代后发展起来的一个研究方向,其重点放在政策的输出、影响和评价上。约翰·郎格门曾指出,当代政治学中的政治过程研究,主要指的是研究政策是如何制定的,过程不一定就随着政策决定而中断,一些新的问题会接踵而来,如政策制定后会发生什么,它对人民的生计、环境、价值分配、社会系统或政治过程本身的功能将产生什么影响,等等。如果说,70年代前的政策研究——借用拉斯韦尔的话来说——是关注"何时得到"和"如何得到",那么,政策影响研究则旨在关注"谁得到什么"。

(4) 比较公共政策。大部分比较的是政治制度相同的欧美国家政府的公共政策,这一比较以横向比较为多,一般不对比较下具体结论(事实上,由于国情不同,公共政策的某些特点也必然不同,因此很难以一种标准进行衡量,特别是进行道德上的评价)。由阿诺德·海顿海默编著的获奖著作《比较公共政策》是这方面研究的一个重要成果。也有有关资本主义国家和社会主义国家公共政策比较的研究。此外,也不乏对某一段历史时期中的数届政府进行纵向比较的作品。

公共政策研究通常可以分成两大类。一类是定性的研究,旨在为公共政策制定者提供有价值的、实用的东西,例如政策过程分析为决策者提供信息、建议,以完善公共政策和提高决策质量。另一类是描述性研究,旨在研究社会、经济变量在形成政策中的作用,研究具体的政策是如何运转和发生影响的。尽管这种研究也能给决策者事后评价政策的后果带来益处,但这并非这一研究的首要目标。

二

西方的公共政策研究尽管历史不长,但已经出现了一些有影响的理论和模式,它们立足点不同,瑕瑜互见。笔者将其归纳如下,并作一分析。

(一) 将立足点放在权威决策之上的理性决策理论或模式

理性模式最初出现于 20 世纪初,它源于传统的经济理论,即经济人在进行选择时具有最理性的行为。当理性模式被搬到公共政策研究领域时,它构成下列特点:(1)建立一整套重要的行为目标;(2)列出与这一重要性有关的价值和资源;(3)准备一整套可供选择的政策;(4)对每一选择的收益和成本作一完整的预测;(5)对每一选择的前景作一考虑;(6)将选择的前景与预期的最高目标作一比较。拉斯韦尔在这一着重于权威决策的一般理性决策模式上发展出"决策七阶段模式"。这一七阶段模式包括:(1)情报功能,即搜集可能引起决策者对有关问题注意的信息或有关形成选择的信息;(2)建议功能,即建议一个或更多的可能的政策选择;(3)在众多的可能选择中,规定或决定一个选择;(4)准备执行选择;(5)执行者在具体环境中执行这一选择;(6)分析评价这一选择的有效性;(7)原先政策的最终完成。拉斯韦尔的"决策七阶段模式"事实上描述了制定公共政策的一般逻辑步骤,其立足点无疑在权威决策之上。

在着重于权威决策的一般理性决策模式上,雅合泽克尔·多尔也发展出著名的理性决策模式。多尔把这一决策模式分成决策前、决策、决策后、反馈四个阶段。决策前阶段包括 7 个步骤:(1)指出并排列有关的价值;(2)认识过去和未来有关的状况;(3)指出要解决的问题;(4)寻找、处理并发展资源;(5)设计、估价和再设计决策系统;(6)问题、价值和资源的配置;(7)决定决策策略。决策阶段也包括 7 个步骤:(8)对资源再作分配;(9)建立行动目标,并按其重要程度加以排列;(10)指出一些可能有关的其他价值,并按其重要程度加以排列;(11)提出一系列的选择;(12)对各种选择的效益与成本作一系列可靠的预测;(13)对这一系列的效益与成本进行比较,从中找出最佳的选择;(14)评价"最佳"选择的效益和成本,并决定其是否最佳。决策后阶段包括 3 个步骤:(15)政策执行动员;(16)执行政策;(17)执行后评估政策。反馈阶段包括:(18)通过各种渠道对所有阶段的沟通进行反馈。

此外,在着重于权威决策的一般理性决策模式上,赫伯特·西蒙还发展出其著名的有限理性决策模式。这一模式认为:(1)决策者事实上并不具有有关决策状况的所有信息;(2)决策者处理信息的能力有限;(3)决策者在有了有关决策状况的简单印象后就行动;(4)决策者的选择行为受所得信息的内容和秩序的影响;(5)决策者的能力在复杂的决策状况中受到限制;(6)决策行动受到决策者过去经历的影响;(7)决策行动也受决策者个性的影响。西蒙认为,政治决策者的理性是"有限的",应当以"满意"的决策来代替"最佳"的决策。西蒙虽然对理性决策模式作了批判,但它批判的立足点也还是权威决策。

以上几种模式的特点在于注重一种动态的社会行动,即注重官员或权威的决策,其主要内容涉及的是决策者通过主要的政治结构在某一状况下的活动,其主要分析目标在于为决策者确立一种决策程序和标准。显然,从给决策者确立一定的决策参照这一意义上说,这些模式是很有意义的。

然而,这些决策模式忽视了存在着一种未经分析就决定的政策。波厄、普尔和德尔斯曾指出,决定并"不一定就是一个社会集团在问题得到了认识时或一些人忠于一项行动时作出的"。在他们看来,决定只不过是就某些问题进行争论而已。此外,这些模式强调可辨别的决定,而忽略了一种"无决策的状况"。当占统治的价值、公认的一些准则、既存集团之间的关系或暴力工具有效地排斥了对问题的一些不同看法时,这种决策状况就产生了。因为在这当中,尽可能多的或完整的可供选择是不存在的。斯查斯纳德在这点上说得较为透彻:"政治组织的所有形式都有一种利于寻找某种冲突和压制他人的偏见,因为组织是一些偏见的集合。"

(二)注重决策过程动态关系的团体理论和精英理论

团体理论是由阿瑟·本特利在20世纪首创的,后来被戴维·杜鲁门等学者用于分析决策过程。团体理论的学者将集团看作政治的货真价实的东西,是个人在共同的利益基础上互动的一个多元体,它对其他社会集团提出要求。而潜在的集团是具有共同信仰的个人的集合,他们互相行动以组成集团,如果他们的利益受到危害的话。此外,当集团互动呈现出一种高度稳定的特点时,社会平衡也就达到了。

团体理论的基本点在于:(1)由于社会是一个由互动的集团组成的多元体,政治过程因而就是一个集团互相争夺资源分配控制权的过程;(2)集团互动是个人态度的首要来源;(3)互动趋向于平衡,因为潜在集团建立了不同集团竞争的规则,而破坏这些规则就会遭到已建立的集团的反对。从决策角度讲,团体理论的某些学者认为政府是一些与非官员集团相比较而存在的集团,因为它的行动是执行权力。国家在任何时候都代表了一种共识(集团通过这种关系存在于互相关系中),因而建立并强调集团的行为规范。这样,集团的互动就产生了其将受到控制的规章以及将形成的公共政策。

团体理论把包括决策在内的政治过程看作一个集团间互相竞争的过程,在这点上这一分析有独到之处。公共政策的产生或改变从某种程度上代表了某些集团或阶层的利益,或受到某些集团压力的影响。众所周知,资本主义国家的各种利益集团对公共政策的形成具有很大的影响力。问题在于,当集团理论把政府看作一种代表社会共同利益的集团时,它忽略了政府(或利益集团)本身所固有的阶级特征和自身利益。这是缺陷之一。

此外,团体理论也忽略了制度结构这一因素。事实上,政府的决策结构常常独立地决定集团的政治行为。著名学者阿尔蒙德和柯尔曼认为,进行"利益表达"的集团的特点是由特定政治系统的社会结构所决定的。对利益集团开放的参与途径并不是由利益集团本身决定的,相反,政府结构既影响集团希望获得政治有效性的愿望,也影响其政治活动的可能范围和程度。

精英理论的主要论点是：政府的公共决策是由少数人作出的。正是从这一点出发，一些学者注重研究精英人物的社会经济特点、政治招募的形式、沟通形式、社会系统和社会结构对精英构成的影响、决策的形式、精英人物的行为等。

主张决策过程主要由少数人控制的理由之一在于政治资源的分配。精英理论认为，并非所有的公民都享有同等的资源，精英人物在掌握这些资源方面要远远超过平民百姓。此外，就精英人物本身来说，其对资源的掌握并非是垄断的，而是分散的。每个精英都握有相对不同的资源如金钱、声望、技术等。从这一点出发，又引发了精英理论对精英亚文化层的研究。

精英理论着重于个人的背景和个性结构、行为战略、方式和社会作用，着重于精英人物之间的互相关系和行动方式，以及精英人物与一般大众的互动，例如沟通方式等。

林德布洛姆把那些处在其设计的决策阶梯最上层的人称作直接决策者，即精英理论所称的精英人物，但他不同意美国或一些西方民主国家的政府决策是由少数人作出的观点。他主张的是一种多元决策论，即在这种国家里，决策是各种政治力量的消长和互相作用的结果。理由之一在于，在民主国家，公民和社会集团可以对公共政策的作出产生极大的影响。精英人物一手遮天、完全按自己的意志和愿望拍板定案是很难做到的。

而戴维斯则以大量的实证材料来证明精英人物所起的举足轻重的作用。

精英理论的长处和短处不难从中发现。问题在于作为个人的精英是各式各样、彼此不同的，他们处理的具体事情也不相同，例如在西方政府中就有通才和专才之分。因此，精英理论的分析就精英个人而言，至少应表明他的功能作用，他对自身利益的看法，他所具有或需要的政治资源的种类和数量，以及他是否乐意将资源投入等。在这些方面，精英理论还是有缺陷的。

（三）强调作为政治系统过程的决策理论

首先，这一理论吸取了系统理论的思想，认为社会是一个系统，而政治系统则是社会系统的一个次系统，它包括对社会价值进行权威分配的所有活动。公共政策的产生是一个从输入转换到输出的过程。输入主要指要求、愿望、对政治制度的支持等，而输出则指权威机构为满足这些要求愿望等所作的决定或采取的行动。这样,这一理论就把决策过程看作将政治输入变成政治输出的一个转换过程。这一转换是以一定的政治共识为生存条件的,因为这一共识是支持政治系统合法性的一个来源,使系统中的决策者得以解决资源分配中的冲突,并对这种分配行使权力。

其次,这种政治共识也最终决定了政治系统中个人的角色以及他们进行政治活动的规则。换言之,决策过程也可以从政治系统中各种行动者彼此间不断地发生影响来加以理解,或者说,角色结构和活动规则构成了决策过程。

再次,这一理论认为,任何决策过程都有两项最重要的活动:确立重点以及获取并处理有关政策结果的反馈意见。政治问题的出现会给不同的决策者提供建立政治资源的机会。例如,支持关注一些非重点的目标以实现重要的目标,或为了重要的目标而牺牲一些次要的目标。在实现这些目标的过程中,时间、财力、物力、人力、信息等诸如此类的资源都是有限的。有限的资源限制了决策者同时追求很多目标,因而确立重点是必须的。此外,同这一确立重点相连的是有关各种政策输出的反馈。反馈过程包括四个阶段,即如伊斯顿指出的作为刺激因素的输出、反馈回答、有关这一回答的信息反馈以及对反馈回答的输出反应。这样,政治系统就必须具有如下功能:向决策者提供有关政治和社会系统状况的信息,以及任何政策对其产生影响的信息。

显然,把决策看作政治系统的一个过程,是从较抽象的角度来论述公共政策制定的,它基本上套用了戴维·伊斯顿创立的政治系统理论。输入—转换—输出确实构成了一个较完整的政策过程。如果说前几种理论注重决策过程中的具体方面(如精英人物、团体互动等),那么这一理论则注重决策过程的一般方面,其优点是较为完整,其缺点则是缺乏深度。

(四)强调维持社会稳定的渐进决策理论

这是林德布洛姆在20世纪50年代初确立的理论。他认为所谓公共政策只不过是以前政策的修正而已。这一修正是小规模进行的,政策上大起大落的变化是不可取的,因为它会导致社会的不稳定。其理论的基本点是:(1)价值目标的选择和所需行动的实证分析是互相交织在一起的,很难加以明确区分;(2)由于手段与目标不能加以区别,因而手段-目标分析常常是不够的或带有局限性的;(3)对一项"好"的政策的检验在于不同的分析者都赞同好的政策的标准是令人满意,而不是拼命追求最佳;(4)分析是有局限性的,一些重要的、可能的结果,可供选择的潜在政策等都会遭到忽视;(5)连续比较极大地减少了对理论的依赖。

很显然,渐进决策理论对理性决策模式作了批评。它从实证的角度表明,理性模式对决策过程,特别是对政治领域的决策过程所定的标准实际上是做不到的。渐进决策理论较适宜于一些比较安定的环境。在争取社会进步的同时避免社会动荡方面,渐进决策这一方法具有其明显的优点。但这一理论带有保守的特点,因为社会的某些进步有的不是靠渐变,而是靠突变取得的。当渐变不能解决问题时,就应当考虑采用突变的方法。以公共政策而言,在一个相对稳定的环境中,政策上的大起大落是不可取的,但在某些情况下,不大幅度地改变政策就难以实现突破,历史上的不少事件都证明了这一点。

三

西方的公共政策研究从发端至今,在短短的几十年时间里形成了一系列的特点,这些特点包括以下几个方面。

第一,公共政策研究无论是作为一门学科,还是作为政治学、行政学研究的一个分支,其学术地位已确立。这表现在每年都有大量的有关公共政策研究的专著、论文问世,大学、研究生院都不同程度地开设了这类课程。此外还有一些专门研究公共政策的机构。在著名的兰德公司的研究课题中,有不少就是关于公共政策的研究。再者,国际性的公共政策研究交流也日益频繁。总之,自公共政策研究形成以来,这一研究表现了它吸引众多学者的魅力,也展示了它具有生命力的前景。

第二,公共政策研究的一个重要形式是政府部门与学术部门的密切交往。这种交往的形式有政府作为顾客与学术部门签订研究合同,政府出钱,学术部门根据政府要求研究的内容进行研究并到时提交成果;也有政府系统内的研究机构与学术研究机构合作研究,不少研究者同时具有学术背景和政府部门管理者背景。

第三,公共政策研究的方法呈现出多样化,其中主要的方法如下。

比较方法:包括纵向横向比较、国际公共政策比较、个案比较、不同政府的公共政策比较、不同社会制度的公共政策的比较、政策发展前景比较等。

个案方法：对某项公共政策进行专门分析，例如分析某一时期政府的环境保护政策、公共教育政策等，分析产生这些政策的背景（如其优劣、执行状况，以及产生的后果和影响等）。个案方法注重技术性分析，这种分析通常能为决策者提供某种有益的启示。

规范方法：公共政策研究的规范方法并未由于行为主义学派的兴起而告消亡，例如上面提到的多尔的理性决策模式所运用的就是典型的规范方法。该方法注重提出理论框架，提出标准规则，注重制度、法律等的作用和影响。

实证方法：这是公共政策研究中占统治地位的方法。同整个政治学、行政学研究的情况一样，它是行为主义革命产生的一个主要成果。这种方法注重事实而不问价值，注重有关事实的搜集、积累和分析。

定量定性分析方法：定性方法是早就存在的一种社会科学研究方法，在公共政策研究中它并未遭到摒弃；定量方法是随着新的科学技术的发展，特别是随着计算机科学的发展而建立起来的，它主要建立在数学模型和计算机模拟的基础上，有时这种分析也被称为科学分析。

模型方法：这是在政策分析中常用的一种方法。政策分析的中心在于提出一种旨在提供有关某一即将采取的行动的后果的信息程序。模型对于简明而准确地进行这类分析来说是很重要的。尽管它不能预测准确的结果，但它能告诉人们建立在各种假设之上的可能，因而提供使人更清楚地理解现状的信息。

第四，公共政策研究涉及的范围、研究的角度和方法似乎有看到极限之感。在这些方面进行新的突破看来较为困难，剩下的问题就是研究的深度。所幸的是，公共政策研究正在吸引越来越多的研究者，从这个角度讲，这一研究的潜力是巨大的。

A Review of Public Policy Research in Western Countries

Abstract: The study of public policy usually starts from the *Policy Science* written by Harold Lasswell and Daniel Lerner, the famous American political scientists, in the early 1950s, and developed greatly in the 1970s. Although the history of public policy studies in the west is not long, there are already some influential theories and models, such as rational decision theory or mode based on authority decision, group theory and elite theory focusing on dynamic relationship in the decision-making process, decision making theory emphasized on the process of political system, and the incremental decision making theory emphasized on maintaining social stability, etc. The potential for public policy research is enormous in the sense that it is attracting more and more researchers.

明诺布鲁克三次会议与
公共行政研究的演进*

摘要：明诺布鲁克三次会议在美国公共行政研究的发展史上具有极为重要的意义，它影响了美国公共行政研究的走向，并对每一阶段的研究起到了引领的作用。明诺布鲁克会议也在一定程度上反映了美国公共行政研究的一些特点。所有这些可以给我国的公共行政研究带来一些有益的启示。

一、三次会议与公共行政研究重点的转变

2018 年是明诺布鲁克会议（以下简称"明会"）召开的第 50 周年。50 年前，第一次明会在美国锡拉丘兹大学明诺布鲁克会议中心举行。此后，明会以每 20 年一次的频率又召开了两次（1988 年和 2008 年）。三次明会在美国公共行政学研究的发展史上具有极为重要的意义，它的发展轨迹凸显了公共行政的理论与实践之间的紧密联系，凸显了公共行政的实践在公共行政学发展中的重要作用，凸显了在对行政实践反思后带来的对公共行政问题的新的思考以及理论上的创新和知识版图的扩张。正如理查德·斯蒂尔曼曾指出的，美国的公共行政学通常"以高度创新性和创造性的方式每一代或每 20 年转换为一个新的知识结构"①。明会的三次会议印证了斯蒂尔曼的判断，每一次的会议都带来了知识上的更新，甚至是公共行政实践和研究范式的转变。

自第一次明会后，我们看到美国的公共行政研究经历了三个转变，每一次的转变都与明会有关。

---

* 本文原发表于《中国行政管理》2018 年第 5 期，第 127—132 页，编入本书时有修订。
① [美]理查德·斯蒂尔曼二世编：《公共行政学：概念与案例》，竺乾威等译，中国人民大学出版社 2004 年版，第 27 页。

首先是从强调传统的官僚行政到强调民主行政、从强调"二 E"（经济、效率）到强调"三 E"（经济、效率、公平）的新公共行政的转变。什么是公共行政？公共行政的目标和理论基础是什么？在乔治·弗雷德里克森看来，"传统和古典的公共行政不外乎试图回答下列问题：我们怎样才能利用可用的资源提供更多或更好的服务（效率）？我们怎样才能在节省支出的同时保持我们的服务水平（经济）"[①]？长期以来，对此问题的经典答案一直是有效地、经济地、协调地管理各种服务（消防、卫生、福利、警务等）。公共行政的理论几乎是更好（更有效率、更经济）的管理。建立在政治-行政两分法和官僚制基础之上的官僚行政长期以来被认为是解决这一问题的最好的手段和方法。

官僚行政的特点在于它更多地与政治和法律联系在一起。它在思想上强调政府在公共行政中的中心作用和权威。进行行政管理的最好的结构设计和组织形式是政治-行政两分法和马克斯·韦伯意义上的官僚制。政治与行政的两分可以使行政独立于政治之外，从而使行政免受政治的不利影响，成为一项事务性和技术性的工作（文官制度是这一设计的经典产物），以此来提高行政管理的效率和无偏私地向社会公众提供公共服务。而官僚制则是进行行政管理的最好的组织形式。这一官僚制的分工、权威等级、法制和非人格化管理的特点保证了政府组织运行的效率、理性和就事论事。此外，官僚行政在运作上通常将资源集中于政府之手，由政府提供垄断式的公共服务和对社会进行包揽式的管理。这一模式在工业社会运行了多年，公共行政的研究正如弗雷德里克森所说的，着眼于如何使政府以更经济的方式来提高政府做事的效率，有关公共行政的研究多集中于行政管理的技术层面，如运作程序的改进、组织结构的合理化、效率的提高等。

首先是政治-行政两分法和官僚制在美国进入后工业社会后遭受了批评，公共行政研究长期来注重技术和流程的管理取向也开始受到质疑，其中最著名的是德怀特·沃尔多与赫伯特·西蒙就公共行政的本质进行的长达半个世纪的争论。沃尔多主张将民主等规范价值引入公共行政中，强调公共行政学是一种政治理论。明会第一次会议事实上反映了沃尔多的主张（沃尔多本人就是这次会议的组织者），这次会议力图纠正公共行政研究进行了多年的重管

[①] [美]乔治·弗雷德里克森：《新公共行政》，丁煌、方兴译，中国人民大学出版社2011年版，第4页。

理、重技术的取向。明会产生的新公共行政明确提出在经典的"二 E"上加上第三个"E",即公平。"社会公平强调政府服务的平等,强调公共管理者决策和项目执行的责任,强调公共管理的变革,强调对公民需求而非公共组织需求的回应,强调对行政研究与教育的探讨,公共行政不仅具有跨学科性和应用性,而且具有解决问题的特性和理论上的合理性。"① 社会公平的提出表明公共行政的研究不能仅仅局限于技术层面,它必须考虑价值层面。会议的一个观点是传统的、旧的公共行政不关心社会的问题或国家的目标,它只关心有效执行所需的行政工具和技术,只关心政府如何做,而不是做什么。与会者强调"裁量者"的公共行政而不是作为工具的公共行政,"这产生了公共行政理论与实践的一种运动,也就是新公共行政"。②

其次是在坚持新公共行政的民主行政和社会公平的同时,明会也强调市场机制和企业运作的新公共管理,而后者更多地是与传统的公共行政所强调的效率联系在一起的,只是在追求效率的方式上有很大的不同,新公共管理更强调市场机制的作用。研究重点的转向是与当时的社会状况和公共行政的实践联系在一起的。第一次会议中对社会公平和民主行政的强调与当时美国社会处于一种因越南战争以及对民权追求而产生的社会动荡的状况有关,同公共行政忽略价值和政治问题有关。当第二次会议召开时,已经到了 20 世纪 80 年代,美国社会面临的是另一种状况。事实上,主张在公共行政研究中加上社会公平的新公共行政的旗手弗雷德里克森(明会第一次会议的一位骁将)在 70 年代末就指出了公共行政研究当时更多面临的将是技术和过程问题,而不是政治问题(尽管他后来对新公共管理抱有批评的态度)。在他看来,"20 世纪 80 年代最重大的问题之一将会是生产率。所有现存的迹象都表明,所生产的物品和服务与所耗费的人力之比率正在下降。我们正处在一个有极限、无增长的时代,环顾四周,我们可以看到一种普遍倾向于削减支出乃至政府范围的态度"③。随着 20 世纪 70 年代新自由主义的兴起,提高生产率的典型做法就是强调最小国家,缩小政府规模,扩大市场作用,建立基于市场的国家,进行政

---

① [美]乔治·弗雷德里克森:《新公共行政》,丁煌、方兴译,中国人民大学出版社 2011 年版,第 4 页。
② "New Public Administration: Public Administration UPSC ISA/HPSC" (October 29, 2014), Frontier IAS, http://baljitdhaka.com/new-public-administration, retrived August 7, 2020.
③ [美]乔治·弗雷德里克森:《新公共行政》,丁煌、方兴译,中国人民大学出版社 2011 年版,第 77 页。

府再造。如果说第一次会议是从政治学的角度来考虑问题的,第二次则更多是从管理学的角度来考虑问题的(这或许同参会者的学术背景也有关:参加第一次会议的学者几乎是清一色的政治学者;而参加第二次会议的有来自历史学、经济学、政治学、管理学和心理学背景的学者,更重要的是一些行政实践者也参加了会议。当然也同会议当时面临的问题有关:第一次会议面临的社会问题具有强烈的政治色彩,第二次则更多具备了管理的色彩)。如果从美国开国之初就有的公共行政的宪政和管理两种取向来说,第一次会议使传统的公共行政研究的取向从管理转向宪政,从技术理性转向价值理性,第二次则再从宪政转向管理,转向技术理性。这一转向事实上还有新公共管理在英国兴起的背景,以至于新公共行政在产生不久,还没有完全释放它的能量的时候,就被新公共管理淹没了。第二次会议的组织者还是沃尔多,他对会议出现的这一显然有违第一次会议方向的变化持何种观点?与弗雷德里克森一样,沃尔多也看到了新自由主义强调最小国家和扩大市场作用所产生的变化。他指出,公共行政往这个方向走已经很久了,对此应该采取欢迎的态度,并与此同行。正是对这一新变化的认识,第二次会议在强调公正、民主、正义等概念的同时,也强调了对一些诸如外包、绩效、使用者付费等新起的概念进行研究的重要性,并接受了一种运用市场化机制来推进国家和社会目标的新的公共服务方法,尽管会议认为国家运用市场化的方法在变得更有效率的同时,首要的目标还是要取得社会的平等和宪法目标。"第二次明会的一个结果是产生了新公共管理的治理路径。"[1]

再次是从新公共管理到强调社会各方参与的协作治理和全球治理的转变。本次会议的主题就是"公共行政的未来、公共管理与全球公共服务"。第三次会议的一个背景是全球化进程的推进,网络社会的形成和发展。全球化背景下产生的一系列问题如移民、环境保护、恐怖主义、自然灾害、毒品犯罪、贸易纠纷等跨越了国家的边界,日益成为国家治理中的重要内容。国内和国际网络的跨界治理使得协作治理变得日益重要。这一重要性正如彼得特切·克拉巴蒂和普拉喀什·骞德所说:"明会第三次会议强调'协作治理'的重

---

[1] "New Public Administration: Public Administration UPSC ISA/HPSC" (October 29, 2014), Frontier IAS, http://baljitdhaka.com/new-public-administration, retrived August 7, 2020.

要性,因为它可以抵御政府庸政官僚懒政。此外,在一个互相依赖的世界里,协作治理也是一种把协作制度化以及在多组织背景(如政府部门机构的网络)下建立行之有效的决策过程的方法。"① 这使得公共行政研究的重点开始朝这个方向发展,从第三次会议的与会者认为公共行政要讨论的一些主题中可以看出这一点。会议由年轻的和资深的两拨学者组成。年轻学者提出了四个需要关注的领域:在变化的全球化背景下公共行政的实质;市场取向的新公共管理的复杂性;交叉学科对公共行政的方法论核心的影响;在因社会经济政治迅速变化而重新定义的公共行政中,网络治理和协作公共管理日益增长的重要性。资深学者提出的是,2008年的公共行政与1968年和1988年的有何不同?对于进行了30年的市场取向的新公共管理改革在理论和实证上能下一个明确的结论吗?由于多学科的进入,公共行政距离建立一个核心的理论基础是近了还是远了?有关网络治理和协作公共管理的新想法如何改变我们对公共行政、公共管理和公共服务的思考?全球化如何影响我们理解美国、发达国家和发展中国家的公共行政、公共管理和公共服务面临的主要挑战?② 可以看到,两拨学者都提到了网络治理和协作公共管理。此外,这次会议对公共行政重新做了定义,即"公共行政是一个由社会嵌入的有关关系、对话和行动的过程,这一过程旨在促进人类在各个领域里的繁荣兴旺"③。这一定义改变了传统的对公共行政的定义,其内涵和外延得到了极大扩张,公共行政的范围超越了一国的界线,而成为与整个人类相关的事业。这一定义在一定程度上反映了全球化的背景和信息技术产生的一个崭新的网络社会对公共管理的影响。网络社会的形成需要强调协作治理,全球治理需要运用信息技术以及多种方法进行比较研究。此外,对网络治理和协作公共管理的关注也可以从会议的一些关键词当中反映出来。据统计,经过对430个关键词的统计,发现有20个词汇认可度较高,它们出现的频率都超过了6次。其中,参与、治理、行政、协作、管理出现的频率都达到或超过了20次,是这次会议最受关注的问题;网络、价

---

① Bidyut Chakrabarty and Prakash Chand, *Public Administration in a Globalizing World: Theories and Practices*, London: Sage Publications, 2015, p.33.
② Rosemary O'Leary, et al., *The Future of Public Administration Around the World: The Minnowbrook Perspective*, Washington, D.C.: Georgetown University Press, pp.9-11.
③ "Minnowbrook Conference-III", http://www.desikanoon.co.in/2012/12/minnowbrook-conference-iii.html, retrieved March 10, 2018.

值、组织、责任、部门、政府的出现频率都达到或超过了 10 次,是本次会议重点关注的问题;合作、代表性、公民、民主、实践、安全、共享、全球的出现频率达到或超过了 5 次,是本次会议的重要话题。在这一系列的词汇中,合作、公民、共享、全球、网络、部门、政府、参与、治理、协作是目前流行的各种治理理论的核心元素。① 在这些关键词中,既可以看到第一次会议强调的价值部分,如民主、公民、参与、责任,也可以看到第二次会议涉及的内容,如治理、安全、代表性,更可以看到第三次会议强调的内容,如全球、共享、网络、协作等。而"合作、公民、共享、全球、网络、部门、政府、参与、治理、协作成了目前流行的各种治理理论的核心元素"②。彼得特切·克拉巴蒂和普拉喀什·骞德也指出:"2008 年的明会是对前两次会议的一个无可置疑的突破,它表现在:(1)通过强调第一次会议的一些主要看法,与会者将协作、互动、与利益相关者有意义的接触等置入议程;(2)通过学习非西方国家处理公共问题的经验,2008 年的明会一反以种族为中心的公共行政,认为对公共治理应当采用一种全球的方法,以理解对公共行政至关重要的制度的复杂运行。"③

二、三次会议折射的美国公共行政学研究的特点

三次明会对美国公共行政研究发展的影响是巨大的,它在很大程度上折射了美国公共行政研究的一些特点。

首先,美国公共行政的研究与公共行政的实践紧密相联,它是对现实公共行政问题的及时回应。斯蒂尔曼曾指出,"不事声张地适应公众当前的直接需要,这是美国公共行政理论具有的最伟大的力量"④。理论来自实践,实践是理论的源泉。正如前面指出的,明会每一次会议涉及的主题都反映了当时社会所面临的亟须解决的问题,解释和解决这些问题也成了一个阶段里公共行政

---

① 尚虎平、王菁:《公共行政 120 年:从"双螺旋演化"到"治理的绩效管理理论"》,《北京行政学院学报》2010 年第 4 期。
② 同上。
③ Bidyut Chakrabarty and Prakash Chand, *Public Administration in a Globalizing World: Theories and Practices*, London: Sage Publications, 2015, p.31.
④ [美]理查德·斯蒂尔曼二世编:《公共行政学:概念与案例》,竺乾威等译,中国人民大学出版社 2004 年版,第 39 页。

研究的重点。这本身反映了公共行政学是一门实践性很强的学科。事实上，理论紧密联系实际是美国公共行政研究的传统。从公共行政学在美国的诞生就可以看到这一点。伍德罗·威尔逊在他的行政学的开山之作《行政学研究》中就指出，要建立行政科学，是因为"在行政组织和行政艺术方面有很多国家都走在了我们的前面"①，是因为这门科学"旨在使政府不走弯路、就事论事、加强和净化政府的组织机构，并使政府尽职尽责"②。显然，行政学的建立所肩负的使命就是如何使政府更好地运作，正是在这一点上，他提出了政治与行政的两分，因为行政管理工作被政治管理和宪法原则弄得混乱不堪。在美国，对行政问题的迅速反应，导致了理论的变化和新的知识的产生。弗雷德里克森在指出新公共行政被新公共管理迅速取代时曾有过这样的解释："由于过于强调自身理论的价值意义而忽视了重塑政府的现实呼声及随后的新公共管理理论的兴起，新公共行政学不可避免地被新公共管理，甚至更晚期的新公共服务理论所替代。"③显然，新公共管理的背后是重塑政府的现实呼声，社会背景和行政实践发生了变化。美国的公共行政的研究既得益于学者的努力和勤奋，又得益于学界与实践部门的合作。行政实践者参与学术活动、进行学术研究是美国公共行政研究的一个很大的特点，比如明会第二次会议就邀请了行政实践者参会。实践者也参与著书立说，比如对新公共管理改革运动产生巨大影响的《改革政府：企业精神如何改革着公营部门》一书的作者之一——特德·盖布勒就曾经做过城市经理。这些著作不仅深刻地影响了政府的运作，也对学术界的研究产生了巨大的影响。此外，与实践的紧密联系往往还得益于有一批具有政府工作经历的学者，他们兼具实践与理论之长，既对社会、政府的问题抱有敏锐的看法，又能在理论上给予解释和说明。比如，美国克林顿政府的《全国绩效评审》中期报告的执笔者，也是《行政过程的政治》一书的作者之一——威斯康星大学教授唐纳德·凯特尔，他在进入学术界之前就曾经在美国联邦政府的好多部门如财政部、美国公共服务委员会等做过顾问。时移势

---

① [美]伍德罗·威尔逊：《行政学研究》，载[美]理查德·斯蒂尔曼二世编：《公共行政学：概念与案例》，竺乾威等译，中国人民大学出版社 2004 年版，第 11 页。
② 同上书，第 9 页。
③ 宋敏、徐明春、王海祥：《中国行政改革的阶段定位解析　第三次明诺布鲁克会议的观点》，《上海市经济管理干部学院学报》2010 年第 5 期。

易,明会的三次会议至今经历了50年的时间,其中社会的问题发生了许多变化,而美国公共行政研究几乎不变的一点就是及时对变化和问题做出反应,这表现了美国公共行政研究与时俱进的品格。

其次,注重公共行政学的教育和学科发展。公共行政学的教育为公共行政研究和政府以及社会组织培养未来的人才,这一学科的发展对公共行政学的教育具有重要影响。如何给学科定位?如何在教育中将社会问题展示在学生面前并对这些问题给予理论上的解释和说明?如何提供给学生这方面最新的知识?把研究与教育和学科发展(就学科而言,一个一直令公共行政学研究困惑的问题是行政学作为一门学科的独立性的问题,这也是学术界讨论很多的一个话题)结合起来事实上是美国公共行政学研究的又一个特点。明会的二次会议几乎都涉及了与教育和学科发展有关的问题。比如,第一次会议就强调公共行政学及其研究应当关注与公民和社会有关的各种社会问题,应当更多地强调变革而不是增长,强调作为一种技术和工具的公共政策的研究。第二次会议指出,公共行政学看来没有从多学科的方法中获得反馈。虽然一些学者表明了其他学科的一些概念对研究公共行政的有用性,但他们似乎还是遵从了"本专业中心主义"。第三次会议一致认为,要使公共行政的研究有意义,就需要在公共行政学的教学中教授方法论以及研究所需的工具和技术。随着研究的增多,学科会变得更丰富。如果学生掌握了更多的技术和工具,那么他们就能独立地从事自己的研究。这将为学科的研究提供一个充满活力的基础。① 事实上,在明会第一次会议召开的前一年(1967年),费城就召开了一个由年轻行政学者参加的会议,这一会议除了强调后来在明会第一次会议强调的观点(如作为自由裁量者的行政而非作为工具的行政)之外,还强调公共行政学作为一门学科应当对变化保持一种灵活的态度,公共行政应当考虑社会的各种问题和挑战,需要加强公共行政的教育和培训以提高公共行政的伦理和廉洁,并丰富公共行政的世界标准。后来的发展表明,对社会问题的关注以及对方法论的强调对后来美国公共行政的教育产生了深刻的影响。

---

① "Minnowbrook Conference-III", http://www.desikanoon.co.in/2012/12/minnowbrook-conference-iii.html, retrieved March 10, 2018.

再次,对年轻学者的尊重和提携。年轻学者是公共行政学教育和研究的希望,他们将决定未来公共行政学教育和研究的质量,对年轻学者的培养是公共行政学教育和研究的应有之义。明会的几次会议充分展示了这一点。众所周知,明会第一次会议邀请的大多数学者都在 30 岁左右。这些年轻人具备着一股初生牛犊不怕虎的勇气,具备着一种学术上"造反"的精神。在斯蒂尔曼看来,"这些'少壮派'对旨在推动国家建设的传统公共行政,对诸如 POSDCORB 所包含的提高行政的效率、经济性和有效性的观点,对更新的理性技术如操作研究、对决策科学、系统论、项目规划预算系统、目标管理或者其他强调'理性''科学''行为主义'和'现实主义'的职业技术'发明',对任何'严格的'经验数量方法论都表示出特别的敌意……他们认为 POSDCORB 非常真实、非常有力地体现了权力机构的意志,因而它根本上有损于平等、民主和人道的价值观"①。正是在这些年轻人的努力下,新公共行政破土而出。尽管新公共行政不久被新公共管理的浪潮淹没,但在公共行政后来的发展中,我们时时可以听到新公共行政的回声。第三次会议的第一阶段先把年轻人和资深学者分成两组,让年轻人提出他们的提议,表现了对年轻人的充分信任以及学术上的平等。在这样的过程中,年轻人也成长起来了。在第二次会议的时候,当年参会的一些年轻人已经变得不再那么激进,比如他们在第一次会议时对行为主义抱有激烈的反对态度,而在第二次会议上也认可了行为主义的合理之处,讨论也开始变得平和。然后我们也看到,一些在第一次会议中风华正茂的年轻人后来成为公共行政研究的中坚力量,有的则成了领袖级人物,比如弗雷德里克森就是一个著名的例子。

最后,会议的召开、相关问题的讨论、会前会后的争论,表明美国的公共行政研究有一个良好的自由探讨的学术环境。这一环境鼓励不同意见的产生并进行争论。学术自由本身就是美国社会的一个传统。从历史上看,美国开国之初在公共行政研究问题上形成了宪政和管理两种不同的取向后,相关的争论几乎就没有停止,钟摆一直在这两者之间摇摆。以 20 世纪来说,除了那场著名的沃尔多与西蒙之争之外,事实上,在明会第一次会议之后不久,文森

---

① [美]理查德·斯蒂尔曼二世编:《公共行政学:概念与案例》,竺乾威等译,中国人民大学出版社 2004 年版,第 33 页。

特·奥斯特罗姆的《美国公共行政的思想危机》也对传统的公共行政发动了一场有名的挑战,主张用"民主行政"来取代官僚行政,因为民主行政具有多决策中心、公共参与,以及权威的非中心化、分化和叠加的特征。但两者在对传统公共行政进行批判时所处的立场不同。在斯蒂尔曼看来,新公共行政是从"左翼"质疑前代人的思维方式,而奥斯特罗姆则是从"右翼"对其发起了更猛烈、更深远的挑战。① 然而,新公共行政兴起没多久,钟摆再次摆向了管理取向的新公共管理。尽管如此,即便在新公共管理最盛行的时候,我们还是可以听到对它的来自宪政取向的批评。罗伯特·登哈特的新公共服务在一定程度上可以说是新公共行政理论和奥斯特罗姆民主行政理论的延续,比如,他在对他的新公共服务进行论证时指出,"公共行政官员一开始就应该认识到一种参与并且开明的公民权对于民主治理是至关重要的"②。在登哈特看来:"对民主价值观的关注在我们思考治理系统方面应该居于首要位置。尽管诸如效率和生产积极性这样的价值不应该被丢弃,但是它们却应该被置于由民主、社区和公共利益构成的更大环境中。"③这种学术上的争论的一个结果是学派的产生,呈现了一种百花齐放、百家争鸣的局面。在斯蒂尔曼看来,美国的公共行政学现在似乎还处在对一些问题的争论中,尽管答案不清楚,但当今已经明确地形成了六个不同的、具有深远影响力的思想流派:强调企业家精神的重塑学派;致力于重建社区和公民关系的社区学派;力图在反国家主义的社会背景下解决公共行政深层次的合法性问题的弗吉尼亚理工学院重构学派;探索和解释与存在或人的存在的本质有关的价值观、假设和思考这些行政理论家面临的最深层次和最深刻问题的阐释学派;强调量化分析的方法构建学派;以及着重对与公共官僚相关的大量政治与政策问题进行研究的新官僚分析学派。自由讨论的学术环境不仅使学派林立,它也不断催生新的思想和新的理论的出现,比如在新公共管理和新公共服务后出现的治理理论、价值管理理论等。

---

① [美]理查德·斯蒂尔曼二世编:《公共行政学:概念与案例》,竺乾威等译,中国人民大学出版社2004年版,第33页。
② [美]珍妮特·登哈特、[美]罗伯特·登哈特:《新公共服务:服务,而不是掌舵》,丁煌译,中国人民大学出版社2004年版,第165页。
③ 同上书,第168页。

三、明会对中国公共行政研究的启示

明会本身以及美国公共行政研究的演进可以给我们如下一些有益的启示。

第一,在中国公共行政学界主张进行本土话语建构和建立自身理论的今天,我们必须清楚,本土话语或理论的建构必须建立在中国的公共行政实践上。正如斯蒂尔曼指出的,美国公共行政理论具有的最伟大的力量在于它不事声张地适应公众当前的直接需要。我们的公共行政研究在适应谁的需要方面需要进行反思。在我国,从实践的角度讲,公共行政研究的需要可以来自两个方面,政府和社会(也就是公众)。今天,我们研究中的一个不容忽略的事实是,我们可能更关注的是政府的需要,而不是公众的需要,或者我们把政府的需要当成了公众的需要。一个具体的表现在于对政府项目(大到国家级,小到基层部门)的热衷和追崇。把获得国家级科研项目作为评审高级职称的一个条件几乎已经成了高校今天通行的做法,国家项目的多少也成了对学科进行评价的重要指标。更有甚者,一些刊物居然将与国家或政府项目无关的文章拒之于门外,哪怕文章很不错。这样的一个取向使得我们将大量的精力投放在国家和政府项目的申报上,却没有更多时间去实实在在地研究一些问题。当然,政府和公众的需要并不是截然分开的。事实上,政府的很多需要也反映了公众和社会的需要,但是这两者毕竟是有区别的。政府的项目不一定能完全涵盖公众的需要。因此,我们的研究在关注政府需要的同时,必须关注社会和公众的需要。

第二,学术的繁荣和进步来自学术的争论,来自不同观点的碰撞,争论是学术的生命力所在,它表明对同一问题是可以有不同的解释和说明的。比如,"以对政策的研究而言,在决策模式上有全面理性模型、有限理性模型、渐进决策模型、混合扫描模型、垃圾桶决策模型、子系统决策模型;在政策变迁方面有倡议联盟框架、间断均衡理论、社会学习模型、政策建制理论;在政策终结的策略方面有巴尔达可的政策终结策略、贝恩的十二种终结策略、莱文的组织衰退应对策略、弗兰茨的政策终结可用资源等"①。正是在不同观点的交锋和争论

---

① 竺乾威:《公共管理话语体系的本土化建构:比较的观点》,《学海》2018年第1期,第104页。

中,我们对问题的理解才会一步一步走向深入,才会一步一步接近对真理的认识。争论是学术研究有生气的表现。在争论的过程中会产生学派,在相当程度上,不同学派的存在以及互相之间的争鸣可以说是学术繁荣的一个标志。这一点与武林世界好像有点相似。如果武林只有一派,那么武林就变得很寂寞了。正是武林各派的存在以及彼此的搏击打斗,才向我们展现了一个精彩纷呈的武林世界。当然,学界的各派没有必要一定要分出个高低,或置对方于死地而后快。它展示的应该是一种百花齐放、百家争鸣的景象。就这点而言,中国行政学界就相关问题的争论是不多的,我们也没有产生一些有影响的学派,一些观点有时甚至还会受到非学术的打压。

鼓励争论、鼓励不同的表达、鼓励学派的产生需要具备如下条件。首先,需要一个宽松的学术讨论的环境。其次,需要有一种平等对话的精神,年轻学者尤其需要一种批判精神,勇于对权威,对一些公认的观点、理论提出质疑和批评,而资深学者则需要对年轻人抱有一种宽容的态度,不能搞门户之见,排斥异己,或高高在上、以势压人。学术面前人人平等,需要做的是互相切磋、取长补短。研究队伍需要源源不断的新兵的补充,以共同推进学术研究的进步。明会本身在这方面树立了一个很好的榜样。再者,需要一种虚怀若谷、乐于求教的心态。这一心态很重要,因为它可以使研究者不时看到自身的不足,从而不断地努力。"山外有山,天外有天",学问是无止境的,学后方知不足,放到全球的背景里去更是如此。需要学会对不同意见的宽容,学会对优秀者的欣赏,这样自身才能不断进步。

第三,行政研究与行政教学。美国行政学研究的一个重要内容是对行政学教学的研究。正如前面指出的,明会的议题中都有涉及行政学教学方面的内容,比如,如何在行政学教学中体现最新的研究成果,如何在行政学的研究和教学中体现这门学科的多学科的特点。方法论是强调的一个重点,比如第三次会议涉及的背景是网络社会和全球治理,会议强调了研究技术、研究工具以及信息技术的重要性,强调了比较公共行政研究的重要性。行政学教育是行政研究生产力的最深厚的来源,而教育质量的好坏直接影响了未来的行政研究者和行政实践者的质量。相比之下,我们的行政学研究对行政学教育的考虑相对不多,此类的论文书籍相对较少。有几个原因可能导致了这种倾向。(1)在国家和政府项目主导研究的情况下,学者很难有精力去考虑和行政学教学相关的一些问题,去进行这方面的研究。(2)与教学相关的研究在现有的环境中好像没有给人一种高大上的感觉,研究成果也好像总是低人一等,引发不了学者的兴趣。比如,申报高级职称的研究成果几乎看不到此类作品,学者即便有也不会拿出来申报,怕在评审的人看来不上档次。(3)一些激励政策也没有引导学者去进行这方面的研究,比如有关教学研究的获奖与专业的研究的获奖是不成比例的。

第四,明会会议本身还可以留给我们足够的思考。学术会议是一个学者进行学术交流的平台,是一个发现新思想新成果的过程,它对于推进学术研究发展的作用是不言而喻的,这就是为什么我们不时要召开学术会议的道理。明会对公共行政研究的影响之大,可能是其他很多的会议所不及的。二十年一次本身就说明了这一会议的珍贵,一个人的一生可能最多也只能参加三次这样的会议。明会已经形成了一种品牌、一种标志。相比之下,当前中国行政学界的一个特点就是会议多,一年到头会议排得满满的,不是你那里开,就是我这里开。但扪心自问,我们可曾有过像明会那样对我国行政学的研究产生巨大推动作用的会议?或许这一要求太高,那么我们又有多少至少让大家感到很有收获的会议呢?有,但可能不多。会议不在多,而在于精。我们现在有一种现象是为开会而开会,因为会议(无论是国际的还是国内的)召开的次数也是进行学术研究和教学评价的一个指标,因此无事也开会,因为会多表明研究活跃,指标就会好看,全然失去了开会的意义。会议一开完,也就差不多被人遗忘了。

2018年是明会第三次会议后的第十年,也就是说,再过十年,明会将举行第四次会议。事实上,在第三次明会结束后不久,就有非美国籍学者比迪娅·波翁娜在2010年第10期的《公共行政评论》上发表了一篇题为《2028年第四次明会:从美国的明会到全球的明会》的文章,对明会进行了一些展望。单从这一题目上去看,就可以理解为明会的影响力在扩大,明会将成为一个国际性而不再仅仅是一个美国的会议,明会讨论的问题将是全球性的公共行政问题(事实上,第三次会议已经开始涉及发展中国家的公共行政问题)。未来十年的公共行政(无论是行政实践、行政理论和行政技术方法)无疑会发生很大的变化,也会有很多新的问题需要加以探讨。我希望在第四次明会上可以看到更多中国学者的身影,看到他们带上一份不错的研究成果,以丰富全球的公共行政研究。

Three Meetings at Minnowbrook and the Evolution of Public Administration Research

Abstract: The three meetings of Minnowbrook were of great significance in the history of American public administration studies, which influenced the trend of American public administration studies and played a leading role in each stage of the studies. The Minnobruk conference also reflects some characteristics of American public administration research to some extent. All these can bring some beneficial enlightenment to the study of public administration in our country.

第五编
公共行政研究的本土化

行政学研究的中国化[*]

摘要：行政学在我们这里发展了 30 多年之后,也就是经历了最初的移植、模仿和逐步转向本土的研究之后,现在可能是提出"行政学研究中国化"的时候了。这一研究的中国化需要理性地解释制度,真正了解中国的制度与其他国家(主要是西方国家)制度的区别,需要有一种开放的心态和自由的学术研究氛围,需要借助他人的研究成果并创造性发展这些成果来扩大知识的生产以及解决本国的公共管理问题。行政学研究的中国化需要政府和学者两个方面的共同努力。

一

21 世纪,在中国重启行政学研究的 30 年后,我们或许可以开始提出"行政学研究的中国化"问题。这一问题的提出,不仅在于中国改革开放后逐渐形成的具有中国特色的公共管理为行政学的研究提供了许多中国式的经验和做法,还在于可以反思我们以往的研究,并对行政学研究在中国未来的走向产生影响。

回顾以往的行政学研究,有三个特点是很明显的。

第一,这是一门经世致用的科学,它的发展是同社会的发展状况紧密联系的。我们从行政学的产生就可以看到这一点。行政学诞生于 19 世纪末期,这是与资本主义社会发展到一个新的阶段相关的,这个新阶段要求政府从资本主义初期消极的"守夜人"角色开始向积极的"干预者"和"管理者"角色转变。这里就提出了"政府要做什么"和"如何高效和低成本地来做"的问题。第一个问题涉及政府职能问题,也就是界定政府的权限与职责。第二个问题涉及如何建立一个廉价、高效和公正的政府。伍德罗·威尔逊认为这构成了行政学

---

* 本文原发表于《公共行政评论》2013 年第 1 期,第 4—14 页。

研究的目标,并以此将行政学与政治学做了切割,从而使行政学开始成为一门独立的学科。同样,公共行政的理论也一直在回应一些它面临的迫切的要求。在理查德·斯蒂尔曼看来,美国的公共行政通常"以高度创新性和创造性的方式每一代或每 20 年转换为一个新的知识结构"①。他把 20 世纪美国的公共行政理论分为四个时代(即 1926—1946 年,1947—1967 年,1968—1988 年,1988 年—现在),认为"每一时代都有其独特的学说、理念、理论、结构、方法论和发展历程,这在很大程度上是那个时代特定的需求塑造的"。② 比如,第一个时代提出的"管理七功能说"(也就是著名的 POSDCORB)恰好有助于处理那个时代的孪生危机——大萧条和第二次世界大战。"为了应付这些空前紧急的事件,如何去计划、组织、安排人事等确实是非常重要的。POSDCORB 学说正好是救急的'药方'。"③

第二,行政学的研究一直在管理主义取向与宪政主义取向之间曲折前行。美国是行政学研究的先驱之一,同时也是行政学研究最为发达的国家。他们的行政学研究史明显地反映了行政学研究中的这两种取向。管理主义强调对政府技术、管理流程的研究,强调提高政府工作的质量和效率。美国历史上有过两次大规模的提高政府效率的运动,这两次改革运动都受到了相关理论的影响,同时也推动了相关的公共管理研究。20 世纪 10 年代泰罗的科学管理思想深刻地影响了企业的运作,也影响了政府的运作,并引发了一场政府提高效率的运动。20 世纪 20 年代美国在向企业学习的基础上建立起来的"城市经理"这一城市政府管理结构甚至一直延续到今天。20 世纪 80 年代的新公共管理改革在更大的程度上改变了政府的运作方式,有关政府运作和流程方面的研究(诸如绩效评估、公私部门合作、无缝隙运作等)在公共管理研究中占据了大量的篇幅。另一方面,作为对管理取向的某种程度的纠偏,偏重价值的宪政主义取向的研究在美国也不时出现,新公共行政和新公共服务就是两个有影响的研究。

第三,研究方法上出现了从规范到实证再到两者并重的变化。行政学研究方法的第一个转变(也就是从规范研究转向实证研究)发生在 20 世纪三四

---

① [美]理查德·斯蒂尔曼:《美国的公共行政研究:一门"实践性很强的科学"》,载[美]理查德·斯蒂尔曼二世编:《公共行政学:概念与案例》,竺乾威等译,中国人民大学出版社 2004 年版,第 27 页。
② 同上。
③ 同上书,第 29 页。

十年代,赫伯特·西蒙的《行政行为》是一部标志性的著作,行政学的研究从研究"应当是什么"转向研究"是什么"。第二个转变是20世纪60年代由后行为主义引发的,行政学的研究开始从"价值中立"再次走向注重价值问题。今天,我们可以看到规范方法和实证方法在行政学的研究中被同时加以运用。

回顾以往三十年中国的行政学研究史,其基本轨迹与美国差不多。首先,这一学科的发展也是与国家的发展和进步密切相关的。作为一门经世致用的科学,它在中国的社会科学殿堂中重新获得一席,无疑是与中国社会进入改革开放的时代联系在一起的。在对以计划经济为基础的体制改革中,"政府要做什么"和"如何高效低成本地做"的问题同样被提出。这一问题后来在官方的表述中就成了"政府职能转变"的问题,并在每一次机构改革中都成为一个最重要的话题。今天,这一问题仍然是实践层面要解决的一个重要问题,也是我国公共行政学研究一直围绕的一个重要目标。其次,在研究取向上,我国的行政学研究也展现了管理和制度改革两个取向。在20世纪80年代,伴随着政治体制的改革,行政学研究曾经有过偏向制度方面的研究,体制的改革成为研究的一个重要内容,但这一偏向的研究为时不长。进入20世纪90年代后,研究技术和流程(如绩效评估、外包、市场化运作、合作治理等)的管理主义取向占据行政学研究的主导部分,这一方面与国内政治改革的进程相关,另一方面也与西方国家兴起的"新公共管理"这一管理主义取向的改革运动相关。最后,方法上同样也经历了这样一个变化。尽管行政学引进实证方法在我国的历史不长,但这一方法很快就被接受,并被广泛运用。在今天,我们可以看到规范方法和实证方法在我们这里同时并用。

行政学在我们这里发展了30多年之后,也就是经历了最初的移植、模仿和逐步转向本土的研究之后,现在可能是提出"行政学研究中国化"的时候了。如果21世纪能够使行政学研究中国化(这一中国化在某种意义上也就是伍德罗·威尔逊在100多年前讲的美国化,这一美国化在后来实际上也世界化了),中国的行政学研究则幸矣。

二

100多年前,伍德罗·威尔逊在《行政学研究》这篇著名的行政学开山之作中谈到了行政学研究的美国化问题。他指出,行政学对美国来说是一门外来的科学,它首先是在法国和德国发展起来的,行政学的博士都产生在欧洲。要把这门学科引进到美国,是因为"尽管从政治自由,特别是从政治实践的艺术和才干的角度说,我们拥有巨大的优势,然而在行政组织和行政艺术方面有很多国家都走在了我们的前面"①。但是,美国的学者在推动这门学科的发展中迄今没有发挥很重要的作用。欧洲的行政学研究"只用外语,它只表述一些在我们看来是异邦的思想。它的目标、事例和条件几乎都是以外国民族的历史、外国制度的惯例和外国革命的教训为根据的"。此外,由于行政学是法国和德国的一些教授发展起来的,"因而完全适应一个组织严密的国家的需要,适应一些高度集权的政府。而为了符合我们的目标,它必须适应一个复杂、形式多样而非简单、组织严密的国家,适应高度分散的政府形式"。② 因此,威尔逊认为:"如果我们要应用这种科学,我们必须使之美国化,不只是在形式上或语言上美国化,还必须在思想、原则和目标上基本美国化。它必须把我们的制度铭记在心。"③把制度铭记在心,是因为威尔逊认为美国的民主制度要优于法国和德国的专制制度,美国当时缺少的只是一些政府做事的更好的方法技术。正如他指出的,所有理性的选择都会看好英国和美国而不是任何其他欧洲国家的政治道路,所以他认为行政管理不是政治问题,只是一个技术问题。威尔逊的出发点显然是行政学的研究要在坚持美国制度的基础上将这一研究在思想、原则和目标上基本美国化。美国在威尔逊的文章发表后没有太久的时间里就做到了这一点。或许可以说,正是威尔逊认为美国式的政治制度,加上美国人民的实践以及引进外来的新的政府管理的技术方法,最终形成了行政学研究的美国化,成就了美国在行政学领域研究中的领先地位,并成为全球行政学研究的引领者和推进器。

尽管威尔逊的话是100多年前讲的,但中国的情况与威尔逊当时讲的何其相似乃尔。行政学对中国来说也是一门外来的尤其是从美国来的科学。我们姑且不论中国的政治制度和美国政治制度的不同点,我们引进行政学,也是

---

① [美]伍德罗·威尔逊:《行政学研究》,载[美]理查德·斯蒂尔曼二世编:《公共行政学:概念与案例》,竺乾威等译,中国人民大学出版社2004年版,第11页。
② 同上书,第10页。
③ 同上。

因为在行政组织和行政艺术方面有很多国家走在了我们前面。美国当初研究的是德国和法国的技术方法并将其应用到美国的政府运作中,我们今天更多研究的是美国的技术和方法,只是政府管理的技术和方法在今天获得了突飞猛进的发展。此外,国外的尤其是美国的行政学研究,它的目标、事例和条件几乎都是以本国民族的历史、本国制度的惯例等为根据的,即便是一些技术的、流程的研究,也是以本国的实际状况以及背后的政治制度为背景的。因此,从这一意义上说,我们的行政学研究也必须中国化,不只是在形式上或语言上中国化,还必须在思想、原则和目标上基本中国化。

问题在于,正如前面讲到的,同威尔逊时代相比,在威尔逊这篇文章发表之后的三四十年间,美国的行政学研究已经基本上美国化,然后在后来的一段时间里,美国化的行政学研究最后走向了世界并成为引领者。相比之下,尽管我们的行政学研究如果从 20 世纪 80 年代开始算起,也经历了差不多三十年的时间,但我们至少到目前还没有做到行政学研究的中国化。与美国相比,尽管中国的行政学研究晚了若干年,更重要的是中断了 30 年(事实上,中国的行政学研究起步并不晚,20 世纪 30 年代研究有公共行政学的著作出现),但相比美国的一个优势在于,美国社会充满着强烈的反国家主义的文化,这导致"美国人大约在宪法制定后一个世纪,仍极不愿意相信行政国家建设理论——行政学理论。因此,不管是行政组织与制度,还是其学术研究事业似乎都缺乏合法性,甚至今天依然如此"[①]。反观中国社会并不存在反国家主义的文化,这里的文化甚至是国家至上的。那么,为什么偏偏在信奉反国家主义的文化的社会中,并不被看好的行政学研究却硕果累累,而在一个不存在反国家主义文化甚至是奉行国家至上的文化的社会中,急需的行政学的研究却始终难以形成自己的理论和特色,原因何在?这是值得我们深思的。

三

我认为有三个问题是重要的。

---

① [美]理查德·斯蒂尔曼:《美国的公共行政研究:一门"实践性很强的科学"》,载[美]理查德·斯蒂尔曼二世编:《公共行政学:概念与案例》,竺乾威等译,中国人民大学出版社 2004 年版,第 39 页。

第一是制度问题。威尔逊曾说过的重要一点是,行政学研究"必须把我们的制度铭记在心"。威尔逊讲此番话时,美国的自由民主制度已经稳定,并在西方世界独领风骚,而后来的法国和德国最终也走上了这样的一条道路。除了自由民主的政治制度,美国从开国起就确立的有限政府、法制政府和责任政府的这一基本的政府定位已经深入人心,而这一定位就现代国家来说则具有普遍意义(中国现在也提出了同样的说法,这表明这一对政府的基本定位至少在理论上是正确的,至于各国在现实中具体做得怎样,则是另一回事)。这一制度上的优势和自信(尤其是政府在这样的制度体系中的定位)使得行政学的研究一旦包含了政府行政的新方法和技术的内容后(事实上,美国本身后来就产生了许多新的政府管理技术和方法),这一研究的美国化马上就显露了出来,并最终成为这一研究的主导者。相比之下,中国的制度尤其是政治制度还处在变迁过程之中,我们今天社会具有的一些现象明天或许就会消失,我们今天肯定的东西明天或许就会被改造和抛弃,正如改革开放否定旧有的不适应时代发展的计划经济制度一样。在变迁的过程中要产生一种定型的理论是困难的,或许我们也可以产生一些转型社会的行政理论,但最后转向何处也就是一种理想的愿景一直在引导或制约着我们的研究,而西方的理论、概念往往会成为我们的一个参照,使得我们的一些研究者即便在分析中国当下的问题中,也会不由自主地运用西方的理论,甚至语言也是西方式的语言。比如,即便是非常中国式的群体性事件,我们也会用集体行动的逻辑、危机应对和风险控制等西方理论来加以解释。我们甚至会不加思考地把西方用于企业绩效评估的"平衡计分卡"用来评估我国政府部门的表现,如此等等,不一而足。这一方面固然反映了相关的西方理论仍具参考意义(我们必须承认,西方一些有关制度的理论的逻辑是严谨的,是人类文明的优秀成果。历史已经告诉我们,中国20世纪70年代末以来的进步,在相当程度上得益于改革开放,也就是得益于借鉴、吸收人类文明的众多优秀成果);另一方面,众所周知,由于历史的原因,我们的制度正在经历一个巨大的转型,转型过程中的一些制度上的缺陷是明显的,有的即便在逻辑上也是无法解释的。这些制度上存在的缺陷导致一些人缺乏制度自信,因而也缺乏理论自信。倒过来,这又促使一些研究者用西方理论来分析和解释中国的现状,从而导致在我国的行政学研究中出现了一种比较普遍的不仅在语言上,而且在思想和目标上非中国化的现象。

第二是一种开放的心态和自由的学术研究氛围。美国当初并没有自认为制度上的优势而将他人的东西一概排斥在外,而是以开放的心态从专制国家引入了美国当时还不存在的行政学,这是产生美国化的行政研究的基础,没有这一点,也就没有后来的美国化的行政学研究。此外,美国自由的学术研究的氛围是行政学后来在美国得以迅速发展的一个不可缺少的环境条件,以至于在这个领域里人才辈出,硕果累累,并最终产生世界性的影响。相比之下,我们今天也具备开放的心态,但是我们的学术研究还需要比较宽松的学术氛围,这一点或许可以解释为什么我国的行政学研究自20世纪90年代后开始避开一些尤其是涉及制度及其改革的重大的理论问题的探讨而转向研究政府运作的技术和流程问题,这不仅导致一些重要领域研究的缺位,更重要的是禁锢了被学术视为生命的创新思想。历史已经无数次地表明,创新是进行学术研究的前提。没有创新,真正意义上的学术研究是不存在的,要产生真正有价值的学术研究成果也是不可能的。

第三是引进后结合本国的实际,着眼于本土研究。由于美国的体制至少在西方世界具有代表性,因而美国特点的研究也具备了一定的普遍性。美国的行政学研究成果今天在深刻影响着西方世界,也在深刻地影响着世界的其他地方。在我们的行政学研究背后,几乎都可以看到美国学者的痕迹。产生这一问题的原因在于,在通往现代化的道路上,西方国家是前行者,我们是后来者。我们今天碰到的很多问题,在西方国家的发展历程中都经历过。从这个意义上讲,西方学者比我们早一步地具备了问题意识。比如,20世纪六七十年代出版的塞缪尔·亨廷顿的《变动社会的政治秩序》以及丹尼尔·贝尔的《后工业社会的来临》在今天对我们仍有新鲜感。事实上,我们今天研究的不少问题,西方学者在以前都研究过,尽管有些问题有中国的特殊性,但从大的范围来说,一般还是很难超越诸如国家、社会、市场以及制度、官僚制之类的共通的问题。从研究上讲,我们今天与西方学者的不同,很大程度上在于问题意识不同,而问题意识不同,又是与两个社会的发展阶段不同相关的。我们碰到的一些问题他们曾经碰到过,而他们碰到的问题我们则没有碰到过。这在一定程度上解释了我们的研究往往会在他们后面的原因。

四

　　行政学研究的中国化需要政府和学者两个方面的共同努力。

　　从政府方面来讲，就是如何营造一个好的学术环境。这一好的学术环境的一个最重要的特征就是让学者有一个自由探讨的空间。真知灼见、有生命力的理论只有在自由的学术交流、探讨和批评中才能出现，而这恰恰也是学术能够为社会作出贡献的地方。学者是社会供养的，社会需要学者，是因为社会的发展离不开学者智力上的贡献。建立一个好的学术环境，不但需要有制度上的保证，而且需要政府在实践中切实履行相关的法律和规章制度，而后者在我们这里更重要。中国相关的法律和规章制度正在日益完善，但在现实中要进一步使其都能够落实好。我们在差不多 50 年前就提出过"百花齐放、百家争鸣"的方针，但在"文革"期间，整个国家却陷入只有八个样板戏可看的境地，今天比以往进步了不少。但就行政学或政治学这类在我们这里所谓比较"敏感"的学科而言，政府还可以以积极的姿态鼓励对一些涉及体制等重大的理论问题和实践问题进行研究，比如，国家的社科基金项目可以资助这方面的研究。

　　当然，在行政学研究的中国化方面，学者担负着最重要的责任。我认为以下几个问题或许是我们需要思考的。

　　首先，行政研究的中国化需要理论的传承，具体表现在对西方理论和中国传统文化的态度上。这是在我们行政学研究中国化的努力中必然会碰到的问题。我们所有的工作几乎都是在前人的研究基础上进行的。这是后来者的幸与不幸。幸在于我们有机会站在巨人的肩膀上，不幸在于我们或许就此被束缚而无法超越。行政学研究中充斥着大量的西方理论，中国传统文化的元素近来也在行政学研究中开始增加。在对待西方理论和中国传统文化上，不加分析地全盘接受和虚无主义地一概否定这两种倾向一直影响着我们。西方理论有它产生的具体环境（也即时空条件），有它适合于本土的或当时的经验的东西。这些东西一旦移植到另一个不同的时空环境，就需要加以适当的改造以适应新的环境，或加以摒弃。马克思主义正是被中国化了，中国革命才取得了胜利。社会主义正是被中国特色化了，才有了中国今天令人瞩目的发展。

如果我们教条主义地囿于传统的学说,不加分析地全盘接受,我们就不会有今天的成就,我们就不可能解决我们面临的问题,因为这里有一个我们老是说的"水土不服"的问题。中国传统文化也一样,产生于农业社会的文化在很多方面已经不适合一个工业文明的社会了。一方面,我们不能一讲中国化,就往自己的故纸堆里去寻找所要的东西,以为这就是中国化了。但是另一方面,我们必须看到,西方的一些理论以及中国传统文化中有的东西是具有普遍意义的,可以跨越时空的,反映的是一些人类社会发展的普遍性的问题,而这些东西则是非常有价值的。在行政学研究中国化的努力中,尤其在今天,我们在反对对西方理论全盘接受的同时,要防止倒过来走向另一个极端——全盘接受中国传统文化和虚无主义地排斥西方理论。不要以为这样做就是中国化的一条途径。不要以为我们只要给我们的研究套上一件中国长衫就是中国化了。关键在于我们的研究及理论对我们的现实是否有解释力,是否能被用来解决我们的实际问题。

其次,如果说行政学研究的中国化需要理论和思想的传承和创新(无论是西方的理论还是中国的传统文化),那么这一研究中国化的另一个或许更重要的来源则是实践。斯蒂尔曼指出:"不事声张地适应公众当前的直接需要,这是美国公共行政理论具有的最伟大的力量。行政研究必须始终追随并处理一些不断变化、难以捉摸、不被重视而又切合实际的公众优先考虑的问题。"[1]追随并处理公众优先考虑的问题不仅是美国行政学研究的力量来源,也成就了行政学研究的美国化。理论来自实践。今天说行政学研究的中国化,此其时矣,除了有差不多30年的学术研究积累之外,正如前面指出的,一个重要的原因还在于中国改革开放后30年的伟大实践。这一实践为这一研究的中国化提供了许多中国独特的经验和做法,这些经验和做法为理论的提升和创新准备了条件。当然,我们不能忽略了这一实践的真正主体——社会公众,他们是社会前进的真正的创造性力量。中国的改革实践首先就是由处于社会底层的农民搞起来的。这里,美国公共行政研究可以给我们的一个启发是,如何去追随并处理公众优先考虑的问题。我们以往的研究过多地去追随政府优先考虑

---

[1] [美]理查德·斯蒂尔曼:《美国的公共行政研究:一门"实践性很强的科学"》,载[美]理查德·斯蒂尔曼二世编:《公共行政学:概念与案例》,竺乾威等译,中国人民大学出版社2004年版,第39页。

的问题(这当然也有它的道理,尤其在我们这个与美国反国家主义文化不同的国家里),但有时这一做法也使得我们的研究陷入某种不言自明的困境。我们很少去追随民众的直接需要,因而忽略了这个最鲜活的、取之不竭的理论来源,这个最具中国特色的实践。这是行政学研究中国化的灵魂所在。从形式、观念、方法等方面去刻意区分行政学研究的美国化和中国化或许比较容易,但这没有意义,重要的在于神而不在于形。造几个中国式的词汇和概念并不能一定就表明这个研究就是中国式的,倒过来,运用西方的具体形式和方法也可以写出很具中国特色的东西,关键是灵魂之所在,关键是中国人民的伟大实践,关键是我们的研究能否解决我们面临的实际问题。

最后,行政学研究的中国化还需在研究中产生各种学术流派,这是有生命力的学术研究得以存在的一个条件,是研究新人或领袖级、大师级人物产生的一个条件。以美国为例,行政学界至今已经明确地形成了六个不同的、具有深远影响力的思想流派,这就是重塑学派、社区学派、弗吉尼亚理工学院重构学派、阐释学派、方法构建学派和新官僚分析学派,这些学派在不断地产生新的行政概念,而老的概念在衰退并消失以适应当代快速变幻的时代需要。在这样一种不停的新陈代谢的过程中,会产生一些潜在的天才,"他们用跨学科创造的标志性概念,从多种新的视角来理解、界定和处理此时此刻突出的公共问题"①。这部分解释了美国行政学研究领域人才源源不断的原因。产生各种学术流派的一个前提是要有一个宽容的、鼓励不同观点互相争论和批评的学术环境。所幸中国的公共行政学界是一个团结和宽容的学术共同体,但我们缺乏的是批评和争论,缺乏的是对现有研究提出挑战。而这种挑战,我们在美国的公共行政研究史中可以不断地看到。西蒙对当时正统学说的挑战,在第二次世界大战后对美国行政学产生了最深远、最具创新性的理论冲击;新公共行政的挑战开启了公共行政理论向民主理想主义的转折;新公共服务的挑战表明了对管理主义的纠偏,几乎每一次的挑战和争论,都会产生一些有影响的著作和学者,形成一个有影响的思想学派。因此,行政学研究的中国化需要呈现一种学派林立、相互争鸣的景象,以繁荣这一研究。

---

① [美]理查德·斯蒂尔曼:《美国的公共行政研究:一门"实践性很强的科学"》,载[美]理查德·斯蒂尔曼二世:《公共行政学:概念与案例》,竺乾威等译,中国人民大学出版社2004年版,第40页。

Sinicization of Administrative Studies

Abstract: After more than thirty years of administrative studies here, after the initial transplantation, imitation and gradual shift to local studies, it may be time to put forward the idea of "sinicization of administrative studies". "Sinicization of administrative studies" requires Chinese researchers to rationally explain the institutions, really understand the difference between China's institutions and those of the western countries, and have an open mind to expand the production of knowledge and solve China's public management problems. The sinicization of administrative studies also requires the joint efforts of both the government and scholars.

行政学要研究重大的管理体制问题[*]

摘要：我国的行政学应当加强对重大的管理体制问题的研究。从政府管理的角度来说，最基本的体制性问题总的来说表现为两个方面：一是国家、社会、市场的问题；二是党政关系问题。第一个是任何国家都会碰到的问题，第二个则是中国特有的问题，它涉及这个国家的领导体制问题。这两个问题构成了我国行政改革的重要内容。这方面的研究不仅具有理论意义，也具有实践价值。

1982年1月29日，夏书章教授在《人民日报》发表了《把行政学的研究提上日程是时候了》一文，这是一篇具有里程碑意义的文章，它昭示着被中断了整整30多年的行政学研究开始在我国重新起步。从那时起至今，行政学（它与我们今天讲的公共管理学是在同一个意义上使用的）在过去30年时间里取得的发展是有目共睹的。可以说，自我国改革开放以来，几乎没有哪一门学科（经济学可能是唯一的例外）像行政学一样发展得如此迅速，以至于在今天它差不多已经成了一门显学。

未来30年是一个很长的阶段。作为一门经世致用的学科，行政学的研究离不开这个国家发展的时空条件。因此，谈论行政学未来30年的发展，我们首先要考虑的是未来30年这个国家会发生什么变化，这一变化对行政学研究提出了什么要求，然后我们看看这个国家目前公共管理的问题是什么，它会对未来产生什么样的影响，行政学研究对此能作出什么样的贡献。

未来30年，中国的发展至少有三个趋势是可以看到的。首先是城市化的进程。30年后，中国将是一个城市化的国家，这意味着政府管理的重心将聚焦于城市，而不再是农村，它会引发政府管理思想、方式方法、运作过程、公共政

---

* 本文原发表于《公共行政评论》2012年第1期，第6—9页。

策等一系列的变化。其次是全球经济一体化的进程。全球经济一体化的推进涉及中国如何以一个负责任的大国形象在国际舞台上去处理更多的国际事务,它提出了一个"要懂世界"的问题。最后是信息技术的发展给国家管理带来的影响,这涉及国家与社会的互动会产生新的形式。如果还要加上一点的话,就是管理对象的不同。未来30年,"80后"一代人也将步入退休的年纪。未来管理的主要对象都是在一个开放的环境中成长起来的,他们的愿望以及追求肯定不同于我们这一代人。

随着这些进程发展的应当是中国完成向一个现代化国家的转变。这一现代化国家的特征应该是政治民主、经济发达、文化繁荣、社会公正,而支撑这四者的基础则是法治。未来30年的发展对中国来说具有关键的意义。中国能否完成向一个现代化国家的转变将在相当程度上影响着它如何去面对未来的挑战,影响着中国今后的命运。

完成向现代国家的转变需要建构、改进或完善一套最基本的制度架构。一部宪法管了美国200多年,只有法律、基本的制度等才能使一个国家长治久安。就政府管理而言,这种制度的供给和创新应该成为政府最重要的工作之一。在结构性、体制性的问题没有得到解决之前,进行一些技术性方面的改革只能解决局部的问题,解决不了根本问题,只能治标,不能治本。权为民所用、利为民所谋、情为民所系的前提是权为民所授。在没有一套有效的制约机制的情况下去谈遏制腐败,无疑是缘木求鱼,解决不了腐败愈演愈烈的问题。向现代国家的转变凸显了体制问题的重要性,这应了制度经济学的一句话:制度在社会和技术的变迁过程中起着至关重要的作用。

我们的问题在于一些多年来积累下来的重要的、基础性的体制性问题并没有在前30年中得到有效解决,以至于在改革开放差不多30年之后,我们还在讨论"政企分开、政资分开、政事分开、政府与社会中介组织分开"这些最基本的体制性问题。如果我们还不能在未来的30年里,也就是说,加起来一共60年时间里解决这些最基本的体制问题,那么向现代化国家的转变可能会变得遥遥无期。

从政府管理的角度来说,最基本的体制性问题之一就是国家、社会、市场的问题。这是任何国家都会碰到的问题,这个问题对我们来说既是一个老问题,也是一个新问题,而且一直是一个重要的但也没有得到很好解决的、对我国政府管理来说是带有根本性的问题。

关于社会和市场的成长问题。改革开放前,国家垄断了所有的资源,不存在我们今天讲到的社会和市场。社会和市场的出现在我国是政府推动的结果,本意是使社会的三大块各司其职。但时至今日,政府依然在三种关系中保持着非常强势的地位,以至于我们今天讲的政府的缺位、错位和越位时有发生。其中的原因到底是什么?政府职能的转变到底要选择什么样的路径才能使转变到位,才能形成国家、社会和市场之间的一种和谐关系?抑或这是一种如"中国模式论"般肯定的模式?西方经历的是一个从国家、社会、市场三者边界相对清楚到相对模糊(跨界治理所致)的过程,其原则是能够让社会和市场做的,政府就不做。我们的原则是什么?我们的政企不分、政事不分(也是一种模糊)是否已经超越了三者边界清楚的阶段?所有这些需要给予理论上的说明和解释。

如果我们回顾一下前30年的行政学研究历程,我们看到相关问题在理论上讨论过,在实践上也改革过,但最后归于沉寂。这类涉及重大的管理体制问题的研究讨论在进入20世纪90年代后已经很少看到。行政学的研究也步入一个着重研究技术性、功能性问题的过程,像绩效管理、执行力提升、合作治理、应急管理、公共物品提供、政策制定与执行等占据了研究的大部分空间。其结果便是理论上对体制问题研究的缺位导致管理实践上的混乱。

除了其他原因,导致这种研究取向变化的一个重要原因是研究环境的变化。尤其是进入21世纪以来,我国行政学界重在研究技术性、功能性问题的做法通常与政府有着密切的关系,各级各类政府的招标课题在这里起了重要的作用。政府的招标课题通常涉及的是一些它在管理中碰到的实际问题,而这些问题基本上是技术性和功能性的。从招标的内容来看,极少涉及政府重大的管理体制问题。由于这些课题在教师升职以及各种评选中的重要性,它吸引了研究者极大的注意力。研究热点常常受政府引导,政府提出要建立服务型政府,服务型政府的研究就成为一个热门。最近有关社会管理的研究很多,这与政府近来强调社会管理的重要性有关。一个现在比较普遍的现象是今天在很多杂志上看到的文章都标有"课题研究成果"。尽管研究一些政府面临的问题也不错,而且也是行政学研究的一个使命,但研究者往往因此忽略了对一些重大管理体制问题的研究(当然也忽略了对行政学基础理论以及行政学自身的研究),而体制问题事实上致命地影响着一些技术性和功能性的问题。

在未来的岁月里,笔者认为行政学应该把对重大的管理体制的研究提上日程,这不仅仅是出于进行体制改革的实际考虑,行政学可以在这方面提供智力上的贡献,而且还在于管理体制、制度以及制度史等本身也是行政学研究的重要内容,这里不仅可以涉及中国的体制制度问题,也可以涉及国外的体制制度问题。把重大的管理体制的研究提上议程要解决一个研究环境问题。首先是要有一个自由进行学术探讨的环境,这是学术研究的前提性条件,没有这样一个环境,就谈不上什么真正的学术研究。在这方面我们曾经有过惨痛的教训,马寅初当年的"新人口论"受到的打压以及这一打压给中国后来人口问题产生的巨大的消极影响,我们还记忆犹新。其次是在政策上鼓励对一些重大的管理体制问题进行研究,这一工作不仅可以由政府层面来做,我们的一些行政管理学会、社联等学术团体或组织也可以来做。

The Science of Public Administration Must Study Major Problems of the Management System

Abstract:China's administrative science should strengthen the study of major management system issues. From the perspective of government management, the most basic institutional problems are generally manifested in two aspects: one is the problem of the relationship between the state, the society and the market; Second, the relationship between the party and the government. The first is a problem that can be encountered in any country. The second is unique to China, which involves the country's leadership system. These two questions constitute the important content of the administrative reform of our country. This research has not only theoretical significance, but also practical value.

公共管理研究中几个值得关注的领域*

摘要: 公共管理研究一般来说围绕着三个方面进行:一是针对当前公共管理中的一些热点问题;二是针对未来一段时间里公共管理可能发生的变化和发展趋势进行的前瞻性研究;三是对公共管理学科本身比如理论变迁、研究方法的研究。相应地,我国的公共管理研究在当前及未来一段时间里首先应该关注体制和政府的职能问题,尤其是这方面的一些热点问题;其次是加强提高领导能力的研究,领导能力对于制定和执行政策是至关重要的;再者是加强基础理论的研究,基础理论的研究决定了公共管理研究的宽度和深度。

公共管理的研究一般来说围绕着三个方面展开:一是针对当前公共管理中的一些热点问题;二是针对未来一段时间里公共管理可能发生的变化和发展趋势进行的前瞻性研究;三是对公共管理学科本身比如理论变迁、研究方法的研究。同其他社会科学研究一样,这一研究基本上也可以分成基础性研究和应用性研究两种。

就第一方面的研究而言,我国公共管理学界研究的一些热点问题通常与政府有着密切的关系(尽管一些研究者也有自己的选题),这使得这类研究通常具有比较明显的应用性质。热点问题的确定在今天尤其受到了国家级、省部级研究课题的影响,以至于今天在很多杂志上看到的文章都标有"课题研究成果"的标记。尽管学者在不同程度上参与了这些研究课题的确立,但政府在最终确立研究课题方面的影响力更大。这当然有它的道理。政府在第一线,一般来说比学者能够感受更多更直接的公共管理问题。但政府的用意也是很明显的,政府是资助方,它当然希望研究的成果能解决政府管理面临的一些实

---

* 本文原发表于《中国行政管理》2012年第4期,第15—16页。

际问题。因此,我们可以看到的一个现象是,我国公共管理研究的主题基本上反映了一定时期内政府管理的重点或社会面临的热点问题。这在相当程度上也符合公共管理这一学科的特点,因为公共管理是一门实践性很强的学科,学科承担的使命之一就是为解决公共管理中的一些问题提供智力上的贡献。

但问题在于,仅仅有这方面的研究还是不够的。公共管理研究尽管有很强的实践性,要研究现实问题,但公共管理也有理论研究的一面,任何理论研究都有它的超前性。因此,公共管理研究还必须对公共管理在未来的一段时间里可能发生的变化、可能产生的问题或它的发展趋势进行研究,以更好地对当前的管理提供理论上的指导参考,就像奥斯本和盖布勒的《改革政府》一书的政府再造理论对美国后来进行的政府改革提供了一幅蓝图一样,起着一种指导和引领的作用。

当然,未来可能发生的变化和发展趋势同当下的状况是有联系的,当下管理所出现的问题、面临的挑战既可能是历史上延续下来的,又可能是当下产生的,而这些问题和挑战可能还会延续下去,未来的发展和变化(比如人口的变化、中国城镇化的进程、全球经济一体化的进程等)又会提出新的问题和挑战。2008年美国明诺布鲁克第三次会议有过一个"2020年的公共行政将会怎样"以及如何运用不同的方法和手段来改进政府治理的讨论,其用意也是在预测未来变化的前提下进行一些前瞻性的研究。

我认为,就我国的公共管理研究而言,在当前及未来一段时间里,有以下几个问题是值得关注的。

首先是体制和政府的职能问题。随着治理这一概念的扩大,政府治理日益超越自身的边界,越来越多地与社会的其他组织、团体联系在一起。今天,公共服务的跨界提供、政府的跨界治理已经成为一个比较普遍的现象。这是因为像食品安全、环境保护、经济发展以及其他众多问题的治理需要政府多部门以及政府与社会其他组织的合作才能完成。我们提出的社会管理事实上也包含了这层意思,它涉及公共服务的多元提供以及治理的社会参与。这里引发的一个问题就是需要对政府的职能进行新的定义。这对我们来说既是一个老问题,也是一个新问题,而且一直是一个重要的但也一直没有得到很好解决的问题。

其次是加强提高领导能力的研究。体制问题固然重要,但领导能力的问题同样不能忽视。好的体制配以好的领导能力,才能得到好的管理结果。领导能力的重要性在今天怎么说都不过分。西蒙认为管理就是决策,而决策通常是领导人做的。管理结果的好坏在相当程度上是与一个组织的领导能力相关的。这里的领导能力是一个宽泛的概念,领导能力应该是领导体制、领导方式、领导行为、领导者、领导环境等共同作用的结果。这里事实上提供了一块相当广阔的研究天地。明诺布鲁克会议也指出了领导力研究的重要性。国外在这方面(比如决策理论、战略管理理论、官僚制理论、组织理论、执行力理论等)有丰富的研究成果。如何借助他人的研究成果,结合我国的情况来推进这一研究,不仅具有理论的意义,更具有实践的意义。比如,至少就我国地方层面而言,改革开放 30 年的历史表明,地方发展好坏快慢在相当程度上是与地方领导人尤其是主要领导人的能力联系在一起的。

最后是加强基础理论的研究。基础理论的研究难度很大,尤其是进行重要的突破(如建构一种理论,哪怕是建立一个概念)非常不容易,但基础研究又是必须的,因为科学技术上的任何重大突破首先来自基础理论的贡献。牛顿力学、量子力学以及相对论甚至改变了人类对世界的认识。基础研究可以为应用研究奠定坚实的基础,应用研究无法摆脱基础理论研究的支持。我国公共管理学研究目前的整体状况是基础研究偏弱。这里除了研究难度方面的问题之外,还有一个重要的原因是我们一些现有的做法往往鼓励的是应用研究而不是基础研究。正如前面指出的,尤其是进入 21 世纪之后,各级各类大量的社科研究课题的申报在相当程度上助长了这一倾向。再加上各类课题,尤其是国家级和省部级的课题在教师晋升中的作用(没有课题几乎就评不上高级职称,这一点在高校差不多成了一种普遍的规则),更是有力地助长了这样一种研究倾向。这使得公共管理的研究在一些基础性领域,比如公共行政思想史、行政制度史、比较公共行政、组织理论、官僚理论、行政哲学、行政伦理、决策理论、组织行为理论、公民社会与治理等研究所涉不深。反过来,基础研究的薄弱也制约了一些应用性研究,这表现在一些应用性研究缺乏理论的支撑而很难获得实际的效用。此外,从研究方法上讲,实证研究方法这些年来获得了广泛的运用,这无疑是一个令人赞赏的进步。不过,行政学研究也需要像《历史的终结》(尽管其中的不少观点并不正确)一样的鸿篇巨制的理论作品。行政学研究需要两者的相得益彰。

Several Noteworthy Areas in the Study of Public Administration

Abstract:Generally speaking, the study of public administration is carried out in three aspects: first, it aims at some hot issues in current public administration; the second is a prospective study on the possible changes and development trends of public administration in the future; the third is the study of public administration itself, such as theoretical changes and research methods. Accordingly, the public management research in our country, at present and in the future, firstly should pay attention to some hot issues in the institution and the function of the government. The second is to strengthen research on improving leadership, which is essential for policy formulation and implementation. Thirdly, the research on basic theories should be strengthened. The research on basic theories determines the width and depth of public management research.

公共管理话语体系的本土化建构：
比较的观点*

摘要：公共管理话语体系的建构与公共管理学科本身的自主性有关，其话语体系表现了一种多种学科综合、多种理论兼收并蓄的特点。美国公共管理话语本土化的建构在于它不断适应公众的直接需要，在于它领先的问题意识、良好的学术环境和常态化的学术批评和争论。我国公共管理话语本土化的建构具有一个相对较好的基础，这一建构需要对话语体系本土化有一个正确的理解，需要有一个包括正确处理学术与意识形态关系、鼓励批评争论、自由探讨等在内的良好的学术环境。

一、关于公共管理与公共行政的话语体系

讨论公共管理的话语体系，首先有必要讨论一下公共管理与公共行政两者之间的关系，因为这里有两种不同的观点。一种意见认为两者分属两种不同的体系，是两个不同的学科。另一种意见认为公共管理与公共行政两者的相同点多于两者的相异点，公共管理在某种程度上是公共行政的延续和发展。第一种意见可以体现在我国教育行政部门在公共管理和公共行政的学科划分上。公共管理在我国被界定为一级学科，它有行政管理、土地资源管理、教育管理、社会保障、公共卫生五个二级学科，在大类上它属于管理类，因此学生毕业拿的是管理学学位；而与公共管理的二级学科行政管理非常相近的公共行政却与政治学一起被归到了法学类，学生毕业拿的是法学学位。在两种意见中，笔者持第二种意见，理由如下。(1)关于行政和管理的说法是来自英语administration和management的翻译。事实上，在这方面的研究全球领先的

---

* 本文原发表于《学海》2018年第1期，第100—106页，编入本书时有修订。

美国并没有在两者之间像我国这样有明确的区分,美国涉及公共管理(按我们的说法是公共管理的二级学科行政管理)或公共行政的专业学会如美国行政管理学会(American Society for Public Administration)和一些顶级的学术杂志(如 *Public Administration Review*)等用的都是 administration 一词。我国的 MPA 严格意义上讲应该翻译成公共行政专业硕士,而不是今天我们所用的公共管理专业硕士,这也表明了一种混同的现象。在我看来,讲公共管理学如果撇开公共行政学的话(如果是一门学的话,因为对此也有争议),那么这种公共管理学是不存在的。(2)重要的是,在两个最主要的问题上,两者的相同点要大大超越两者的相异点。一是管理主体。尽管公共管理强调多元性,但不可否认,政府始终是最重要的管理主体。二是管理对象,两者的管理对象都是社会公共事务。尽管在管理理念、方法手段、管理程序等方面有一些变化,但这些变化和不同不足以导致公共行政和公共管理是两个边界清楚的不同的研究领域。(3)从学科背景上来看,行政学脱胎于政治学,在后来的发展中,增加了管理学和经济学的内容,这是公共管理学被认为不同于公共行政学的一个理由,但是,如果没有了政治学(它涉及政府和公共性),那么公共管理也不成其为公共管理了。因此,公共管理中有大量与政治相关的概念或理论也就不足为奇了。

指出两者的关系以及两者的相同点多于两者的相异点是为了更好地讨论公共管理的话语体系,因为在我看来,这与讨论公共行政的话语体系是大体相同的。理由在于,正如前面讲到的,公共管理在我国是一个很大的概念,包括五个二级学科(这也反映了我国教育的行政色彩),而这些学科所涉及的概念、理论和方法是大不相同的,比如,土地资源管理与公共卫生管理涉及的理论、概念、方法等大不相同。要讨论这样一个意义上的公共管理及其话语体系是不现实的,也不切合实际,并且意义不大。因此,本文所讲的公共管理定位于我国公共管理学科分类中的二级学科,即行政管理。由于笔者认为公共行政与(行政管理意义上的)公共管理同多于异,因此,本文基本上在同一意义上使用公共管理和公共行政及其话语体系。

公共管理的话语体系是与学科的自主性联系在一起的。讲公共管理只有几十年的时间,而讲公共行政则有上百年的时间。公共行政至今尚有学科自主性的问题(这也是学界一直在讨论的问题,不仅在美国,在我国也一样),当然就不必说公共管理了。长期以来,公共行政缺乏自身的独立性使得它一直遭受诟病。早在1975年,德怀特·沃尔多就指出:"公共行政正面临认同危机,它大规模地扩展其范围,却没有一个统一的核心。"①斯蒂尔曼则说:"它的难以捉摸性和适应性使其成为一种令人心存疑虑的学术事业,它在高等教育中的确定地位和权威不断遭到挑战,甚至在21世纪降临之际亦是如此。它是政治学的一部分?是工商管理的一部分?还是一个独立的学科领域?它到底是什么?"②不同的学派对此有不同的解释。一种观点认为行政学研究效率,行政学的研究应该围绕效率来进行,但后来的新公共行政则强调社会公正的重要性。而另一种观点则认为最好把公共行政看作一种源自许多理论的专业,就像医学和法学一样。比如,德怀特·沃尔多就拿医学打比方:"对于疾病和健康,没有一个统一的理论,因为有关疾病和健康的理论和技术总是在不断变化,对于事关生死的医学问题,总是存在着激烈的争论,总之存在一个广袤的未知领域。处理这些问题的'艺术'相当复杂但是很重要。'健康'问题就像'好的行政管理'问题一样,只要我们仔细想想,就会感到无法对其进行界定。"③登哈特本人也认为:"如今在理论家中最流行的观点是,公共行政学最好被看作一种从各种不同的理论观点兼收并蓄的专业。"④注意这里的来自许多理论的专业。今天,构成公共行政学或者公共管理学的理论有许多来自(从严格意义上讲)外面的理论,有政治学理论、经济学理论、管理学理论、法学理论,甚至社会学理论等,很难找到一个统一的理论,这导致有人质疑这门学科的自主性,质疑它缺乏明确的边界。但是,尽管如此,尽管它或许不被认为是一门学科,或被认为是缺乏自主性的学科,这都不妨碍它是一种专业。按照杰伊·沙夫里茨的看法,是否能成为专业有三个核心的标准:(1)用来为社会服

---

① [美]杰伊·M.沙夫里茨、[美]E.W.拉塞尔、[美]克里斯托弗·P.伯里克:《公共行政导论》,刘俊生、欧阳帆、金敏正等译,中国人民大学出版社2011年版,第20页。
② [美]理查德·斯蒂尔曼二世编:《公共行政学:概念与案例》,竺乾威等译,中国人民大学出版社2004年版,第39页。
③ 转引自[美]罗伯特·登哈特:《公共组织理论》,扶松茂、丁力译,中国人民大学出版社2003年版,第15页。
④ Robert Denhardt, "Public Administration Theory: The State of the Discipline", in B. Lynn and Aron Willavsky, eds., *Public Administration Theory: The State of the Discipline*, Chatham, N.J.: Chatham House Publishers, 1990, p.63.

务的一套理论知识体系和实务知识体系;(2)通过对社会的贡献而不是纯私人利益的达成来衡量成功的一套理论标准;(3)教育新成员和实施职业道德规范及适当制裁措施的一套专业活动控制体系。① 公共管理有它研究的对象和领域,它的研究能解决一些实际的社会管理的问题,就像医学能解决健康问题一样。正如沙夫里茨所说:"无论公共行政在统一性上有什么问题,它都肯定是一个真正的研究领域。"② 所以不管叫公共行政还是叫公共管理(尤其从中国的角度来讲,因为这是我们的学科划分)并不重要,重要的是它在发挥作用,在力图解决社会的管理问题。

既然公共管理是一种专业,是一种研究领域,那么它毫无疑问有自己的概念、专业术语、理论以及话语体系。一方面,尽管正如前面指出的,缺乏核心的研究概念以及缺乏自身的知识体系往往被认为是这一学科受到质疑的一个理由;但是从另一方面讲,如果说公共行政或公共管理学科性不强,那么这种不强倒过来或许恰恰成就了它的开放性,成就了它对各种理论的兼收并蓄。③

首先,公共行政学或公共管理学的特点在于在它的发展过程中糅进了许多其他的理论,比如,行政学从政治学脱身后,依然带有浓重的政治学色彩(强调公平公正、平等),而泰罗科学革命后,行政学则增加了管理学的内容(强调效率、效能等),到新公共管理改革时,又增加了经济学和社会学的内容(强调成本效益、结果等)。这反映了这门学科的一种与时俱进的品格,反映了这门学科致力于不断地建构自身对公共管理的解释力,而这些知识或理论进入公共行政学或公共管理学后,你很难一定说这些东西是其他领域的,因为它们也成了公共管理学的一部分。正像美国是一个移民国家,有来自各个国家的人,但到了美国后都变成了美国人,你可以说是某某裔美国人,但他首先是美国人。这就像一些理论进入公共管理学或公共行政学后,它们事实上也成了公共管理的理论。马克斯·韦伯的官僚制理论是公共管理的基础理论,然而韦伯首先被认为是作为社会学家出现的。但是,今天谁又能说韦伯不是行政学

---

① [美]杰伊·M.沙夫里茨、[美]E.W.拉塞尔、[美]克里斯托弗·P.伯里克:《公共行政导论》,刘俊生、欧阳帆、金敏正等译,中国人民大学出版社2011年版,第20页。
② 同上。
③ 李潇潇:《公共管理的自主性与开放性:张康之、周志忍、竺乾威、孔繁斌、何艳玲五人》(2016年6月6日),中国社会科学网,http://www.cssn.cn/zxx/201606/t20160606_3058860.shtml,最后浏览日期:2020年8月5日。

家呢？他的官僚制理论到底是政治学理论，是行政学理论，还是社会学理论，已经没人去关顾这一点。作为一门交叉性强和实用性强的学科或专业，公共行政或公共管理甚至还会用一些自然科学的方法来解决它面临的管理问题。这种学科之间的交融、理论之间的交融在公共管理学中表现得很明显。问题的关键是它们能用来解释公共管理问题。比如，管理中的激励理论，它或许首先来自企业管理，但今天它也成了公共管理的一部分，我们不会去问这一理论出自哪里，就像蛋可以吃，但我们一般不会去问是哪个鸡下的蛋。我国的政治学研究也一样，它将过多的精力投放到本来被认为是行政学或公共管理学研究的领域，如政府的运作治理、公务员制度等，而对政治学的一些核心的问题如权力、选举却讨论不多，你说这是政治学的研究，还是行政学或公共管理学的研究呢？

其次，缺乏核心的研究概念以及自身的知识体系或许在某种程度上也促成了公共管理研究的百花齐放和百家争鸣，促成了各种不同学派的产生。按照斯蒂尔曼的说法，美国今天在公共行政研究方面已经形成了六个学派，这些学派对公共管理做出了不同的解释，当然也从不同的角度扩展了公共管理的知识版图。

再者，作为一个专业、一个研究领域，公共管理的研究或许还缺乏核心的研究概念或知识体系，但这并不表明公共管理的研究没有自身的概念和知识结构，没有自身的话语系统。比如，与公共管理相关的问责、回应性、绩效评估、无偏私、责任、决策模式、公平公正、领导、组织结构和功能、外包、公私合作、制度设计等可以包括一大堆的概念，也形成自身的话语系统（尽管还不一定成体系）和表达方式，也就是说，形成基本上可以区别于如政治学、社会学、法学等其他学科的边界。

二、公共行政话语体系的建构：美国的经验

100多年前，伍德罗·威尔逊在《行政学研究》这篇著名的行政学开山之作中首先将行政学从政治学中独立了出来。他认为，一个不变的问题是谁制定法律，制定什么样的法律；另一个问题是如何富有启发性地、公平地、迅速而又没有摩擦地实施法律。后者则是行政要做的事。这也就是要建立一门行政科

学的原因,"使政府不走弯路、就事论事、加强和净化政府组织机构,并使政府尽职尽责"①。在谈到行政学研究时,他谈到了行政学的美国化问题。他指出,行政学对美国来说是一门外来的科学,它首先是在法国和德国发展起来的,行政学的博士都产生在欧洲。要把这学科引进到美国,是因为"尽管从政治自由,特别是从政治实践的艺术和才干的角度说,我们拥有巨大的优势,然而在行政组织和行政艺术方面有很多国家都走在了我们的前面"②。但是,美国的学者在推动这门学科的发展中迄今没有发挥很重要的作用。欧洲的行政学研究"只用外语,它只表述一些在我们看来是异邦的思想。它的目标、事例和条件几乎都是以外国民族的历史、外国制度的惯例和外国革命的教训为根据的"。此外,由于行政学是法国和德国的一些教授发展起来的,"因而完全适应一个组织严密的国家的需要,适应一些高度集权的政府。而为了符合我们的目标,它必须适应一个复杂、形式多样而非简单、组织严密的国家,适应高度分散的政府形式"。③ 因此,威尔逊认为,"如果我们要应用这种科学,我们必须使之美国化,不只是在形式上或语言上美国化,还必须在思想、原则和目标上基本美国化。它必须把我们的制度铭记在心"④。

威尔逊强调引进行政学研究的必要性,但是他指出这一研究必须美国化,其理由在于美国与德国和法国不同:美国是个民主国家,而后者是专制国家;美国是分权的国家,而后者是集权的国家。在引进的过程中必须把制度铭记在心。把制度铭记在心,可以从两个层面去理解:一个是政治层面的制度,在威尔逊看来,美国的民主制度要优于法国和德国的专制制度;另一个是行政层面的制度,即政府的形式不同。美国当时缺少的只是一些政府做事的更好的方法技术。简言之,他认为美国具有制度上的优势,但缺乏技术上的优势。正如他指出的,所有理性的选择都会看好英国和美国而不是任何其他欧洲国家的政治道路,所以他认为行政管理不是政治问题,只是一个技术问题。威尔逊的出发点显然是行政学的研究要在坚持美国政治制度的基础上不仅将这一研

---

① [美]伍德罗·威尔逊:《行政学研究》,载[美]理查德·斯蒂尔曼二世编:《公共行政学:概念与案例》,竺乾威等译,中国人民大学出版社2004年版,第9页。
② 同上书,第11页。
③ 同上书,第10页。
④ 同上。

究在思想、原则和目标上基本美国化,而且在语言、事例等方面也美国化。

引进外来的新的政府管理的技术方法,最终形成了行政学研究的美国化,成就了美国在行政学领域研究中的领先地位,并成为全球行政学研究的引领者和推进器。毋庸讳言,今天公共管理研究中的概念、理论、方法更多的是来自美国的贡献。威尔逊当年讲到的美国化不仅得以实现,甚至这一研究还世界化了,其研究成果不仅影响了美国,还影响了全世界。除了制度上的优势,这一成功也是与美国行政学的研究和理论不断回应它面临的迫切要求联系在一起的,与它的与时俱进的品格联系在一起的。"美国的行政思想从来没有——也不能够——界定为一种确定的学说或一整套学说,反而处于不断变迁的状态,总是随着美国人对宪政与民主孰先孰后的态度而变化。"①这样,为了回应迫切的要求,理查德·斯蒂尔曼认为美国的公共行政通常"以高度创新性和创造性的方式每一代或每 20 年转换为一个新的知识结构"②。他把 20 世纪美国的公共行政理论分为四个时期。第一个时期是正统论时期(1926—1946 年),第二个时期是社会科学异端时期(1947—1967 年),第三个时期是重申民主理想主义时期(1968—1988 年),第四个时期是重构运动时期(1988 年至今)。斯蒂尔曼认为"每一时代都有其独特的学说、理念、理论、结构、方法论和发展历程,这在很大程度上是那个时代特定的需求塑造的"③。比如,第一个时代提出的"管理七功能说"(也就是著名的 POSDCORB)恰好有助于处理那个时代的孪生危机——大萧条和第二次世界大战。"为了应付这些空前紧急的事件,如何去计划、组织、安排人事等确实是非常重要的。POSDCORB 学说正好是救急的'药方'。"④在对问题的争论和探讨中,不同的学派产生了出来。

美国在短短的时间里使行政学的研究本土化并影响全球,这里有以下几个方面的原因。

第一,领先的问题意识。领先的问题意识同国家发展的领先有关。美国事实上在 19 世纪末已经成为世界的头号强国。在短短的 200 年左右的时间

---

① [美]理查德·斯蒂尔曼二世编:《公共行政学:概念与案例》,竺乾威等译,中国人民大学出版社 2004 年版,第 27 页。
② 同上。
③ 同上书,第 29 页。
④ 同上。

里走到这一步自然有其制度、文化、社会等诸方面的原因,问题在于其领先的发展也暴露了领先于其他国家的问题。这些问题有两个方面的含义。一是具有美国自身特点的问题,比如,美国独特的分权体制及其引发的相关问题,再如,黑人问题以及在 20 世纪 50 年代引发的教育平等,以及在 60 年代出现的社会平权运动等。二是对所有后发国家带有普遍意义的问题,如政府监管问题、政府伦理问题、公共服务的提供问题等。领先的问题意识也同对这些问题迅速的学术回应有关,从而也促成了研究的前沿性和成果的创新性。正如斯蒂尔曼指出的,不事声张地适应公众当前的直接需要,这是美国公共行政理论具有的最伟大的力量。公共行政的理论旨在解释这些问题,并尽可能去解决这些问题。这不仅使理论表现了威尔逊当初所希望的美国的特点,而且在一定程度上也具备了全球的意义,这一点可以在美国的公共行政或公共管理的教科书在全球流行中看出来。

第二,良好的学术环境促使公共行政或公共管理的研究呈现出一种百花齐放、百家争鸣和学派林立的景象。斯蒂尔曼讲到美国的公共行政或公共管理的研究有六个学派。事实上,在许多公共行政的问题上,都有一些不同的观点和看法。这些不同的观点和看法相互鼎立、彼此竞争。比如,以对政策的研究而言,在决策模式上有全面理性模型、有限理性模型、渐进决策模型、混合扫描模型、垃圾桶决策模型、子系统决策模型;在政策变迁方面有倡议联盟框架、间断均衡理论、社会学习模型、政策建制理论;在政策终结的策略方面有巴尔达可的政策终结策略、贝恩的十二种终结策略、莱文的组织衰退应对策略、弗兰茨的政策终结可用资源等。这种理论观点纷呈斗艳得益于一种自由探讨和学术独立的环境,没有这样一种环境,要产生如此丰富的学术成果几乎是不可能的。当然,这也得益于学者的专心、努力与投入。

第三,学术批评和争论推动了学术的发展。学术的繁荣和进步只有通过不断的反思、批评和争论才能获得。美国公共管理思想的生命力保持长青也在于此。从美国建国之初以来,在公共行政或公共管理的思想上一直存在着宪政取向与管理取向的争论,争论的钟摆不时向两边摆动。有关学科、方法论、管理的价值等方面的批评和争论几乎没有停止。比较著名的有西蒙-沃尔多之争、文森特·奥斯特罗姆的《美国公共行政的思想危机》一书对美国主流公共行政思想的反思,以及新公共服务对新公共管理的批评。西-沃之争被认为是西方公共行政学发展史上最具启发性的思想交锋,这场交锋围绕公共行政学学科的"身份"问题、事实与价值关系问题、价值观问题、思维与表达方式问题、文本的误读问题进行了立场相对的辩论。它对西方公共行政学的研究和发展产生了深远的影响。"这场争论不仅促使公共行政从热衷于效率价值的追求转变为更多的民主价值关怀,积极地改变了人们对于规范价值的态度,而且形成了西方公共行政学者社群对于公共行政学学科身份危机的两种不同的救赎之路。"①文森特·奥斯特罗姆的《美国公共行政的思想危机》一书反思了美国主流的公共行政思想,认为公共行政学必须在官僚制行政研究的基础上引入民主制行政研究,公共行政的实践也必须在官僚制行政的基础上引入民主制行政的实践,"民主制行政作为一种一般的公共行政,可以作为官僚制行政的替代类型,与官僚制行政相并列"②。新公共管理与新公共服务之争更是为人们熟悉的。新公共管理对新公共行政是一种从宪政取向向管理取向的摆动,强调结果、绩效评估、成本效益,而新公共服务则是将钟摆再次摆向宪政取向,再次将信任、参与和民主治理置于中心。正是这种批评和争论,使得新的理论和学说层出不穷。

三、公共管理话语体系的本土化建构:基础与条件

公共行政作为一门学科进入中国从时间上讲并不晚,如果以怀特的那本教科书在20世纪20年代的出版从而使得美国的大学开始进行公共行政学的教学算起,那么30年代这门课也进入过中国的大学课堂。当然,公共行政或公共管理的教学和研究在中国的真正起步是在20世纪80年代,尤其是在进入21世纪之后。三四十年的时间说长不长,说短也不短。进入21世纪后,公共管理这门学科在这里获得了飞速的发展,但同时也有不少问题在困扰着我们,其中的一个问题便是公共管理的话语如何本土化的问题。一种观点认为,在学科的发展中,在经历了学习和模仿的阶段之后,现在应该进入有所创新的

---

① 周芳友、倪凌:《西蒙-沃尔多之争及其影响》,行知部落网,http://www.xzbu.com/4/view-3103467.htm,最后浏览日期:2020年12月6日。
② [美]文森特·奥斯特罗姆:《美国公共行政的思想危机》,毛寿龙译,上海三联书店1999年版,第114页。

阶段了,这一阶段一个特点在于要有自己的话语体系(概念、理论、方法等),用以解释中国的公共管理问题。

这使人想起100多年前威尔逊的文章。中国今天的情况与威尔逊当时讲的有不少相似之处。行政学或公共管理学对中国来说也是一门外来的,尤其是从美国来的学科,正如当初美国是从德国和法国引进的那样。我们姑且不论中国的政治制度和美国政治制度的不同,我们引进行政学或公共管理学,一个原因也是在于行政组织和行政艺术方面有很多国家走在了我们前面。美国当初研究的是德国和法国的技术方法并将其应用到美国的政府运作中,我们今天更多研究的是美国的技术和方法,只是政府管理的技术和方法在今天获得了突飞猛进的发展。当然,与威尔逊时代不同的是,威尔逊当初呼吁要建立一门公共行政学,而在今天,这门学科的研究已经硕果累累。如果说当初还要建立概念、理论、方法来解释公共行政现象,那么今天我们已经有很多理论和方法可以用来对现实进行解释和指导。当然,国外的尤其是美国的行政学研究,它的目标、事例和条件几乎都是以本国民族的历史、本国制度的惯例等为根据的,即便是一些技术的、流程的研究,也是以本国的实际状况以及背后的政治制度为背景的(这里当然不排斥他们的研究中具有普遍价值的部分,正如前面指出的)。因此,从这一意义上说,我们的行政学或公共管理学的研究也必须使之中国化。按照威尔逊的说法,不只是在形式上或语言上中国化,还必须在思想、原则和目标上基本中国化。

与美国相比,我国公共管理话语本土化的建构有一个比较好的文化基础。美国是一个充满着强烈的反国家主义文化的国家,这导致"美国人大约在宪法制定后一个世纪,仍极不愿意相信行政国家建设理论——行政学理论。因此,不管是行政组织与制度,还是其学术研究事业似乎都缺乏合法性,甚至今天依然如此"[①]。反观中国,这个社会并不存在像美国那样的反国家主义的文化,这里的文化甚至是国家至上的。那么,为什么偏偏在拥护反国家主义的文化的社会中,并不被看好的行政学研究却硕果累累,而在一个不存在反国家主义文化甚至是奉行国家至上的文化的社会中,急需的行政学或公共管理学的研究

---

① [美]理查德·斯蒂尔曼二世编:《公共行政学:概念与案例》,竺乾威等译,中国人民大学出版社2004年版,第39页。

却始终难以形成自己的理论、特色或话语体系？如下几个问题是我们需要考虑的。

首先，如何理解本土的话语体系问题。本土话语并不仅仅表现在是自己的语言还是人家的语言上，好像用"之乎者也"来表达才算是本土话语，其他都不算本土话语。不能说一个中国人穿长衫才是中国人，而穿西装就不是中国人。话语的生命力表现在它的与时俱进。它是随着社会的变化而变化的，农耕社会的话语无法表现工业社会的特征和变化。一些表现时代特征的概念和话语在传播的过程中会跨越民族和国家的界线，从而成为全人类共享的话语。它起初是外来的，但最后也变成了自己的话语。比如，民主、自由、平等这些概念首先来自西方，但它也成了中国社会主义核心价值观的内容，你能说这不是本土的话语？事实上，像马克思主义、社会主义、共产主义等这些外来的话语已经成为非常中国化的本土话语。我们不会去质疑它是不是本土话语，因为它已经成了我们习以为常的话语系统的一部分。就公共管理而言，话语的本土不本土，在于它对公共管理的解释力。本土话语具有解释力当然好（这也是我们期望并为之努力的），本土的话语不能解释的，也没有必要一定要去生造一些所谓中国式的词汇或从故纸堆里寻找一些所谓中国特色的东西来装潢门面。比如，用"民本"来代替民主（民本中不具备民主所包含的公民的权利和义务这一现代意识）。没有解释力，再本土的东西也没用。对一些具备解释力的外来话语也没有必要一定要给它套上一件本土的衣服，就像一定要给一个中国人套上一件长衫才算中国人一样。为什么一定要改头换面包装一下，以显示本土话语特色？或者更有甚者，因其不是本土话语而干脆将其统统拒之于千里之外，理由仅仅在于"不是本土的"。因此，在强调建构公共管理本土话语体系的同时，本土话语不应该排斥有价值的外来话语。作为一个学科，它自然具有这一学科共通的语言，学科研究的规律都具有一般性的特点，这里没有本土和非本土之分。就像数学就是数学，没有中国数学和美国数学之分一样。建构中国的公共管理的话语体系不应该是封闭的，它要求我们站在巨人的肩膀上，对一些西方话语（理论、概念、方法等）能适用的就拿过来，不能适用的就对它进行修正改造或将其抛弃，并在此基础上建构我们的理论和话语体系，这才是我们应该所抱有的正确的态度。不加分析地一概排除外来话语事实上就是无视人类在长时间里积累起来的文明成果，这不仅有悖常理，更是一种不智的行为。

建构公共管理的本土话语体系通常是针对中国的公共管理来说的。这一建构的基础是中国公共管理提出的现实需求,这一现实需求要求给予学术上的回答。斯蒂尔曼讲到美国公共行政理论具有的最伟大的力量是不事声张地适应公众当前的直接需要。我们建构的公共管理本土话语体系(理论、概念、方法)所具有的最重要的力量也应该是适应公众的直接需要,这是建构本土话语系统的最重要的理由。正是这一点,使得中国学者相比外国学者具备了更多的优势,因为他们置身其中,有着西方学者一般难以企及的对实际问题的深刻了解;也使得本土话语的产生具备了更多的可能性。此外,中国公共管理的发展有其独特性,它走的是一条有别于西方的发展道路。它的政治架构、运作方式、管理文化等都有自己一些独到的方面。在改革开放以后40多年的时间里,中国的公共管理开始逐步形成一些人所说的中国经验或中国道路或中国模式(尽管有争议),不管怎样,形成了一种有别于他国的中国做法。这些做法尤其为中国学者进行本土话语的理论创新提供了广阔的空间,对这些做法进行概念上的提炼和理论上的提升不仅有助于解释中国的公共管理现象,有助于解决公共管理面临的实际问题,而且或许还可以提供一些带有一般性价值的东西,从而使本土话语产生世界性的影响,丰富公共管理的知识生产和扩大公共管理的知识版图。

其次,建构本土公共管理的话语体系需要有学术的批评和争论。本土话语体系只有在不同观点和思想的不断交锋和碰撞中才能建构起来,因为它会使我们的话语体系变得有生命力,会使我们的话语体系变得更加丰富,更加具有说服力。在这里,一个实际的问题是必须对学术争论和意识形态的批评做一区分。尽管对两者做一个严格的区分很难,比如,学术的争论也会涉及意识形态的东西,但是这两者的基本点是不一样的。

最后,建构公共管理的本土话语体系还需要有一个良好的学术环境。这一良好的学术环境具体表现在如下几方面。(1)有一个关系融洽、互相学习和互相帮助的学术共同体。关系融洽不表明共同体内没有争论和批评,但这种争论和批评的指向是对真理的探讨,而不是私人间的恩怨。共同体内或许有众多的不同学派,但这些学派不是以我划线、唯我独尊的派别。(2)学者可以自由地探讨他所关心或感兴趣的公共管理问题,可以自由表达他的学术观点,这种探讨和表达不受不同观点的压制。(3)学术成果的评价标准以质量为上、以学术成果对知识生产和解决实际问题的贡献为原则。(4)学科之间的交流秉承开放的原则,而非固步自封、以邻为壑,对其他学科采取一种抵制甚至排斥的态度。良好的学术环境对建构公共管理的本土话语甚为重要,这一环境的打造需要学者的共同努力,也需要学界与政府的共同努力。

Construction of Chinese Discourse System of Public Administration: A Comparative Perspective

Abstract: The construction of the public management discourse system is related to the autonomy of the public management discipline itself. The American public management discourse lies in its continuous adaptation to the direct needs of the public, its problem awareness, good academic environment and normalized academic criticism and debate. The construction of the Chines discourse of public administration requires a correct understanding of the discourse system localization, as well as a good academic environment including the correct handling of the relationship between academics and ideology, the encouragement of critical debate and free discussion.

图书在版编目(CIP)数据

公共行政的理论、实践与发展/竺乾威著. —上海：复旦大学出版社，2021.3
ISBN 978-7-309-15380-4

Ⅰ.①公… Ⅱ.①竺… Ⅲ.①行政学 Ⅳ.①D035-0

中国版本图书馆 CIP 数据核字(2020)第 221130 号

公共行政的理论、实践与发展
GONGGONG XINGZHENG DE LILUN SHIJIAN YU FAZHAN
竺乾威　著
责任编辑/孙程姣

复旦大学出版社有限公司出版发行
上海市国权路 579 号　邮编：200433
网址：fupnet@fudanpress.com　http://www.fudanpress.com
门市零售：86-21-65102580　团体订购：86-21-65104505
出版部电话：86-21-65642845
上海盛通时代印刷有限公司

开本 787×960　1/16　印张 20　字数 317 千
2021 年 3 月第 1 版第 1 次印刷

ISBN 978-7-309-15380-4/D·1068
定价：98.00 元

如有印装质量问题，请向复旦大学出版社有限公司出版部调换。
版权所有　侵权必究